AI 시대의 문화 생산

AI 시대의
문화 생산

Artificial Intelligence
in Cultural Production
Critical Perspectives on Digital Platforms

디지털 플랫폼에 대한
비판적 관점

진달용 지음 ㅣ 조혜진 옮김

한울
아카데미

차례

한국어판 서문

문화 생산에 있어 인공지능의 역할과 미래 전망

인공지능AI은 21세기 들어 첨단 디지털 기술 중에서도 가장 빠른 속도로 성장하고 있으며, 미디어와 대중문화 생산 과정에 큰 영향력을 행사하고 있다. AI는 영화, 드라마, 음악, 웹툰 등과 같은 대중문화의 생산과 배분, 소비에 핵심적인 첨단기술로 인식되고 있고, 뉴스 제작과 보도에서도 그 역할을 확대하고 있다. 영화감독과 드라마 작가와 프로듀서 등 많은 문화 생산자들은 따라서 AI가 가져올 미래를 예측하고 이를 콘텐츠에 투영하는 작업을 이어가고 있다. 2023년 상영된 공상과학영화SF 〈정이Jung_E〉에서 잘 묘사되었듯이, 미래에는 실제로 전투AI가 만들어져 사용될 가능성도 있다. 물론 아직 많지는 않지만 영화와 드라마 등이 인공지능을 단지 묘사하는 것이 아니라 인공지능에 의해 실제로 제작되고 있다. 인공지능 기술은 금융, 자동차, 선박 등 다른 산업에도 많은 영향을 미칠 것으로 예측되고 있으나, 미디어와 문화 산업 분야가 가장 직접적으로 영향을 받게 될 영역 중 하나로 여겨지고 있다. 따라서 문화·미디어 산업은 '어떻게 인공지능을 활용해야 할 것인가'와 '어떻게 인공지능의 영향을 최소화할 것인가'를 동시에 고민해야 하는 분야이기도 하다.

2024년 2월, 인공지능 분야에서 가장 앞선 기술을 보유하고 있는 오픈AI OpenAI가 영상 생성 인공지능 '소라Sora'를 출시하자마자 전 세계는 실제로 인공지능이 가져올 가까운 미래의 삶에 대해 기대와 우려를 표시하였다. 텍스트로 명령어를 입력하면 곧바로 고화질 영상을 만들어내는 인공지능 서비스 소라는 일반 대중들이 사용하기 전부터 문화산업의 미래에 큰 영향을 미칠 것으로 전망되고 있다. 오픈AI의 생성형 인공지능인 챗지피티ChatGPT가 탄생한 지 1년 반도 지나지 않아 챗지피티의 능력을 몇 배나 뛰어넘은 새로운 형태의 인공지능이 탄생한 것이다.

잘 알려진 대로 챗지피티는 대화 전문 인공지능으로, 어떤 텍스트를 주면 이에 맞는 글을 생성할 수 있는 모델이다. 인간이 궁금한 것이 있어 질문을 하면 평이한 수준의 일상 대화부터 전문 분야 논문과 같은 높은 수준의 결과물을 아주 짧은 시간 내에 완성해 준다. 대학가에서 학생들의 기말 보고서가 챗지피티에 의해 생성되었는지를 판단하기 위해 각 대학별로 관련 프로그램을 만들고 이에 수반하는 윤리교육을 실시하기 시작했다.

인공지능 소라는 챗지피티와 달리 텍스트로 명령어를 입력하면 순식간에 양질의 영상을 만들어내는 인공지능이다. 틱톡이나 페이스북, 그리고 유튜브 등에 올리는 쇼트폼(1분 안팎의 짧은 영상)을 무한대로 만들어 올릴 수 있고, 이에 따라 특별히 관련 영상을 찍기 위해 현지에 가거나 영상을 촬영한 이후 작업에 들어가는 시간이 별도로 필요 없게 되었다. 실제로, 오픈AI가 소라를 이용, 실험적으로 만든 쇼트폼을 틱톡에 올리자마자, 전 세계 수많은 사람들이 관련 영상을 찾아보았으며, 이로 인해 틱톡 조회수가 급증하기도 했다. 전 세계의 쇼트폼 창작자들은 충격 속에, 앞으로 자신들의 입지가 크게 위축될 것으로 전망하고 있다. 당연히 소라는 물론 앞으로 등장할 인공지능의 발전 방향에 큰 관심을 보이고 있다.

소라가 문화산업계에서 특별히 관심을 받는 이유는 소라가 콘텐츠를 창작할 수 있는 생성형 인공지능이기 때문이다. 생성형 AI는 이미, "기존 학습된 데이터 내에서만 단순 반복적인 일을 수행하는 것을 뛰어넘어 글, 이미지, 동영상, 음악 등을 새롭게 만들어내며, 인간만 할 수 있다고 여겨지던 창의적인 일을 수행할 수 있어 활용처가 매우 다양하고 실제로 인간을 대체할 수 있는 수준"이 되었다(신상록, 2024.2.25). 따라서, 소라의 미래에 관심을 보이는 사람들은 개인 쇼트폼 창작자들뿐만이 아니다. 영화, 방송 드라마, 음악, 애니메이션 그리고 웹툰 같은 대중문화 제작자들도 초미의 관심을 쏟고 있다. 문화·미디어 생산자들뿐만 아니라 창업자들과 벤처캐피털 모두 생성형 AI의 잠재력에 주목하고 있기도 하다. 중국이 2025년 1월에 출시한 딥시크^{deepsesk}는 오픈AI와 같이 미국 등에서 개발한 인공지능보다 저가의 비용을 들여 개발한 것으로 알려져 있으나, 성능 면에서는 챗지피티 등에 뒤지지 않는 것으로 알려져 전 세계 인공지능 분야 개발자와 관련 산업에 큰 영향을 미치기도 했다.

물론, 인공지능이 전 세계인들의 관심을 끈 본격적인 계기는 2016년 구글 딥마인드에서 개발한 인공지능 알파고가 한국 바둑계의 최고 기사 중 한 명인 이세돌과의 대결에서 승리한 이후부터라고 할 수 있다. 인공지능은 이전에도 많은 관심을 받아온 첨단기술이었다. 저널리즘 분야에서는 인공지능 로봇이 등장, 증권 기사와 야구 기사를 작성을 시작으로 인간 기자를 일부 대체하고 있었다. 또 영화와 드라마와 같은 대중문화에서는 인공지능을 이용한 특수효과 등이 사용되고 있기도 했다. 알파고와 이세돌의 대결은 그러나 인간과 인공지능의 실제 대결이었는데다, 결과적으로 인공지능이 인간을 능가할 수 있다는 것을 직접 목격하게 된 계기가 되었다. 이는 각국 정부와 기업 그리고 학계가 모두 인공지능이 인류의 미래라며 4차 산업혁명의 핵심기술로 키워야 한다고 강조한 전환점으로 기록되고 있다.

이 책의 출발점 역시 알파고와 이세돌의 대결이었다. 알파고와 이세돌의 대결을 보면서, 인공지능이 문화 생산, 즉 대중문화의 생산과 분배 그리고 소비에 이르는 과정에서 어떤 역할을 하고 있는지에 관심을 가지게 되었고, 이에 대한 연구를 시작하게 되었다. 이 책은 특히, 인공지능 중 주로 글쓰기 영역에서 큰 영향을 미치고 있는 챗지피티와 동영상 제작에 관한 소라가 사실상 크게 연계되어 있는 것처럼, 글쓰기와 동영상 제작이 문화산업이라는 틀에서 같이 논의되어야 한다고 판단했다. 따라서 저널리즘과 대중문화 산업에서의 인공지능 사용을 함께 논의했다. 미디어와 대중문화 제작과 배분 그리고 소비 등을 종합적으로 분석한바, 이는 문화 생산이 대중문화의 생산부터 소비에 이르는 전체 구조를 포함하기 때문이다. 인공지능은 단지 문화산업과 생산자들만 사용하는 것이 아니라 디지털 플랫폼들이 생산된 문화와 정보를 배분하기 위해서 그리고 문화 소비자들이 해당 콘텐츠를 소비하는 데에도 사용되는 만큼, 인공지능이 전체 문화 생산 과정에 미치는 영향에 대한 논의를 전개한 것이다. 무엇보다, 문화 생산 과정에서의 인공지능의 역할은 21세기 들어 급속하게 발전하고 있는 디지털 플랫폼과 직접적인 연계가 있기 때문에 인공지능과 디지털 플랫폼과의 연계 그리고 플랫폼 기업들의 윤리적인 고찰 역시 중요한 담론으로 논의했다.

이 책이 출간된 시점은 그러나 챗지피티나 소라 같은 생성형 인공지능이 개발되기 이전이었으며, 문화 생산에서도 인공지능을 소개하거나 인공지능이 가져다줄 미래를 투영하는 단계에 머물러 있었다. 2010년대 후반까지만 해도, 실제로 인공지능을 통해 대중문화를 제작하는 경우는 많지 않았고, 있다 하더라도 아직 초보적인 단계였기 때문이다. 영화와 드라마, 웹툰과 음악 등 대중문화 산업계는 그러나 2020년대 들어 본격적으로 인공지능을 이용, 대중문화를 생산하는 단계로 진입했다. 다시 말해 불과 10여 년 전만 해도 인공지능과 관련된 영화는 실제로는 인공지능에 의해 만들어진 것이 아니라 미래 세계에서 인공지능이 어떻게 사용될지, 또는 인공지능이 세계를 어떻게 지배할지 등에 관한 가능성을 표현한 것이 대부분이었으나, 이제는 인공지능에 의해 대중문화의 전부 또는 일부가 제작되기 시작한 것이다.

전 세계 많은 나라들, 특히 미국과 영국 같은 서구 국가들의 문화산업이 인공지능을 활용한 문화 생산에 앞장서고 있는 가운데, 한국에서도 인공지능에 의한 문화 생산이 실제로 시작되었다. 영화계에서는 인공지능 스타트업인 웨인 힐스Wayne Hills가 2023년부터 생성형 인공지능을 이용하여, 영화 〈Artificial Intelligence New Cinema Movie〉를 제작했다. 방송계에서 MBC가 〈PD가 사라졌다〉라는 제목의 리얼리티쇼를 제작, 방영했다. 이는 알파고를 본뜬 쇼 진행자인 인공지능 엠파고M-pago가 진행하는 방송 프로그램으로 쇼의 참여자들은 인간이지만 진행자가 인공지능인 형태로 진행되는 프로그램이다. 2024년 2월부터 시작되었으며, MBC에 입사한 인공지능 PD가 캐스팅, 연출, 편집 등을 주도적으로 결정하고, 프로그램을 진행하면서 발생하는 과정을 담은 프로젝트로 소개되었다.

웹툰과 케이팝K-pop에서도 이미 실제로 인공지능을 이용한 제작이 진행되고 있다. 케이팝의 경우 인공지능이 작곡부터 사운드에 이르기까지 광범위하게 사용되고 있고, 인공지능에 의해 탄생한 가상 아이돌까지 나와 활동하고 있다(Otto, 2023). 가상 아이돌 K/DA가 2018년 서울에서 개최된 리그오브레전드 이스포츠 행사에 공식적으로 등장하는 등 인공지능에 의한 대중문화 간 컨버전스가 실현되기도 했다. 문화 생산의 후위 산업으로 불리는 컴퓨터그래픽과 특수효과, 사운드 등의 제작에서도 이미 인공지능이 광범위하게 사용되고 있다. 인공지능에 의한 문화 생산은 생성형 인공지능의 급속한 발전 속에 크게 확대될 것으로 전망되고 있다.

물론, 인공지능이 전적으로 환영받을 수 있을지는 아직 속단하기 어렵다. 인공지능의 사용이 초래할 부작용이 적지 않을 것으로 전망되기 때문이다. 생성형 인공지능이 문화·미디어 분야에서 큰 역할을 할 것으로 예상되면서 해당 분야에서 인공지능이 인간을 대체할 것인지, 인공지능으로 인한 폐해를 어떻게 보상받을 것인지, 인공지능이 초래할 윤리 문제를 어떻게 다룰 것인지에 대한 논의가 필요한 이유다.

인공지능의 사용은 무엇보다 인간 노동자들의 입지를 크게 악화시킬 가능성 때문에 많은 우려를 낳고 있다. 2023년 5월, 챗지피티와 같은 생성형 인공지능이 시나리오 작가들의 입지를 크게 위축시킬 수 있다며 역사상 최장기 시위를 벌인 미국작가조합의 파업에서 잘 나타났듯이, 인공지능은 실제로 작가, 기자, 대중문화 제작자들을 대체할 수 있는 능력을 지니고 있다. 미국작가조합은 "넷플릭스나 디즈니플러스 같은 스트리밍 서비스가 문화 생산에서 핵심 역할을 하게 되면서 우리의 역할이 축소되거나 적절한 대우를 받지 못하고 있다"라며, 이에 대한 수입 배분 문제를 요구했다. 한편에서는 그러나, 문화 생산 과정에서 인공지능의 역할을 제한하거나 자신들이 인공지능을 이용해 시나리오 등을 작성해도 저작권을 담보할 수 있는 명목적인 조항을 요구, 관철하기도 했다.

실제로, 넷플릭스와 디즈니플러스 등 스트리밍 서비스 플랫폼들은 제작자나 시나리오 작가 대신 첨단 AI 관련 기술자를 영입해 제작비용 절감에 매달리고 있다. 과거 인간이 했던 일들 중에는 벌써 인공지능에 의해 대체되고 있는 영역도 적지 않다. AI를 통해 배우 출연 없이도 목소리를 복원해서 사용하는가 하면, 배우들의 과거 얼굴 등을 복원해 사용하는 경우도 있다. 창작 현장에서는 AI가 만든 대본 초안을 작가들이 수정하는 형태로 AI와 작가의 분업이 이루어지고 있다(박재령, 2023.11.16). 인공지능에 의한 문화 생산은 그러나 그 발전 속도만큼이나 우려 역시 커지고 있다.

미국작가조합의 총파업에서 나타난 대로 많은 시나리오 작가들로부터 영화와 드라마 제작자들 그리고 저널리즘에 종사하는 기자와 프로듀서 등은 인공지능이 향후 자신들의 영역을 침해하는 정도가 아니라 송두리째 앗아갈 것을 걱정하고 있다. 특히 문화 생산과 저널리즘이 디지털 플랫폼에 의해 크게 좌우되는데다, 이들 플랫폼들이 인공지능 프로그램을 개발, 이를 통해 문화 생산에 나서고 있는 현실에 크게 불안해하고 있는 것이 사실이다.

미디어 분야에서도 무분별한 인공지능 사용으로 인한 가짜 뉴스 양산이 큰 문제거리로 여겨지고 있다. 잘못된 알고리즘 때문에 원하지 않은 결과물이 만들어져 큰 문제를 유발하기도 한다. 예들 들어 2024년 2월, 구글은 챗지피티의 경쟁자이기도 한 자사의 인공지능 프로그램 제미니Gemini 프로그램의 사용을 전격적으로 중단했다. 인공지능에 의해 만들어진 사람들의 이미지가 실제와 달랐기 때문이다. '미국 건국의 아버지가 누구냐'는 명령어를 넣으면 백인이 아닌 흑인의 이미지로 형상화된 인물이 등장하는 등 역사를 왜곡하는 경우마저 빈발했기 때문이다. 구글은 지나친 다양성을 추구하게 되면서 나타난 현상이라고 설명했으나, 진실 왜곡이라는 비난에 결국 제미니의 사용을 잠정 중단했다(Vynck and Tiku, 2024.2.23).

인공지능에 의한 문화·미디어 생산은 결국 잘 드는 검의 양날처럼 한편에서는 문화산업의 전 과정을 변화시킬 핵심 요소로 작용하는 한편, 다른 한쪽에서는 지금까지 문화 생산의 최일선에서 일해온 인간들을 거리로 내모는 등, 지속적인 윤리 문제를 야기할 것으로 보인다. 인공지능은 글쓰기, 쇼트폼과 같은 소규모의 콘텐츠 제작 그리고 바둑계에 이르기까지 다양한 형태로 이미 현대사회에서 중요한 역할을 수행하고 있다. 따라서 인공지능에 의한 문화 생산은 생산·제작자들의 창의성과 인공지능의 효과성 간 큰 갈등을 보일 것으로 전망되고, 이와 관련, 지식재산권의 문제부터 인간됨의 본성까지 제대로 된 제도와 규범이 만들어져야 할 것으로 지적되고 있다. 지나친 규제로 인공지능과 인공지능에 의한 문화 생산을 저해해서는 안 되나, 인공지능으로 인해 문화 생산·제작자들이 일자리를 잃어서도 안 되기 때문이다.

특히 인공지능에 의한 문화·미디어 생산이 일부 서구 국가들의 전유물이 될 가능성이 높아지는 만큼 이에 대한 대책 마련 역시 시급한 실정이다. 디지털 기술력과 자본, AI 전문 인력, 그리고 양질의 대중문화 생산 등을 동시에 담보할 수 있는 나라는 일부 선진국에 제한될 가능성이 높기 때문이다. 한국의 경우는 비서구 국가들 중에서 대중문화와 디지털 기술을 동시에 발전시키고 있는 몇 안 되는 나라 중 하나라는 점에서 인공지능이 문화·미디어 산업계에서 큰 역할을 할 것으로 기대된다. 하지만, 대부분 비서구 국가들은 이 같은 미디어 문화 환경을 만들어내기가 어려운 것이 현실이다(Jin, 2024). 인공지능은 빅데이터, 클라우드 컴퓨팅, 그리고 정보의 자동화와 밀접한 연계를 맺고 있는데, 이러한 첨단기술을 확보하고 활용하는 데 많은 국가들이 어려움을 겪고 있다(Freedman, 2023). 문화 생산 분야에서 인공지능을 가장 많이 활용하고 있는 기업은 넷플릭스, 유튜브, 페이스북 등 미국에서 발달한 디지털 플랫폼들로, 이들 플랫폼들이 전 세계에서 확보한 빅데이터 등을 이용해 문화 콘텐츠의 생산과 배분 그리고 소비에 이르기까지 지배적인 영향력을 행사하고 있는 것도 비서구 국가들의 미디어 생태계를 교란하는 원인이기도 하다.

인공지능에 의한 문화·미디어 생산은 피할 수 없는 현실이라는 것을 모두가 인지하고 있다. 영화, 드라마 그리고 노래 등 전체가 될 수도 있고, 일부분이 될 수도 있지만, 인공지능의 이용은 현실이 되었다. 인공지능은 미래에 무한대로 발전할 것으로 전망되고 있다. 문화·미디어 산업계가 지금 보다 더 큰 정도로 영향을 받을 것이 확실하다. 따라서 어떻게 인간과 인공지능이 공생할 수 있는지를 지금부터 담보해 내야 한다. 인공지능 발전과 문화 생산의 상생이 만들어지는 구조적인, 규범적인 그리고 실천적인 실행을 만들어내는 것이 인공지능의 시대 문화산업계가 추구해야 할 최소한이다.

참고문헌

박재령. 2023.11.16. "끝맺은 할리우드 파업이 우리에게 남긴 것". ≪미디어 오늘≫, https:// www. mediatoday.co.kr/news/articleView.html?idxno=313842
신상록. 2024.2.25. "[쫌아는 기자들] 라이언로켓, 웹툰 산업에 왜 AI가 필요한가". ≪조선일보≫, https://www.chosun.com/economy/smb-venture/2024/02/21/UBBTOPW5LJHJNN2DTK GGNN2JWI/

Freedman, E. 2023. *Artificial intelligence and Playable Media.* London: Routledge.

Jin, D. Y. 2024. "AI in Cultural production in the Korean Cultural Industries." *Telematics and Informatics Reports,* 13. doi: https://doi.org/10.1016/j.teler.2023. 100113

Otto, G. 2023. "AI in K-Pop: A Reflection of South Korea's Technological Prowess for a New Era in Entertainment." 19 March. LinkedIn. https://www.linkedin.com/pulse/ai-k-pop-reflection-south-koreas-technological-prowess-georgette-otoo

Vynck, G., and Tiky, N. 2024.2.23. "Google takes down Gemini AI image generator. Here's what you need to know." *The Washington Post.* https://www. washington post.com/technology/2024/02/22/google-gemini-ai-image-generation-pause/

옮긴이 서문

2024년 지금, 단연코 사람들 사이에서 가장 많이 오르내리는 단어 중 하나는 인공지능AI일 것이다. 진달용 교수님께서 당신의 저서인 *Artificial Intelligence in Cultural Production: Critical Perspectives on Digital Platforms*을 번역하자고 제안하셨을 때만 해도 AI가 그렇게 생각만큼 똑똑하지 않다고 말하는 경우를 상상하기는 쉽지 않았다. 당시 챗지피티ChatGPT가 AI의 전부인 것처럼 AI = ChatGPT로 사람들이 AI 이야기를 할 때였다. 이 책을 번역하는 동안 어느 정도의 시간이 흘렀고, 그러는 사이 챗지피티는 물론이거니와 생소한 분야에서도 AI를 접목한 방식을 선보이고 있다. 특히 코로나19 팬데믹을 겪으면서 AI는 마치 이 지난한 어려운 경기를 끝낼 수 있는 구원 투수처럼 여겨지기도 했다. 그리고 요즘은 마치 AI가 처음부터 존재한 것처럼, AI를 접목하지 않은 것들을 일상에서 찾기가 쉽지 않을 정도다. 광고 문구를 비롯해 여러 문화 콘텐츠에도 AI가 들어가지 않은 것이 없다고 해도 과언이 아니다. AI와 AI 윤리 등을 다루는 수많은 논문 및 학술 서적뿐만 아니라 대중서부터 아이들이 보는 영상 콘텐츠까지 순식간에 AI는 우리 옆으로 바짝 다가왔다. 대중문화와 관련된 현상에 특별한 관심을 두고 있는 미디어·문화 연구자로서, 동시에 대중문화를 열렬히 즐기고 소비하는 사람으로서 이 책을 통해 우리는 AI가 얼마나 우리 삶에 빨리 스며들었고, 또 어떻게 우리 삶과 가까운 형태로 진화하고 있는지를 같이 뜯어보고, 또 지켜봐야 한다고 생각했다. 이 과정은 AI가 갖고 있는 강력한 힘을 우리가 스스로 감시하도록 도움을 줄 것이고, AI의 장점을 취하면서 AI라는 명분 뒤에 숨어 있는 것들을 다시 한 번 비틀어 볼 수 있도록 할 것이다. 이 책은 우리가 그렇게 할 수 있도록 도와주는 길잡이가 되어줄 것이라 생각한다.

조혜진

서문

디지털 플랫폼에 대한 학문적 관심은 2010년대 초부터 계속 발전해 왔다. 『한국의 온라인 게임 제국』(2010)이라는 첫 번째 책을 출판했을 때, 나는 비디오게임이 플랫폼 연구의 주요 과목 중 하나가 될 것이라고 예상하지 못했다. 그러나 디지털 게임은 21세기 초 플랫폼 연구에서 가장 중요한 분야 중 하나가 되었다. 디지털 게임뿐 아니라 검색엔진, 소셜미디어, 스마트폰 등 여러 첨단 디지털 기술이 빠르게 성장하면서 디지털 플랫폼에 대한 사람들의 호기심이 커짐과 동시에 비판적 정치경제학을 포함한 다양한 관점에서 디지털 플랫폼 연구와 교육에 대한 관심이 높아졌다. 특히 글로벌 플랫폼 영역에는 다양한 이론과 접근법들이 있지만 나는 미국을 기반으로 한 일부 디지털 플랫폼들이 한국, 중국, 일본 같은 국가가 만든 디지털 플랫폼과 비교했을 때 세계적 플랫폼 분야에서 중추적인 역할을 하고 있기 때문에 세계화의 과정과 플랫폼의 역할 증대를 분석했다. 따라서 디지털 플랫폼에 대한 연구로 글로벌 세력과 지역 세력 간의 권력관계에 대해 논의하였다.

이러한 상황에서 2015년 디지털 플랫폼, 제국주의, 정치 문화 등을 주제로 디지털 플랫폼에 관한 여러 편의 논문을 게재할 수 있었다. 미디어학, 사회학, 정치학 분야의 많은 학자들은 미디어학, 사회학, 지리학의 주요 이론적 틀 중 하나로 플랫폼 제국주의 개념을 계속 발전시켜 왔으며, 이는 유사한 주제에 대한 연구를 더욱 발전시킬 것을 필요를 제기한다. 디지털 플랫폼에 대한 나의 두 번째 책은 2019년 『디지털 플랫폼 시대의 세계화와 미디어Globalization and Media in the Digital Platform Age』라는 제목으로 나왔다. 다른 책들이 주로 전통미디어와 세계화의 관계에 초점을 맞추고 있는 것과 달리, 이 책은 세계화 과정에서 디지털 플랫폼의 결정적인 역할을 강조하고 있다. 거의 비슷한 시기에 나는 문화 생산에서의 디지털 플랫폼과 AI에 관한 또 다른 책을 쓰기 시작했다. 빅데이터와 알고리즘이 AI와 디지털 플랫폼의 비즈니스 모델과 문화 생산 양식을 근본적으로 바꾸어 놓은 점에 주목했다. 이에 이 책은 플랫폼과 문화 산업이 AI 알고리즘에 기반한 문화 생산과 소비를 바꾸는 방식을 이해하기 위해 AI, 플랫폼, 대중문화, 이 세 분야의 융합을 살펴보려는 시도를 했다. 변화하는 미디어 생태계가 AI 시대에 대중문화를 서로 다른 시각에서 규정하도록 이끄는 만큼 AI의 출현은 물론 문화 생산에서 디지털 플랫폼과의 융합과 시사점을 적시에 논의하고 싶었다. 실제로, 유튜브와 페이스북과 같은 소셜미디어 플랫폼에서 넷플릭스와 디즈니플러스를 포함한 OTTover-the-top 플랫폼에 이르기까지, 디지털 플랫폼은 빠르게 AI 기술을 채택하고 우리의 문화 활동과 일상을 변화시켰다. 디지털 플랫폼은 AI와의 긴밀한 연관성으로 인해 문화의 생산부터 소비까지 문화 생산을 대규모로 재편하고 있어 충분히 분석하고 논의해야 한다.

지난 10년간 주요 연구 주제인 디지털 플랫폼에 집중할 수 있었던 것은 행운이다. 이 시기 동안 많은 학자들이 같은 주제로 논의하기 시작했고, 디지털 플랫폼은 마침내 학술의 장에서 매우 자주 논의되는 주제 중 하나로 자리매김 했다. AI와 디지털 플랫폼의 융합의 역할에 관심이 있는 많은 학자와 학생, 정책 입안자들에게 이 책이 설득력 있는 토론 주제를 제공해 줄 것으로 기대한다. AI와 연계한 디지털 플랫폼이 대중문화와 저널리즘 영역에서 그들의 역할을 강화할 것은 확실하다. AI와 디지털 플랫폼의 융합을 이해하지 않고서는 문화산업을 둘러싼 급변하는 미디어 생태계를 충분히 이해할 수 없다. 2010년대 초반부터 디지털 플랫폼에 대한 학술적 호기심을 발전시킨 덕분에 향후 10년도 디지털 플랫폼에 관한 학술적 담론을 지속할 수 있을 것 같다. 디지털 플랫폼에 관한 지속적인 연구 성과를 통해 나는 향후 이것이 하나의 분과 학문으로서의 역할을 할 수 있도록, 이를 둘러싼 여러 가지 현안과 질문들이 보다 명료해지기를 기대하는 바이다. 이 책이 제시하는 AI와 디지털 플랫폼의 융합에 관한 비판적인 분석을 비롯해 이전에 출간한 두 권의 디지털 플랫폼 분야 단행본들이 분과 학문으로서의 디지털 플랫폼 연구에 학문적으로 기여하길 기대한다.

전반적으로 이 책은 오랜 학문적 여정의 결과이며, 라우틀리지Routledge의 몇몇 편집자들, 특히 디지털 플랫폼 관련 이 세 권의 책의 제작을 전문적으로 다루면서 일관된 지지와 인내심을 보여준 수잔 리처드슨에게 진심으로 감사를 표하고 싶다. 무엇보다도 끝없는 지지를 보내준 나의 가족들, 아내 나경원, 두 딸 진유선, 진유영에게 특별한 감사를 전한다.

진달용

제**1**장

대중문화와 AI

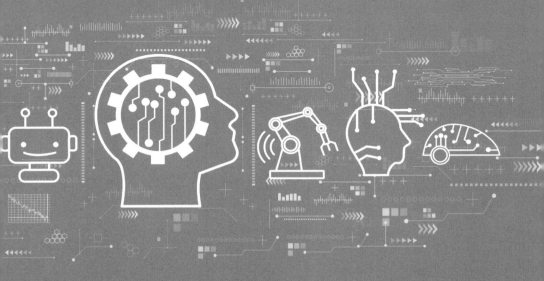

들어가며

캐나다 밴쿠버에 사는 22세 청년 데이비드는 자신의 아이폰으로 디지털 플
랫폼에 어떤 콘텐츠가 올라왔는지 확인하는 것으로 하루를 시작한다.
2020년 3월에는 유튜브에서 IBM의 AI 왓슨이 만든 미국 공상과학 공포영
화 〈모건〉(2016)의 예고편을 보고 난 후, 그 즉시 넷플릭스에서 〈모건〉을
시청했다. 이후에도 데이비드는 코로나19로 인한 사회적 거리두기로 인하
여 집에서 넷플릭스의 오리지널 TV 시리즈인 〈킹덤〉(2019)을 시청하기도
했다.

데이비드의 문화 소비에 직접적인 영향을 끼친 세 가지 요소는 인공지능AI,
넷플릭스 또는 스마트폰을 포함한 디지털 플랫폼 그리고 대중문화가 교차하
는 지점에 있다. 연결점이 없어 보이는 이 세 가지 요소의 상호작용은 AI가 미
디어 대중문화에 뛰어들게 되면서 활발하게 이루어져 왔다. 비록 AI가 문화
부분에 발을 들인 것은 최근의 일이지만, AI는 사람들의 문화 소비 양상을 형
성하고 대중문화를 생산하는 중요한 요소로 자리매김했다.

AI는 로봇, 자율주행 차량, 구글맵, 아마존, 헬스케어, 온라인 학습 등과 같
은 분야에서 우리와 수년간 함께해 오면서 큰 반향을 일으켰다. 특히 2019년
늦가을과 겨울 사이에 발생한 전염성 높은 코로나바이러스가 2020년 초부터

전 세계로 빠르게 번지기 시작하던 시기에 캐나다 연방정부는 토론토를 거점으로 한 디지털 헬스 기업인 블루닷BlueDot과 계약을 맺고 코로나바이러스의 전염 추이를 추적하기 시작했다. 공공보건의 위기 속에서 AI 도구상자toolbox에 있는 가장 최신 도구가 사용된 것이다. 2020년 3월 11일, 캐나다 연방정부는 10억 캐나다달러를 코로나19로 인한 긴급 자금 편성을 위해 쓰겠다고 발표했고, 그중에서 2억 7,500만 달러를 코로나19 연구를 위해 지원하겠다고 밝혔다. 채먼디(Chamandy, 2020)에 따르면 이미 약 5,200만 달러(약 527억 원)를 캐나다 전역에 있는 96명의 연구자와 연구팀을 지원하는 데 사용했는데, 그중 세 가지는 AI 연구과제였다.

여러 정보통신기술ICT 관련 기업과 대학들은 AI를 통해 학생들의 참여와 집중도를 높일 수 있는 온라인 학습 도구tools와 보다 발전한 기술 시스템을 개발했다(Choi, J.H., 2020). 전 세계적으로 코로나19의 확산이 빨라짐에 따라 미국, 영국, 캐나다, 한국 등을 포함한 수많은 나라의 대학들이 대면 수업을 취소하고 온라인 학습 시스템으로 전환했다. 그러나 코로나19의 빠른 확산이 상황을 더욱 악화시켜 '뉴노멀'이라는 새로운 시대를 탄생시킴에 따라 대학들과 테크 기업들은 AI를 중심으로 한 다양한 온라인 학습 도구들을 계속해서 개발했다. 즉, 초등학교에서 대학에 이르기까지 코로나19로 인한 비대면 수업을 진행해야 하는 교강사들은 AI를 기반으로 한 도구들을 빠르게 접목시킬 수밖에 없었다(Rauf, 2020). 2021년 1월 말에는 전 세계의 많은 대학에서 2020년 3월부터 시작한 비대면 수업이 여전히 진행되고 있었고, 그에 따라 AI를 기반으로 한 학습 메커니즘은 계속해서 일상 속으로 깊게 침투했다.

한편, 전통적으로 인간이 가장 큰 역할을 했던 대중문화마저도 AI에 깊이 스며들고 있었다. 다수의 AI는 검색엔진의 결과나 소셜미디어의 피드, 비디오 게임과 맞춤형 광고 등에서 알고리즘을 통해 스마트폰과 컴퓨터의 보이지 않는 수행자로 자리했다(Dyer-Witheford et al., 2019: 2). 엘리엇(Elliott, 2019: xx)은

"디지털 유니버스는 AI와 직접적인 연관이 있다"라고 주장한 바 있다. 또한 오늘날 대중문화의 변화는 단순히 디지털 플랫폼으로서의 AI만으로 설명할 수 없을 만큼 광범위하며, 유튜브나 넷플릭스 같은 플랫폼들이 대중문화의 변혁 과정에서 중요한 역할을 하고 있다. 결과적으로 전 세계 사람들은 AI와 디지털 플랫폼이 창조하고 발전시킨 기술혁신의 새로운 문화 속에서 살고 있다.

2010년대 중반 이후, AI는 꽤 다양한 분야에 적용되어 왔는데, 예를 들어 스마트폰의 문자 자동완성 기능이나 사진 속 인물과 사물을 확인하는 기술, 차량의 자율주행과 연동할 수 있는 영상 자료 해석 등 데이터처리로 이루어지는 것 이외에도 무궁무진하다. 머신러닝 기술은 세심함을 요하거나 흥미를 유발하는 활동까지 광범위하게 이용된다(Bunz, 2019: 264). 그러나 지난 2016년, 대한민국을 대표하는 전 프로 바둑기사인 이세돌과 알파고의 대결(〈그림 1.1〉)이 중계된 직후, 미디어 문화에서 디지털 플랫폼으로 이어지는 AI의 사용은 몇 가지 예상하지 못한 결과를 초래하기도 했다.[1] 알파고는 AI 프로그램의 성취를 보여주면서 4-1 시리즈의 마지막 경기에서 이세돌 기사를 상대로 승리를 거머쥐었다(Borowiec, 2016; Choi, W.W., 2016).

알파고와 이세돌의 바둑 경기에서 볼 수 있듯이 AI는 바둑, 체스와 같은 게임에서도 쉽게 인간을 이길 수 있다. 이세돌을 이긴 알파고의 승리를 보면서 한국뿐만 아니라 전 세계가 충격에 빠졌고, 전 세계의 수많은 바둑 팬들은 계속해서 경기를 시청했다.[2] 모두가 갑자기 AI에 관해 얘기하고, 세계의 수많은

---

1   바둑은 두 명의 다른 플레이어 또는 팀이 번갈아 가며 19×19 격자 위에 검은색 또는 흰색 돌을 놓는 게임이다. 플레이어는 바둑판의 가장 많은 영역을 장악함으로써 승리한다. 알파고는 바둑 게임을 하기 위한 컴퓨터 프로그램이다. 알파고의 알고리즘은 머신러닝과 트리 검색 기술을 조합하여 사용한다. 알파고는 저장된 게임을 통해 패턴을 반복적으로 학습하면서 전문성을 쌓았다(*BBC News*, 2016).

2   이세돌은 2019년 12월 결국 은퇴하면서 AI가 극복이 불가능하다는 이유로 더 이상 프로로 뛰지 않겠다는 뜻을 밝혔다. 그는 언론과의 인터뷰에서 "바둑 게임에 AI가 등장하면서 정신없는 노력으로

〈그림 1.1〉 알파고와 이세돌의 바둑 경기

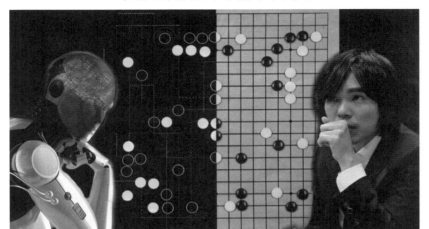

자료: SBS(2016)

플랫폼 기업들이 이 새로운 기술에 투자하기 시작했다. 이 모든 것은 '4차 산
업혁명'이라는 기대 속에서 이루어졌고, AI 기술 자체를 강조하는 세 번째 기
술혁명과는 다르다고 얘기한다.[3] 여러 전문가들은 AI가 운송, 자동차, 전자산
업만큼이나 디지털 경제에 영향을 미칠 수 있다고 짚었다(Volodzko, 2017). AI
는 4차 산업혁명 시대에 미디어·문화 산업에서 역시 핵심 기술로 자리매김했
다(Kim, K.H., et al., 2018).

1위가 돼도 정상에 오르지 못한다는 것을 깨달았다. 내가 1등이 되더라도 꺾을 수 없는 실체가 있
다"라고 말했다(Webb, 2019).

3 간단히 말해서, 4차 산업혁명은 AI, 자율주행차, 사물인터넷(IoT)과 같은 기술이 인간의 육체적 삶
과 어떻게 융합되는가를 의미한다. 이러한 기술적 변화는 개인, 기업 및 정부의 운영 방식을 크게 변
화시키고 있으며, 궁극적으로 사회적 변혁을 초래하고 있다(Schulze, 2019). 4차 산업혁명이 이전
의 산업혁명과 근본적으로 다른 이유는 AI가 세계경제는 물론 관련 모든 분야에 막대한 영향을 미치
고, 물리뿐만 아니라 디지털 및 생물학 분야까지 융합하는 획기적인 신기술로서 등장했기 때문이다
(Schwab, 2016: 12).

2010년대 후반 알파고 현상을 목도한 이후, 다른 산업 분야와 같이 글로벌 문화산업은 빠르게 산업구조와 문화 콘텐츠 생산 방식을 변화시켰다. 미국, 영국, 캐나다, 일본 등 경제 강국이 있는 '글로벌 노스Global North'와 한국과 중국 및 여러 개발도상국이 포함된 '글로벌 사우스Global South'에서는 AI와 알고리즘 그리고 빅데이터로 미디어 유관 산업들을 재편하고 있다. 이는 디지털 플랫폼부터 문화에 이르기까지 AI나 플랫폼과 같은 새로운 디지털 기술이 ICT 기업의 일자리 창출에 기여하여 번영하길 기대하기 때문이다(McKelvey and MacDonald, 2019). 이 국가들은 이미 스마트폰과 인터넷 등 정보통신기술 분야와 문화 산업 분야에서의 성장을 어느 정도 이룬 바 있다. 이들 국가의 미디어와 문화 산업의 거대 기업들은 디지털 경제로 한발 더 나아가기 위해 AI에 초점을 맞추어 새로운 형식의 대중문화를 생산하고 있다.

AI는 우리의 문화적 삶에서 흔하게 찾아볼 수 있고, AI의 적용은 실제로 음악, 영화, 게임, 웹툰뿐만 아니라 뉴스journalism와 같은 미디어·문화 산업 분야에서 쉽게 찾아볼 수 있다. 캐러미오 외(Caramiaux et al., 2019: 6)는 "창작물은 항상 그것을 확장할 수 있는 새로운 도구를 필요로 하기 때문에 기술적인 혁신의 빠른 적용이 가능하다. AI 역시 예외는 아니다"라고 주장한 바 있다. AI는 주요 패러다임이 변화하는 현대contemporary의 문화산업에서 필수 요소로 자리한 듯하다. 특히 AI는 구글, 페이스북, 유튜브, 넷플릭스 그리고 스마트폰 기술과 깊이 연관되어 있다.

AI와 만난 미디어와 문화 산업의 패러다임 변화는 논쟁적이다. 누군가는 AI가 문화 분야에서 빼놓을 수 없는 요소가 되었다고 주장하는 반면, AI는 립서비스에 불과하다는 주장도 있다. 그러나 흥미로운 지점은 미디어와 문화 산업에서의 AI의 적용과 실행을 향한 분명한 트렌드가 존재한다는 것이다. 커뮤니케이션 학자인 건켈(Gunkel, 2012: 20)의 주장에 따르면,

현재의 패러다임, 즉 정상과학이 무엇인지를 결정하는 틀은 인간의 소통을 위한 도구이자 수단으로 기술을 바라본다. 이런 관점은 커뮤니케이션 이론에서도 확인된 바 있다. 이는 컴퓨터나 정보기술의 다양한 형태가 지배적인 패러다임에 맞춰져야 한다는 규범으로 받아들여졌기 때문이다.

건켈이 강조한 것은 컴퓨터는 커뮤니케이션에서 기술의 기능과 역할에 관한 오랜 가정을 효과적으로 뒤집을 수 없다고 한 점이다. 건켈에게 "컴퓨터는 반드시 커뮤니케이션학의 이론과 실재에 적용하기 위한 새로운 기술은 아니지만" 작금의 상황은 근본적으로 바뀌었다(Gunkel, 2012: 20).

이제는 컴퓨터와 AI가 디지털 미디어와 대중문화의 패러다임을 현실화한다는 것이 확실하다. 커뮤니케이션과 문화 연구 분야에서의 방점은 AI의 일부인 머신러닝ML이 되었다. 어마어마한 양의 데이터와 저렴한 하드웨어로 머신러닝은 전통적인 검색과 적용을 넘어서서 더욱 대중화되고 있다. 이제 미래는 머신러닝에 좌우된다고 해도 과언이 아니며, 다양한 적용과 빠른 속도에 맞춰서 성장할 것이다(Frankel, 2018: 10). 벤치먼(Benchmann, 2019: 82)은 머신러닝 과정에서 데이터가 단순히 입력데이터의 품질 문제뿐만 아니라, 알고리즘이 패턴과 클러스터를 인식하도록 훈련하는 데 적합한지 여부에서도 중요한 문제로 작용한다고 지적한다. 데이터의 양이 많아질수록 사람들이 가지고 있는 데이터의 학습이 더욱 다양화되고, 새로운 데이터를 인식하기 위한 사람들의 잠재적 알고리즘이 더욱 개선된다. 알고리즘은 학습된 데이터를 통해 해석 및 패턴 예측이 가능하다.

전 세계의 많은 정부는 AI가 만들어낸 현상을 지지하는 모습을 보였다. 그들은 AI가 산업구조를 재조정한다고 강하게 믿고 AI가 디지털 경제에 새로운 에너지를 가져다줄 것이라고 믿고 있다. 세계 각국의 정부는 법적·재정적인 새로운 방식을 재정비함으로써 정부와 기업들이 AI가 이끈 디지털 경제를 보다 강화할 수 있도록 긴밀하게 합작하고 있다. 현대사회가 "점점 더 AI로의 투자를 눈에 띄게 하고"(Walch, 2019) 있기 때문에 정부와 디지털 플랫폼 기업 그리고 방송국이나 음악 회사와 같은 문화산업의 많은 기업들이 AI의 인상적인 출현에 관한 어젠다를 의논하고 있다. 미디어 전경은 인지할 수 없을 정도로 변화했다. 수많은 기업과 정부는 특히 AI와 관련된 새로운 디지털 기술들을 어떻게 대중문화의 성장과 문화 생산 전반에 활용할 것인지를 가장 핵심적인 논의점으로 두고 있다.

문화 생산cultural production[4]에 관한 해석은 "문화 상품의 생산 및 배급 그리고 소비로 일컬어지는 관점부터 문화적 실천 및 과정으로 일컬어지는 관습"으로 보는 관점까지 매우 다양하다. 따라서 때때로 문화 생산이라 함은 "어떤 과정들의 결과나 상품이 특화되거나 잘 정의된 것을 포함"하기도 한다(Henderson, 2013: 3).[5] 문화 생산을 연구하는 분야에서는 문화 생산을 영화나 텔레비전 프로그램, 대중음악 장르가 무엇인지를 탐구하기 위한 전문적인 과정과 산업적인 맥락이라고 주장한다. 한편, 이 책은 다양한 시각에서 해석되는 문화 생산을 "문화 상품, 문화적 실천과 가치, 대중적으로 이해하는 방식이 만들어지고 또 순환하는 사회적인 과정"이자 "문화산업의 산물"로 본다(Oxford Reference, 2019). 또한 문화 생산은 근대modern사회에서 산업화되거나 반만 산업화된 상징화 또는 분배를 일컫는 간결한 용어로 정의되기도 한다(Hesmondhalgh and Saha, 2013: 181). 다시 말해서 문화 생산은 문화 콘텐츠의 실질적인 생산으로서

---

4   [옮긴이 주] 이 책 전반에 나타난 문화 생산에 관한 저자의 정의 및 해석에 따라 문화 상품을 생산하고 소비하는 일련의 과정을 포괄하는 의미에서 'cultural production'을 '문화 생산'으로 번역했다.

5   비록 완벽하지는 않지만, 부르디외(Bourdieu, 1983)는 예술 작품을 이해하기 위해서는 예술 작품 자체뿐만 아니라 예술 작품 제작과 수용의 조건도 살펴야 한다고 이미 주장했다. 왜냐하면 이러한 사회문화적 환경은 문화 생산의 분야를 특징짓고, 따라서 사람들이 예술 작품을 이해하는 방법을 결정할 수 있기 때문이다. 당시의 문화 생산, 주로 문학과 순수예술은 권력과 계급관계의 더 넓은 분야와 관련이 있었다.

좁은 의미로 정의될 수 없으며, 최근에는 AI의 이용에 뿌리박힌 대중문화와 미디어 콘텐츠의 생산, 분배, 상영과 소비에 이르는 전 과정으로 정의된다고 할 수 있다.

　디지털 플랫폼의 중요한 역할과 문화 생산 및 분배의 과정에 참여하는 이용자들을 고려하여 이 책은 넓은 의미에서 디지털 플랫폼 산업을 포함할 뿐만 아니라 문화 생산의 주요한 과정으로서 문화산업을 포괄한다. 디지털 플랫폼과 문화산업은 문화 콘텐츠의 제작과 유통을 변화시켰고, 사람들은 AI와 디지털 플랫폼의 도움으로 소비 습관을 전환해 지상파 등 전통 미디어가 만들어온 전통적인 규범과 문화 영역을 차별화했다. 21세기 초, 새로운 디지털 기술을 갖춘 사람들, 특히 글로벌 젊은이들은 물리적으로 극장에 가거나 문화 자료를 사고 소유하는 대신 디지털 플랫폼에서 대중문화와 뉴스를 즐긴다.

　한편, 최근의 통계는 ICT 및 문화 분야에서 AI의 활용이 증가하고 있음을 확실히 증명하고 있으며, 이는 문화 생산에서 AI와 플랫폼/문화의 융합을 고려해야 함을 의미한다. 캐나다 통계청(Statistics Canada, 2020)에 따르면, 여러 다른 산업들이 AI 기술에 투자하고 AI를 사용했다. 이 가운데 정보문화산업은 금융·보험업(32.2%)에 이어 AI 이용률이 25.5%로 두 번째로 높았고, 2017년 평균 AI 이용률은 10.1%를 기록했다(〈그림 1.2〉). 이 데이터에는 직원이 250명 이상인 대기업만 포함했으나 중소기업을 포함해도 AI 사용 비율은 소폭 감소하는 데 반해 순위는 여전히 비슷하다. 즉, 디지털 플랫폼과 모바일 부문을 비롯한 IT와 문화가 이미 AI 기술과 깊이 융합되었음을 분명히 함축하고 있으며, 새로운 미디어와 문화 부문은 앞으로도 우리 현대 자본주의 사회에서 최고 수준의 AI를 계속 사용할 것으로 기대할 수 있다.

　반면 AI는 TV 채널이나 극장 등 전통 미디어가 아닌 소셜 네트워크 서비스 SNS 및 넷플릭스와 같은 OTT 플랫폼을 포함한 디지털 플랫폼에서 미디어와 문화 콘텐츠를 즐기는 기반을 마련하는 등 미디어와 대중문화에서 사람들의

〈그림 1.2〉 2017년 캐나다 산업별 AI 이용 현황(단위: %)

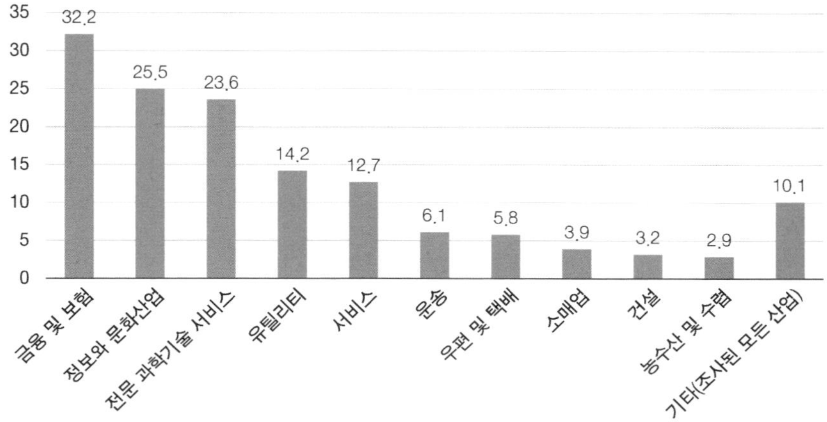

자료: Statistics Canada(2020)

소비 패턴을 크게 변화시켰다. 사람들은 넷플릭스와 스포티파이에서 AI와 알고리즘이 추천하는 영화를 보고 음악을 듣는다. 프랑켈(Frankel, 2018: 10)은 사용자 인터페이스UI에 관해 다음과 같이 주장하였다.

> 사용자 인터페이스가 시청자들이 보고 싶은 콘텐츠를 최대한 쉽고 빠르게 찾을 수 있도록 발전에 발전을 거듭함에 따라 데이터 과학은 최대한 많은 경우의 수를 기반으로 완벽에 가까운 콘텐츠 맞춤 및 개인화를 선보이기 위해 인간의 능력을 가뿐히 넘어서고 있다. 음성 인식 기술이나 사용자 맞춤형 검색 등과 같은 기능은 AI의 필요성과 그 존재를 더 부각하는 것이나 다름없다.

페이스북, 유튜브, 넷플릭스와 같은 디지털 플랫폼의 부상은 "소셜이 데이터마이닝 가능한 비즈니스 벤처로 전환하는 데 있어서" 필수적이며, 이는 개인 사용자에게 문화 콘텐츠를 추천하는 알고리즘과 머신러닝을 기반으로 하는 디지털 플랫폼을 통해 대중문화를 즐기는 것을 의미한다(Langolis et al., 2015: 4). 로바토(Lobato, 2019: 40)도 적절하게 표현했듯이, 디지털 플랫폼의 주요 특징 중 하나는 "알고리즘 권장 사항에 대한 의존"이다. 일례로 넷플릭스가 맞춤형 콘텐츠 추천 알고리즘의 개발과 대중화에 막대한 역할을 했다. 넷플릭스, 디즈니플러스, 아마존프라임 등 여러 OTT 플랫폼과 스포티파이, 애플TV 플러스 등 음악 스트리밍 서비스 플랫폼이 현대 유통 플랫폼 역할을 하며 생산과 소비를 연결한다.

그러나 페이스북, 넷플릭스와 같은 몇몇 글로벌 메가 플랫폼 대기업들이 이를 선점하고 활용하여 막대한 수익을 창출함으로써 플랫폼 소유자와 플랫폼 사용자 간의 사회경제적 격차가 발생함에 따라, AI와 알고리즘을 비롯한 새로운 디지털 기술에 일부 심각한 우려가 제기되었다(Fuchs, 2014; Jin, 2015; Srnicek, 2016). AI가 주도하는 현대 기술혁신은 비범한 기회를 제공하면서도 전례 없는 위험을 가져왔다.

주요 주의 사항 중 하나로, 몇몇 연구자들(Barocas et al., 2019; Reisman et al., 2018)은 AI의 급속한 성장과 사용이 현대사회에 잠재적인 문화적·사회적 문제, 이른바 '재현의 편향성representational harms'[6]을 가져왔다고 주장한다. 이러한 편향성이 발생하는 이유는 다음과 같다.

AI는 특정 지역사회나 지리적 영역에 따라 다르게 나타나는 사회문화적 요소들을 가정하고 예측하기 위해 AI를 택한 사람들의 행위자성agency을 기반으로 하기 때문이다. 따라서 소수자를 포함한 지역사회 및 개개인들의 특

---

6   [옮긴이 주] 저자는 AI의 급속한 성장과 사용에서 편향적이고 차별적인 재현이 문제라고 지적하고 있다. 이러한 의미를 살려 'representational harms'를 '재현의 편향성'으로 번역하였다.

징을 잘못 해석하기도 하고, 또는 의도적으로 누락하면서 지배적인 문화만을 보여주는 결과를 가져오기도 한다(Reisman et al., 2018: 18).

이러한 재현의 편향성은 알고리즘이 행위자를 성별이나 나이, 사회적 계층 및 혈통 등과 같이 인간의 정체성과 연결되는 특성에 따라서만 구분 지을 때 더욱 강화되는데, 이는 알고리즘이 행위자가 찾는 결과를 보여주기 이전에 특정한 기회나 자원에 간섭allocative harms하면서 행위자에게 편향적인 결과를 보여주는 것과 비교해 볼 수 있다(Barocas et al., 2019).

재현의 편향성은 장기적인 영향을 미치며, 형식적 특성화에 저항한다. 그러나 머신러닝이 검색, 번역, 음성 보조 및 이미지 라벨링과 같은 기술을 통해 우리가 세상을 이해하는 방법의 더 큰 부분이 되면서, 재현의 편향성은 우리의 문화에 각인을 남길 것이고, 정체성 형성과 고정관념 영속성에 영향을 미칠 것이다. 따라서 이것들은 자연어처리와 컴퓨터 비전 분야에서 중요한 관심사이다(Barocas et al., 2019: 30~31).

한편, 구글, 페이스북, 넷플릭스와 같은 전 세계를 제패하는 플랫폼들이 빅데이터, 알고리즘, AI를 무기 삼아 "끊임없이 새로운 시장을 개척하고 융합하는 경향"을 띠는 것이 놀라운 일은 아니다(Schwarz, 2017: 384). 여러 정부와 기업들이 사회경제적 공정성과 평등을 확보하고 유지하기 위해서 메커니즘을 발전시키려는 듯 보이나 이러한 조치들이 글로벌 노스와 글로벌 사우스에 관계없이 대부분의 국가에서 실용적이고 투명하게 이루어지지는 않고 있다.

이 책의 주요 목표

미디어학자, 사회학자, 문화인류학자, 컴퓨터과학자들은 미디어와 문화와 함께 AI, 알고리즘, 빅데이터의 출현을 탐구했다. 기존의 여러 책들(Langolis et al., 2015; Andrejevic, 2020; Gunkel, 2020)은 AI와 빅데이터의 역할을 다룬다. 그러나 디지털 게임 외에 AI, 디지털 플랫폼, 대중문화의 융합을 논하는 책은 거의 없다(Yannakakis and Togelius, 2018; Togelius, 2019). 예를 들어, 엘리엇(Elliott, 2019)은 『AI의 문화The Culture of AI: Everyday Life and the Digital Revolution』에서 지능형 기계, 첨단 로봇공학, 가속 자동화 및 빅데이터[7]가 사람들의 일상생활과 현대사회에 미치는 영향에 대해 논의했다. 일상생활의 재정렬에 대한 그의 이해는 아마존 추천을 받는 것부터 우버 요청, 가상 개인 비서에게 정보를 얻는 것부터 챗봇과 대화하는 것까지 사람들이 하는 모든 일에 AI의 중심성을 강조한다. AI에 대한 이러한 학술 서적은 새로운 미디어 기술인 이 경우 AI에 대한 흥미로운 사례 연구 및/또는 이론적 논의를 제공하기 때문에 귀중한 자료이다.

그럼에도 불구하고, 이 책들은 미디어와 대중문화에서 AI의 사용에 대한 불충분하고 포괄적인 연구를 제공해 왔다. 그들이 그렇게 할 때, 그들은 음악, 버라이어티쇼, TV 드라마, 영화와 같은 다양한 문화 장르와 관련된 문화적 경향을 조사하기보다는 특정 문화 장르, 즉 게임에 집중하는 경향이 있었다. 따라서 그들은 구조적 요인과 청중 참여가 AI의 성장에서 어떻게 상호작용하는지

---

7 '빅데이터'라는 용어는 1990년대 후반에 등장했으며, 이는 기존의 관계형 데이터베이스가 처리하기 어려운 대규모 데이터 집합을 의미한다. 빅데이터는 방대한 규모(volume), 빠른 속도(velocity), 다양한 형태(variety)라는 특징을 갖는다. 또한, AI, 모바일, 소셜미디어, 사물인터넷(IoT) 기술과 결합하면서 새로운 형태와 데이터 소스가 등장해 점점 더 복잡해지고 있다. 예를 들어, 센서, 디바이스, 비디오·오디오, 네트워크, 로그파일, 전자 거래 처리 시스템, 웹 및 SNS 등에서 실시간으로 방대한 양의 빅데이터가 생성된다(IBM, 2020).

를 적절하게 검토할 수 없었다. 즉, AI는 현재 미디어 어디에서나 논의되고 사용되고 있으나 대중문화에 미치는 영향은 거의 분석되지 않았다. 특히, 기존의 연구는 AI, 디지털 플랫폼, 대중문화의 결합에 초점을 맞추지 않았다. 여러 분야의 일부 학자들은 이러한 영역의 융합을 이해하는 것처럼 보이지만, 주제의 짧은 역사를 고려할 때 이러한 영역의 결합에 거의 초점을 맞추지 않았다.

이 책은 이전 연구들과 달리 문화 생산의 주요 동력원으로서 AI에 대한 포괄적이면서도 비판적인 이해를 제공하는데, 이는 AI 시대의 문화 생산을 탐구한다는 것을 의미한다. 글로벌 노스와 글로벌 사우스를 막론하고 "대형 디지털 플랫폼이 가치사슬의 더 큰 덩어리를 차지하고 있는 시점"에서, AI가 문화 창작자, 문화산업 그리고 소비자로서의 대중과 관련된 상황을 중심으로 문화에 미치는 영향을 탐구한다(Kulesz, 2018a: 5). 이 책은 음악, 게임, 웹툰 등 몇 가지 주요 모범 문화 형태를 AI와 문화의 결합 형식으로 논할 뿐만 아니라 AI와 디지털 플랫폼, 대중문화의 결합에 대한 비판적 이해를 제공한다. 이 책은 정치경제적 관점에서 미디어와 문화 산업의 AI에 대한 증거 기반 분석을 통해 미디어와 문화연구, 과학기술연구STS, 세계화연구 등 여러 학문 분야의 문헌에 이론적·실증적 기여를 하고 있다. 그렇게 함으로써 진행 중인 AI 현상에 대한 새로운 아이디어를 제시할 것이다.

이 책은 AI와 디지털 플랫폼, 대중문화의 결합에 대한 최초의 학술적 담론으로서, 디지털 플랫폼과 문화산업이 AI 주도 알고리즘 문화 생산·유통·소비의 형태를 재구성하고 발전시켜 온 방식을 이해하고자 시도한다. 책 곳곳에서 볼 수 있듯이 빅데이터, 알고리즘, AI 등이 등장하면서 문화산업은 이러한 첨단기술의 혜택을 극대화할 뿐만 아니라 기술에 정통하고 섬세한 소비자인 관객들에게 어필하기 위해 비즈니스 모델과 문화 생산 형식을 근본적으로 변화시켰다. AI 시대, 이렇게 변화하는 미디어 생태계는 AI, 디지털 플랫폼, 대중문화의 연결고리에 대한 이해를 통해 대중문화의 문화 생산을 새로운 관점에서 살펴볼 것을 요구한다. 또한 AI 주도 문화 변혁이 현대사회의 사회문화, 경제, 정치 분야를 적절히 포괄할 수 있도록 이러한 변혁의 과정에서 우리에게 중추적인 역할이 요구된다.

우선 이 책은 미디어와 문화 산업이 AI와 알고리즘을 활용해 문화의 생산, 유통, 전시 등 새로운 형태의 문화 생산을 앞당기는 방식을 살펴본다. AI 저널리즘뿐만 아니라 음악, 게임, 웹툰 분야 등 AI와 빅데이터를 가장 많이 활용하는 주요 미디어와 문화 산업을 몇 개 선정해 이들 디지털 신기술이 문화 생산의 변혁에 어떤 영향을 미치는지 논의한다. 논의의 이 부분에는 유통과 전시 모두에서 AI와 알고리즘의 역할도 포함된다. 최근 한국 대중문화 콘텐츠의 인기가 전 세계적으로 급증하면서 한국의 문화기업들이 AI 및 빅데이터와 함께 대중문화를 발전시키기 위해 끊임없는 노력을 기울임에 따라 AI, 디지털 플랫폼, 대중문화의 융합에 내재된 담론은 글로벌 노스와 글로벌 사우스에 관계없이 지역적 특성과 맥락에 초점을 두고 있다. 그러나 이러한 새로운 기술과 문화가 초국가적이기 때문에, 그 분석은 자연스럽게 글로벌하게 이루어지며, 이는 독자들이 문화 생산의 몇 가지 주요 특성을 이해할 수 있도록 세계와 지역 간의 담론을 해석한다는 것을 의미한다.

둘째, 코로나19와 관련하여 AI와 디지털 플랫폼이 사람들의 소비 습관을 변화시키는 방법을 분석하여 문화 생산의 일환으로 문화 소비의 변화를 조사한다. 빅데이터가 지원하는 AI와 알고리즘을 개발하는 디지털 플랫폼 기업과 문화기업이 거대 기업인 만큼 글로벌 플랫폼 대기업이 현지 플랫폼, 즉 소비자를 어떻게 변화시키는지 그려본다. 실제로 니보르그와 포엘(Nieborg and Poell, 2018: 4279)은 "자본과 기업이 점점 더 많은 부와 소유권을 축적하는 경향과 그것이 권력 분배에 미치는 영향, 그리고 생산자와 소비자 모두 문화적·비물질적 노동이 지닌 불안정하고 과도하게 소모되는 특성"에 초점을 맞춘다. 이어서 이 책은 새로운 비즈니스 모델이 사람들의 취향과 문화의 다양성을 보호하는지를 살펴본다. 이러한 분석은 AI와 빅데이터를 사용하는 플랫폼 기업과 AI 기술 없이 맞춤형으로 추천된 문화 콘텐츠를 소비하는 사용자 간의 권력관계를 면밀히 살펴보는 것이다. "AI의 목적은 비즈니스 및 사용자 관점에서 서비스 개선을 추진하는 알고리즘 중심 자동화"로 볼 수 있으므로(Easton, 2019), 생산과 소비 측면 모두에서 AI 중심의 디지털 플랫폼 환경을 이해하는 것이 중요하다.

셋째, 앞선 논의의 연장선상에서 개인 문화를 향한 사람들의 소비 습관의 변혁을 정리한다. AI를 탑재한 디지털 플랫폼이 대중문화에 비해 '개인 문화'가 발달한 만큼 대중문화의 개인화 성격을 다룬다. 미디어 맥락에서 AI와 알고리즘이 지원되는 넷플릭스 같은 플랫폼들은 개별 사용자에게 특정 프로그램을 추천하여 시청자들이 대중문화를 개인적으로 선택적으로 소비하도록 하는 것이 현대 문화 현상의 특징 중 하나이다. 소셜미디어 플랫폼에서 OTT 플랫폼에 이르기까지 많은 디지털 플랫폼은 "개인화 수준 증가를 목표로 한다" (Pangrazio, 2018: 12). 개인 문화는 현대 문화의 특징 중 하나로, AI를 탑재한 문화 생산자와 디지털 플랫폼이 제안하고 미디어가 생산하는 대중문화뿐만 아니라 소셜미디어 같은 디지털 플랫폼에서의 문화적 소비 및 디지털 플랫폼을 통한 문화적 소비를 말한다. 대중문화와 미디어 영역의 AI와 알고리즘이 개인 맞춤형 추천 시스템을 개발했기 때문에 개인 문화는 디지털 플랫폼 시대에 문화 생산·유통·소비의 전 과정을 함축한다.

넷째, AI가 민족국가, 현대 세계화 단계 및 지정학과 상호작용함에 따라 문화 생산에서 AI 관련 정책의 정부 자체적인 빠른 발전을 문서화하고 논의한다. 특히, 그것은 그 과정에 대한 적극적인 참여를 이끌어낼 뿐 아니라 디지털 플랫폼과 문화정책의 유산을 기반으로 한다. 전 세계 정부는 AI와 빅데이터가 디지털 경제의 성장 동력이기 때문에 적극적으로 투자한다. 정부는 뒤처지지 않기 위해 법적·재정적 역량을 통해 새로운 정책수단을 개발했다. 따라서 이 책은 미디어 및 대중문화와 연계하여 AI와 관련된 주요 정책 이슈를 파악할 뿐만 아니라, 21세기 초 발생한 주요 이슈를 비판적으로 해석하고자 한다.

마지막으로, 이전 논의의 연속으로서 정부와 기업이 사회경제적 평등을 확보하기 위해 신뢰할 수 있는 공공 및 기업 정책과 윤리강령을 발전시켰는지 여부를 검토한다. AI와 빅데이터가 경제적 번영 외에도 사회문화적 진보를 이룰지는 분명하지 않다. 우리 현대 문화 환경에서 가장 큰 관심사 중 하나는 가진 자와 못 가진 자의 격차, 그리고 소셜미디어 플랫폼의 가짜 뉴스인 만큼, 새로운 윤리강령이 사회경제적 정의와 평등을 발전시켜 AI 주도 미디어와 문화의 미래를 고민할 수 있는지 논의한다. 또한 대중문화에 내재된 AI가 대중문화 영역에서 민주주의의 핵심 요소인 다양성과 문화적 정체성을 진전시키는지 살펴본다.

주요 분석틀로서, 이 책은 기술 발전과 현대 문화의 정치경제와의 관계를 탐구하는 것이 중요하기 때문에 비판적 정치경제를 채택하였다. 문화산업에서의 디지털 기술 활용에 대한 논쟁에는 큰 이해관계가 있으므로, 이 책에서 주로 AI와 디지털 플랫폼을 중심으로 한 기술 발전과 성장 그리고 현대 미디어와 문화의 정치경제와의 관계를 살펴보는 것은 의미가 있다. 정치경제는 다른 접근법과 달리 "사회 변화와 역사적 변혁"을 이해하는 데 우선순위를 둔다. 이는 사람들이 "거대한 자본주의 혁명, 사회를 변화시킨 격변"을 이해할 필요가 있음을 의미한다(Mosco, 2009: 26). 정치경제학자들도 권력과 정치에 관심을 갖고 있기 때문에 AI와 빅데이터를 비롯한 디지털 기술의 성장을 위해서는 역사적이고 규범적인 접근이 필요하다(Mosco, 2009). 수잔 스트레인지(Strange, 1994: 125)가 이미 지적했듯이, AI를 포함한 디지털 기술은 "국가의 이익에 봉사하고 힘을 강화하기 위해 만들어졌다". 따라서 정책 메커니즘과 AI 이니셔티브는 "기술 분야를 넘어 다양한 목소리의 개발, 배치 및 영향을 고려하는 비판적 관점에서" 이해되어야 한다(McKelvey and MacDonald, 2019: 44). 페이스북과 넷플릭스와 같은 디지털 플랫폼은 AI와 알고리즘을 사용하여 고객에 대한 데이터 베이스를 구성하고 "감시를 통해 수집된 정보를 기반으로" 한 캠페인을 목표로 한다. 놀랍게도, 사용자들은 "특화된 서비스를 대가로 자신의 개인정보가 수집되는 것에 동의"하는 경향이 있으며, 결과적으로 이는 AI에 기반한 디지털 플랫폼들이 수익을 확장하는 도구로 쓰인다(Klinenberg and Benzecry, 2005: 9). 특히, 점점 더 많은 AI와 디지털 플랫폼 중심 세계에서 미디어와 문화 인프라 산업 그리고 대중문화의 긴밀한 관계는 이제 우리 현대 사회와 문화가 회전하는 중심축이 되고 있다(Winseck, 2016).

이처럼 이 책은 정치와 경제 사이의 권력관계뿐만 아니라 문화 창작자와 소비자 사이의 권력관계를 강조하는 비판적 정치경제적 관점에서 관련 질문을 논의한다. 다시 말해, 미디어와 문화의 맥락에서 AI가 생산 및 소비 패턴에 어떤 변화를 일으키는지, 그 역할에 관한 논의가 중요하다. 이는 문화 창작자와 소비자라는 두 주요 행위자 간의 권력관계를 이해하는 데 새로운 요구 사항을 제시하기 때문이다. 이러한 관계는 전통적인 국가/시장 간의 불균형을 이해하는 데에도 의미가 있다(Youngs, 2007). AI와 디지털 플랫폼 시대, 특히 코로나19 대유행과 맞물린 시기에 이러한 비판적 정치경제학적 접근은 AI, 디지털 플랫폼 그리고 대중문화의 융합에 대한 논쟁을 조명하여 멀지 않은 미래의 문화 생산의 순환고리에서 AI와 디지털 플랫폼의 지배력을 밝힐 것이다. 이러한 접근은 또한 독자들이 AI와 디지털 플랫폼이 다양한 아이디어의 창조와 보존 그리고 다양한 문화적 취향의 측면에서 문화적 다양성을 발전시켰는지, 따라서 21세기 초 문화민주주의라는 측면에서 비판적으로 생각할 수 있게 한다.

이 책의 구성

이 책은 다음과 같이 구성되어 있다. 제1장에서 책의 기본 틀을 제시한 후, 본 책에서 다룰 자세한 정보, 주요 문제 및 향후 방향에 대해 논의한다. 제2장에서는 AI, 디지털 플랫폼, 대중문화의 융합을 역사화하고 이론화한다. 미디어와 문화 분야에서의 짧은 역사를 감안할 때 AI와 디지털 플랫폼의 주요 특성을 정의할 필요가 있으며, 이는 AI와 대중문화 융합의 토대가 되기도 한다. 제2장에서는 먼저 AI와 디지털 플랫폼의 역사와 개념이 미디어와 문화 연구를 위해 어떻게 개발되었는지를 다룬다. 특히 미디어와 대중문화 영역에서 AI를 이해하는 방법에 대해 논의한다. 그런 다음, 문화 생산에서 디지털 플랫폼의 역할을 다룬다. 마지막으로 21세기 초 가장 중요한 트렌드 중 하나로 AI, 디지털 플랫폼, 대중문화의 연결고리를 이해하기 위해 문화 분야에서 AI와 디지털 플랫폼의 융합 아이디어를 개발한다. 마지막 부분에서는 디지털 플랫폼으로서의 AI의 가능성에 대한 우리의 관점의 이론적 발전에 초점을 맞춘다.

제3장에서는 미디어 및 문화 산업과 연계하여 국가 주도의 AI 정책을 살펴본다. 글로벌 노스와 글로벌 사우스의 AI 정책을 비교·대조해 결과적으로 문화산업의 AI 관련 정책에 대한 담론을 제공한다. 제3장에서는 이들 국가가 AI, 빅데이터, 알고리즘을 대중문화, 즉 디지털 경제의 동력으로 채택한 이유를 국가적·세계적으로 논의한다. 글로벌 노스의 몇몇 선도 국가들이 신자유주의를 지속적으로 발전시켜 온 반면, 몇몇 국가들은 AI 관련 기술 및 사업을 지원하기 위해 개발주의에 집중해 왔기 때문에, AI와 연계하여 관련 정책 기준을 비교할 수 있는 몇 가지 유리한 점을 제시한다. 특히 AI 시대에 몇몇 국가의 정부가 신자유주의 성향이나 개발주의에 대한 강조를 계속해야 하는지 검토한다. 무엇보다 AI 시대 문화 분야에서 인간 중심 규범의 가능성을 논한다.

제4장에서는 대중문화와 AI의 생산 연관성을 살펴본다. AI는 생산과 데이

터 분석을 포함한 게임 개발의 거의 전 과정에 활용할 수 있는 가장 다재다능한 기술 중 하나이다. 제4장은 AI와 대중문화 융합의 복잡성과 특수성을 다루어 AI와 빅데이터를 이용하여 맹렬히 활동하는 글로벌 문화산업에 대한 새로운 통찰력을 제공하고자 한다. 영화, 음악, 디지털 게임, 웹툰 등 대중문화와 AI의 연결고리를 문화 생산의 측면에서 살펴본다. 세계 문화시장에서 음악 K-pop과 웹툰을 비롯한 한국 대중문화의 중요성을 고려하여 특히 AI와 대중문화를 융합하기 위한 가장 중요한 문화산업 중 하나로 일부 한국의 문화 분야를 탐색한다. 각국의 엔터테인먼트 하우스가 AI 기업과 어떻게 제휴해 왔는지 지도화해 글로벌 노스와 글로벌 사우스에 위치한 국가 간 AI 지원 문화 생산을 비교한다. 마지막으로 AI와 대중문화의 만남이 문화민주화와 창의성을 발전시켰는지, 관객이 AI 주도 문화 생산의 혜택을 누렸는지 등을 논의한다. 문화 생산과 문화산업에서 AI의 활용에 대한 이 특별한 논쟁에는 큰 이해관계가 있으므로, AI 발전과 현대 대중문화의 정치경제와의 관계를 살펴보는 것이 중요하다.

제5장에서는 넷플릭스를 중심으로 AI, 알고리즘, 디지털 플랫폼 그리고 일반 OTT 플랫폼들의 융합을 살펴본다. 넷플릭스는 세계 엔터테인먼트 시장을 변화시키는 데 핵심적인 역할을 했다. 캐나다(2010), 영국(2012) 등 서구 시장을 대부분 정복한 넷플릭스는 2015년부터 동쪽으로 방향을 틀며 아시아 지역 가입자 수 확보에 열을 올렸다. 넷플릭스는 2015년 일본에 진출해 대부분의 아시아 국가에 진출해 있다. 아시아의 젊은 디지털 네이티브는 넷플릭스 구독자 수 증가에 큰 기여를 했고, 실제로 2018년 말에는 아시아의 구독자 수가 이미 미국의 구독자 수를 앞섰다(Gilchrist, 2018). 제5장에서는 먼저 넷플릭스가 방송과 영화산업의 순환고리를 통제하는 가장 중요한 OTT 플랫폼 중 하나로서 가지고 있는 주요 특징에 대해 논의한다. 다음으로, 콘텐츠 산업이 넷플릭스 모델에서 학습해 생산과 유통 방식을 빠르게 전환함에 따라 AI와 알고리즘을

활용한 넷플릭스가 글로벌 문화산업에서 콘텐츠 제작 산업에 어떤 영향을 미치는지 살펴본다. 이어 넷플릭스가 한국 시장을 비롯한 글로벌 OTT 산업에 미치는 영향을 조사한다. 이러한 논의를 통해 제5장은 미국을 포함한 서구 사회와 글로벌 플랫폼을 재편하는 데 주요한 역할을 하는 여러 개발도상국들 간의 비대칭적인 상호 의존 관계를 넷플릭스가 실제로 고착화하고 있는지를 규명하고자 한다.

제6장에서는 AI와 빅데이터 시대에 소비자의 중요한 역할을 살펴본다. 잘 알려진 대로 넷플릭스와 아마존프라임 등 OTT 서비스와 스포티파이, 애플 TV플러스 등 음악 스트리밍 서비스 플랫폼 등 여러 디지털 플랫폼이 생산과 소비를 연결한다. 이러한 디지털 플랫폼과 문화산업이 생산과 유통을 변화시킨 반면, 사람들은 AI와 알고리즘의 도움으로 소비 습관을 변화시켰다. 21세기 초, 새로운 디지털 미디어를 갖춘 글로벌 청년들은 물리적으로 극장에 가거나 문화 자료를 사고 소유하는 대신 디지털 플랫폼에서 대중문화와 뉴스를 즐긴다.

그러나 이러한 소비자는 때때로 자유 노동(디지털 플랫폼을 사용하는 대가로 자유 노동자로 일하는 것)의 기능을 수행하는데, 이는 플랫폼 소유자와 플랫폼 사용자 간의 심각한 격차를 유발한다. 사용자의 개념을 자유 노동으로 이해하는 것은 디지털 플랫폼과 대중문화 영역에서 균형 잡힌 접근 방식을 개발하는 데 있어 중요한 단계이다. 다음으로 AI가 사람들의 소비 트렌드에 미치는 영향을 이해할 수 있도록 AI가 만드는 문화의 개인화를 논의한다. 따라서 제6장에서는 생산뿐만 아니라 소비에서의 AI의 변혁적 추동력을 조사한다.

제7장에서는 AI를 중심으로 한 저널리즘과 디지털 기술의 융합을 살펴본다. 특히 가짜 뉴스의 상당 부분이 소셜미디어 플랫폼에서 유통되는 만큼 페이스북, 트위터, 틱톡 등 디지털 플랫폼과 맞물려 가짜 뉴스에 대한 문제를 제기한다. 실제로 디지털 시대의 가장 중요한 문제 중 하나는 소셜미디어 플랫

폼이 가짜 뉴스, 잘못된 정보, 조작된 정보, 그리고 디지털 거짓의 증가에 준비되지 않은 채 당하는 것인데, 이는 결국 민주주의를 파괴하는 도구로 작용한다. 제7장에서는 미디어 디지털화의 더 큰 맥락(알고리즘과 소셜미디어로의 전환)에 기반해야 하는 저널리즘 영역에서 AI와 빅데이터가 시사하는 바를 정리하고, AI와 빅데이터가 저널리즘을 변화시킨 제도적 방식을 살펴본다(Lewis, 2019). AI가 저널리즘에 어떤 의미를 갖는지에 의문을 제기함으로써, 우리가 알고 있던 AI와 빅데이터가 저널리즘 지형을 어떻게 변화시켰는지 논의하는 것을 목표로 한다. AI 기술은 장기적으로 얼마나 혁신적인 것으로 입증되었든 상관없이 새로운 데이터 및 컴퓨터 기반 시스템과 관련하여 저널리즘의 재구성이라는 더 넓은 이야기의 일부로 이해될 수 있다(Lewis, 2019). 특히 제7장에서는 가짜 뉴스를 생산하고 유포하는 경우가 많은 페이스북과 틱톡과 같은 디지털 플랫폼을 가장 중요한 뉴스 플랫폼 중 하나로 분석하고자 한다. 저널리즘의 플랫폼화를 논의함으로써, 뉴스 문화를 생산하는 데 있어 AI의 역할 증대와 저널리즘에 미치는 영향에 대해 비판적으로 논의한다.

제8장에서는 AI 시대의 뉴미디어 윤리를 논한다. 전 세계 정부와 미디어 기업들은 사회경제적 공정성을 확보하기 위한 메커니즘을 발전시키고 있는 것으로 보인다. 이러한 메커니즘은 사회보장, 투명성, 책임을 강조함으로써 AI 기반 산업정책이 편향성을 띠는지, 아니면 현대사회가 신뢰할 수 있는 결과와 윤리적 프레임워크를 생성하는지 아닌지를 부각한다. 그러나 AI의 가파른 상승세로 인해 이러한 메커니즘은 실용적이지도 투명하지도 않다. 따라서 제8장에서는 정부와 기업이 사회경제적 평등을 확보하기 위해 신뢰할 수 있는 윤리강령을 발전시켰는지 여부를 다룬다. 정치와 경제 사이의 권력관계뿐만 아니라 사회경제적 정의와 공정성을 강조하는 비판적 정치-경제적 관점에서 이러한 질문에 답한다.

제9장에서는 AI, 디지털 플랫폼, 대중문화 융합의 주요 특징을 요약하고 코

로나19와 연계하여 몇 가지 시사점을 논의하여 가까운 미래에 등장할 예측 가능한 주제를 다룬다.

제**2**장

AI, 디지털 플랫폼
그리고
대중문화의 융합

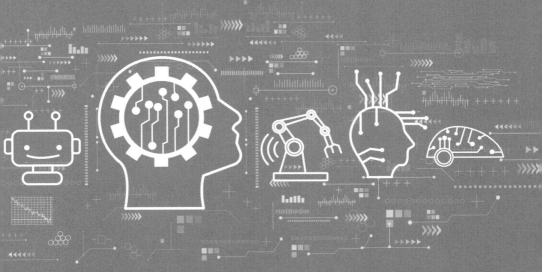

서론

AI는 현대 디지털 자본주의와 문화에서 주요 고려 사항이었다. AI는 새로운 디지털 기술로 여겨지지만, 이미 현대에 존재하는 것처럼 보인다. "우리가 로봇을 마음대로 부릴 수 있는 시대는 아직 도래하지 않았지만, AI는 교묘한 방식으로 막대한 영향을 미쳤다." 예를 들어 일기예보나 구글의 검색 예측, 애플의 시리처럼 음성 인식 등의 분야에 큰 영향을 끼쳤다. 이들 신기술의 공통점은 "실시간으로 반응하고 대응할 수 있도록 하는 머신러닝 알고리즘"이다 (Shani, 2015). 미디어·문화 분야에서도 AI의 역할은 대규모로 지속적으로 증가해 왔으며, 21세기 초부터 시작된 우리 산업들, 특히 검색엔진, 소셜미디어, 스마트폰 등의 디지털 플랫폼을 비롯하여 넷플릭스와 같은 OTT 서비스 플랫폼에 AI 기술이 활용되어 미디어·문화 산업들이 재편되고 있다. 대중문화 및 미디어에서의 정보 생산부터 미디어 및 문화 콘텐츠의 소비까지 문화 생산에서 AI의 역할이 증대함에 따라 AI 관련 기술과 디지털 플랫폼뿐만 아니라 정책 방안을 포함한 관련 사회문화 메커니즘을 함께 이해하고 그 복잡한 관계를 검토하는 것이 중요해졌다.

디지털 기술이 문화 생산에 미치는 영향에 대해 이야기한 것은 얼마 전이다. 불과 20여 년 전만 해도 디지털 채널을 통해 생산되고 유통된 문화상품에 대한 관심이 높았다. 역사적으로 인터넷과 같은 가장 영향력 있는 디지털 기술은 "문화 분야로의 진입 가격을 낮추어 이전에는 대중들에게 그들의 작품을 공개할 수 없었던 배우들과 단체들에게 기회를 만들어주었다"(Klinenberg and Benzecry, 2005: 8). 예를 들어, 예술가들은 디지털로 녹음된 음악과 비디오를 쉽게 바꾸고 새로운 방식으로 선보일 수 있고, 곡들을 샘플링하거나 이미지를 조합하여 상업적으로나 미적으로 높은 가치가 있는 작품으로 재탄생시킬 수 있다. 뉴스 회사들은 신문 기사, 인터넷 출판물 또는 텔레프롬프트 스크립트에 적합하도록 단일 디지털 파일을 조정하여 플랫폼 전체에 걸쳐 콘텐츠의 용도를 변경할 수 있다. 이는 문화상품의 의미와 전문 저널리즘 노동의 지위를 변화시켰기 때문에 중요한 변화였다(Klinenberg and Benzecry, 2005: 8). AI, 알고리즘, 빅데이터로 인해 이러한 최첨단 디지털 기술에 대한 사람들의 관심과 사용이 급증했다. 이는 문화 생산자에 국한되지 않고 소비자로서 이용자를 포함하고 있다.

따라서 AI와 디지털 플랫폼의 주요 특성을 규정할 필요가 있으며, 이는 AI와 대중문화 융합의 기반이 되기도 한다. 제2장에서는 먼저 미디어와 문화 연구에서 AI와 디지털 플랫폼의 역사와 개념이 어떻게 진화해 왔는지 구축한다. 특히 대중문화와 미디어 콘텐츠의 생산뿐 아니라 유통과 소비에서도 우리가 미디어와 대중문화의 영역에서 AI를 이해하는 방식을 살펴본다. 또한 이 장에서는 문화 생산에서 디지털 플랫폼과 그 역할, 즉 매개자로서의 플랫폼을 살펴보고, 디지털 플랫폼과 AI가 어떻게 융합하는지를 통해 이 두 가지 디지털 기술의 융합에 관한 주요한 지점들을 논하고자 한다. 결국, 제2장은 21세기 초의 가장 중요한 트렌드 중 하나로 AI, 디지털 플랫폼, 대중문화의 연계를 이해하기 위해 문화 분야에서 AI와 디지털 플랫폼 간의 융합 아이디어를 개발한다. 마지막 부분에서는 디지털 플랫폼으로서의 AI의 가능성에 대한 우리의 관점의 이론적 발전에 대해 논의한다.

대중문화에서 AI는 무엇인가?

AI는 새로운 개념이 아니며, AI의 기원은 고대 그리스 시대까지 거슬러 올라간다. 그럼에도 불구하고 기술혁명이 시작되고 AI가 허구에서 그럴듯한 현실로 바뀐 것은 100년도 채 되지 않았다(Shani, 2015). AI에 대한 정의는 복잡하기 때문에 다양한데, 이는 이 새로운 디지털 기술이 무엇을 의미하는지 포괄하는 단일 정의가 만들어지지 않았음을 의미한다. 사실, AI의 개념은 여전히 진화하며, 따라서 나는 이 책에서 어떤 맥락에서든 적용될 수 있는 AI에 대한 일반적인, 다목적 정의를 세우려고 하지 않는다. 대신에 AI, 빅데이터, 알고리즘을 활용해 문화 콘텐츠를 생산·유통·소비하는 문화 분야에 맞는 정의에 도달하려 한다. AI의 개념을 역사화하면서 미디어 및 문화 분야, 특히 문화 생산과 연계하여 AI에 대한 최상의 관련 개념을 제공할 것이다. AI, 머신러닝ML, 딥러닝DL은 각각 이전 분야의 하위 집합이다. AI는 ML의 가장 중요한 범주이고, ML은 DL의 가장 중요한 범주이다. AI는 "컴퓨터 오디오나 시각적 인식만큼 넓은 분야, 자율주행차, 환경에 자율적으로 대응할 수 있는 로봇, 넷플릭스를 통한 영화 추천, 재무분석"(New European Media, 2018: 5)에 적용될 수 있다(〈그림 2.1〉 참조).

AI의 정의는 미국의 컴퓨터 과학자 존 매카시가 개발했는데, 그는 지능형 기계 개발에 헌신하여 이후 AI의 아버지로 불려왔다. 그는 최초의 AI 회의인 1956년 다트머스 컨퍼런스에서 "AI"라는 용어를 만들었다(Gunkel, 2020). 영국 ≪인디펜던트≫에 잘 기록되어 있듯이(Childs, 2011), "목표는 사람처럼 추론할 수 있고, 추상적인 사고, 문제 해결, 자기 계발이 가능한 기계를 만드는 방법을 탐구하는 것이었다". 그는 "학습의 모든 측면이나 지능의 다른 특징들은 원칙적으로 매우 정확하게 기술될 수 있기 때문에 기계가 그것을 시뮬레이션하도록 만들 수 있다"라고 믿었다. 그 이후로, 많은 컴퓨터과학자들, 과학기술

〈그림 2.1〉 AI, 머신러닝, 딥러닝의 관계

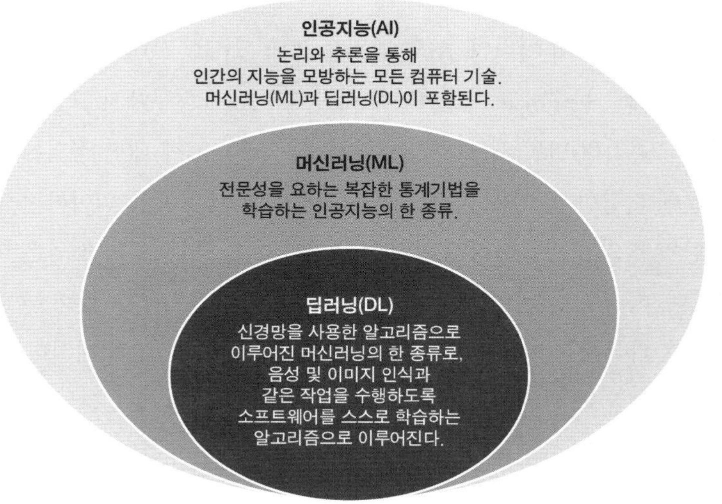

인공지능(AI)
논리와 추론을 통해
인간의 지능을 모방하는 모든 컴퓨터 기술.
머신러닝(ML)과 딥러닝(DL)이 포함된다.

머신러닝(ML)
전문성을 요하는 복잡한 통계기법을
학습하는 인공지능의 한 종류.

딥러닝(DL)
신경망을 사용한 알고리즘으로
이루어진 머신러닝의 한 종류로,
음성 및 이미지 인식과
같은 작업을 수행하도록
소프트웨어를 스스로 학습하는
알고리즘으로 이루어진다.

자료: Moore(2019: 8)

연구자들, 사회학자들이 AI의 개념을 발전시켰다.

1960년대와 1970년대를 거치면서 컴퓨터에 대한 접근성이 점차 높아지고, 그에 대한 관심도 더욱 커졌다. 그럼에도 불구하고,

> 초기에 AI는 그러한 기대에 부응하지 못했다. AI는 1980년대 후반부터 90년대까지의 관련 연구 및 상업적 이용을 위한 노력들이 전반적으로 속도를 내지 못하는 혹한기의 시간을 지나고 있었다. 최근에 와서야 AI가 거둔 높은 성과로 인해 관심이 증가하고 있는 추세가 되었다(Moore, 2019: 6).

AI는 주로 컴퓨터과학, 정보과학, 수학, 언어학, 심리학, 신경과학 등에서 다루어졌다. 그러나 사람들이 AI의 진정한 힘을 인정하기까지는 수십 년이 더

걸렸다. 제1장에서 설명한 알파고와 이세돌의 바둑 대결이 증명하듯이, AI는 마침내 최근 몇 년 동안 사람들이 기억하는 가장 인기 있고 영향력 있는 용어 중 하나가 되었다.

몇 가지 주요 특징이 있지만, 다른 디지털 기술과 AI의 주요 차이점 중 하나는 인간을 대체할 수 있는 능력이다. AI에서 "인공"이라는 단어는 "기계가 인간의 지능을 복제하거나 모방할 수 있음을 의미함에 따라 AI와 디지털 기술(첨단 로봇공학 및 가속 자동화 포함) 간의 긴밀한 연관성을 나타냄"을 뜻한다(Elliott, 2019: 2). 물론 AI가 인간을 완전히 대체할 수는 없지만 부분적으로 대체할 수는 있기 때문에 이 개념 자체가 논란이 되고 있다. 예를 들어 미디어 분야에서는, 기자들이 로봇 저널리즘의 역할 증대에 대해 우려하고 있다. 왜냐하면 그들은 쓰기와 편집 과정에서 로봇이 인간 저널리스트를 대체할 수 있다고 믿기 때문이다. 그러나 제7장에서 충분히 논의하듯이 인간은 로봇의 도움을 받기는 해도 여전히 미디어 저널리즘의 주요 행위자이기 때문에 이러한 새로운 경향이나 현상을 확인하는 것은 시기상조이다.

보다 구체적으로, 2010년대에 들어서 AI를 "컴퓨터를 통한 인간 지능의 모방, 즉 머신러닝으로 정의했다. 여기서 다시, 머신러닝은 데이터인 셈이다"(Asia Pacific Foundation of Canada, 2019: 6). 이러한 정의는 AI, 머신러닝, 빅데이터로 구분되는 것들을 AI로 통칭했음을 보여주기도 한다. 약간 다른 어조로 볼 때, AI는 또한 "예상치 못한 상황에 대처할 수 있는 일련의 알고리즘"으로 정의된다(Berendsen, n.d).[1] 여기서 AI는 빅데이터를 분석하고 패턴을 찾는다는

---

1   21세기 초에 "알고리즘은 모든 사회적 과정, 상호작용, 경험의 구조에 그 논리를 확장하고, 짜 넣으면서 점점 더 계산에 의존하게 되었다. 알고리즘은 이제 검색엔진과 뉴스피드에서 정보를 선별하고, 온라인 소매 업체를 위한 개별 구매자의 선호도를 파악하고, 신용카드 개인정보 암호화 및 내비게이션의 최단 경로 안내에 이르기까지 우리의 일상에 깊숙이 자리잡았다"(Roberge and Seyfert, 2015: 2).

점에서 알고리즘과 비교된다.

한편, 알고리즘은 일련의 명령이다. 즉, 트리거를 만났을 때 실행되는 사전 설정되고, 경직된, 코드화된 레시피이다. 반면, 무수한 AI 전문화 및 하위 집합을 포괄하는 매우 광범위한 용어인 AI는,

> 단지 트리거로 인식하도록 설계된 입력에 의존하는 것이 아니라 학습된 입력과 데이터에 대응하여 알고리즘을 수정하고 새로운 알고리즘을 생성하는 알고리즘 그룹이다. 새로운 데이터를 기반으로 변화, 적응 및 성장할 수 있는 이 능력은 지능으로 분류된다(Ismail, 2018).

AI 시스템은 특히 경험을 통해 학습하고 시간이 지남에 따라 사람들, 특히 관리자, 운영자 및 설계자가 작업에 필요한 것을 더 잘 이해한다. 이러한 알고리즘이 자동화된 것을 이른바 AI라고 한다(Lengnick-Hall et al., 2018). 브루사드(Broussard, 2018: 94)도 지적했듯이, "알고리즘은 컴퓨터가 따르도록 지시받은 일련의 단계 또는 절차이다."[2]

곤팔로니에리(Gonfalonieri, 2019)도 알고리즘을 "계산이나 기타 문제 해결 작업, 특히 컴퓨터에서 따라야 하는 프로세스 또는 규칙 집합"이라고 주장한다. 여기서 "알고리즘의 목표는 특정 문제를 해결하는 것"이며, 일련의 단계로 정의할 수 있다. 알고리즘은 사람들이 컴퓨터에게 지시를 내리는 데 도움이

---

2 알고리즘은 크게 두 가지 종류가 있는데, 첫째는 '특정 규칙을 기반으로 한 알고리즘', 둘째는 '머신러닝 알고리즘'이다. 전자는 "인간이 설계한 일련의 명령을 기반으로 하기 때문에 쉽고 직관적"인 반면, 후자는 학습을 기반으로 추론하는 알고리즘 유형이다(Fry, 2018: 10). 전자의 경우, 특정 문제 해결에 대한 모든 경우의 수를 개발자가 미리 알고 있어야 하기 때문에 "인간이 해결할 수 있는 문제에만 효과가 있을 것"이다. 반대로 머신러닝 알고리즘은 같은 문제를 마주했을 때 학습 과정을 통해 스스로 해결 방식을 추론할 것이다. 그런데 여기서 문제는 그렇게 학습한 결과가 "인간이 제시한 해결 방식에 못 미칠 때가 많다는 것이다"(Fry, 2018: 11; Bueno, 2020: 74 참조).

되는 지름길이다. 알고리즘은 "컴퓨터가 다음 작업을 수행하기 위해 '계속할 것', '선택할 것', '실행하지 않을 것'을 말해주는 것"이다. 그러나 초기의 알고리즘은 그 수행력에 대해 비판을 받아왔다. 예를 들어 이용자들이 다음 단계로 넘어가기 위해 그 과정을 하나부터 열까지 만들어달라고 말해야 한다는 점이 그것이다. 명시적으로 프로그래밍된 지침을 따르는 대신 일부 컴퓨터 알고리즘은 컴퓨터가 스스로 학습할 수 있도록 설계되었다. 이러한 정의를 종합하여 유네스코(UNESCO, 2020)는 다음과 같이 명시하였다.

> AI는 알고리즘을 사용하여 컴퓨터를 사용하여 데이터세트에서 예측을 분류, 분석 및 도출하는 것을 포함한다. AI 알고리즘은 패턴을 식별하고, 예측하고, 행동을 권장하고, 낯선 상황에서 무엇을 해야 하는지 파악할 수 있도록 대규모 데이터세트를 사용하여 훈련되며, 새로운 데이터를 학습하여 시간이 지남에 따라 향상된다. 경험을 통해 AI 시스템이 자동으로 개선되는 능력은 ML으로 알려져 있다(4).

AI의 특징 중 하나는 AI가 자동으로 학습할 수 있다는 점인데, 이 과정 자체가 처음부터 끝까지 자동은 아니더라도 프로그래머의 별다른 개입을 요구하지 않고 이전 단계에서 습득한 결과치를 통해 스스로 업데이트하고 학습하는 소프트웨어를 가능하게 하는 알고리즘의 모음인 머신러닝을 통해 이루어진다. 별도로 어떻게 수행해야 하는지를 프로그래밍하지 않고 주어진 작업을 마칠 수 있는 구조적인 데이터로 이루어진 셈이다. 그렇기 때문에 머신러닝은 서로 연결된 알고리즘으로 구성되어 있다고 말할 수 있다. 쉽게 말해 AI는 아이들이 학습하는 방식과 매우 흡사하게 디자인되어 있다고 볼 수 있다. 알고리즘이 갖고 있는 데이터세트가 AI로 하여금 패턴을 찾고, 결과에 기반한 가정을 스스로 구축한다(Gonfalonieri, 2019). 이러한 관점에서 타이거 애널리틱스

Tiger Analytics의 데이터 과학 책임자인 니란잔 크리쉬난Niranjan Krishnan은 다음과 같이 말했다(Ismail, 2018).

> AI는 데이터처리, 머신러닝, 비즈니스 액션 등 세 개의 바퀴가 맞물린 기어 시스템과 같다. 그것은 사람의 개입 없이 자동화된 모드로 작동한다. 데이터 엔지니어 없이 데이터가 생성, 변환 및 이동된다. 비즈니스 행동이나 결정은 어떠한 운영자나 에이전트 없이 구현된다.

그는 계속해서 시스템이 축적된 데이터로부터 끝없이 학습하고 비즈니스 활동과 결과는 시간이 지남에 따라 좋아지고 있다고 말했다.
더 좁게, AI는 다음을 가리킨다.

> 인간의 지능을 시뮬레이션하는 데 초점을 맞춘 컴퓨터과학의 한 분야, 최근의 특히 머신러닝의 하위 분야: 데이터로부터 학습하고 패턴을 인식하고 후속 판단을 내리는 기계의 훈련, 인간은 거의 또는 전혀 개입하지 않는다 (Lewis, 2019: 673).

비슷한 맥락에서 엘리엇(Elliott, 2019: 4)은 AI를 "관련 맥락을 감지하고 데이터에 지능적으로 반응할 수 있는 모든 계산 시스템을 포함한다"라고 정의한다. AI와 머신러닝은 종종 서로 교환하여 사용되는 것처럼 보인다. 그러나 완전히 같지는 않지만, 그것들이라는 인식은 때때로 약간의 혼란을 초래할 수 있다. "두 용어 모두 빅데이터, 분석, 그리고 세계를 휩쓸고 있는 기술 변화의 광범위한 물결이 주제일 때 매우 자주 등장한다"(Marr, 2016). 간단히 말해서, "AI는 기계가 우리가 스마트하다고 생각하는 방식으로 작업을 수행할 수 있는 더 넓은 개념이다". 반면, "머신러닝은 실제로 기계에 데이터에 대한 접근을 제공하고 스스로 학습할 수 있도록 해야 한다는 생각에 기반을 둔 AI의 현재 적용 분야이다"(Marr, 2016).

미디어와 문화 영역에서, "커뮤니케이션 AI는 대화 에이전트, 소셜 로봇, 자동 작성 소프트웨어와 같은 AI 기술을 가리킨다"(Guzman and Lewis, 2019; Lewis, 2019: 673에서 인용). 안드레예비치(Andrejevic, 2020)가 특히 지적했듯이,

> 자동으로 생성된 정보가 생산과 유통 및 소비의 정당화 과정에서 중요한 것
> 으로 자리함에 따라 AI는 인간의 정신적인 노동마저 자동화하면서 의사소
> 통, 정보처리, 의사결정 과정에서의 인간의 역할을 축소하거나 대체하려 할
> 가능성이 있다(3~4).

안드레예비치는 "AI는 인간이 정신적 노동을 수행할 때 보다 빠르고, 효율적이며 강력하게 자동화의 가능성을 제시할 것"이라고 강조했다(Andrejevic, 2020: 4).

다시 말하지만, 이것은 AI가 인간을 완전히 대체한다는 것을 의미하지는 않는다. 오히려 핵심은 기술과 인간의 상호작용, 즉 새로운 문화 콘텐츠의 생산과 소비를 이끄는 창작자와 소비자들, 이들 모두가 AI와 알고리즘의 사용자이자 개발자이면서 새로운 문화 형태와 소비 패턴을 만들어낸다는 것이다. 단순히 인간 노동자를 대체하여 비용을 절감하는 것이 아니라 업무 방식을 더욱 혁신적으로 바꾸고, 인간 노동자의 역할을 더욱 보람 있게 만들기 위해 AI를 사용한다는 것을 처음부터 분명히 해야 한다(Britt, 2019). 다양한 설명들이 존재함에도, 이 책에서의 AI 정의는 AI가 인간과 기계의 상호작용을 '상호 연결'해 줄 뿐만 아니라 인간의 창의력과 인간의 지능을 닮고자 하는 기술의 융합을 통해 미디어와 문화를 생산하고 소비하도록 '매개'[3]하는, 빅데이터와 알고리즘에 기반하고, 또 그것들과 연결된 컴퓨터를 통한 인간 지능 시뮬레이션으로

보고 있다.

중요한 것은 21세기 초의 혁신을 상징하며, 전 세계 많은 나라가 AI의 역할 증대를 강조하며 이 특정 분야에 투자했다는 점이다. 로빈 맨셀(Robin Mansell, 2017: 4286)은 다음과 같이 지적했다.

> 알고리즘과 머신러닝을 활용한 지능형 기술 및 로봇과 같은 새로운 디지털
> 애플리케이션의 개발과 활용에 대한 투자는 많은 기업가들에게 수익 극대화
> 및 4차 산업혁명을 통한 투자 기회의 확대에 대한 기대를 심어주고 있다.

샤(Shah, 2013; Shorey and Howard, 2016)도 "AI와 빅데이터로 무엇을 해야 하는지, 그리고 그것이 어떤 종류의 관련 지식을 생산하는 데 도움이 될 수 있는지"라고 논했듯이, 그것은 정부, 산업 및 문화 창작자의 주요 의제 중 하나이다. 그들이 공통적으로 추구하는 것은 구글이나 페이스북과 같은 몇몇 디지털 플랫폼이 이미 증명하고 있듯이, AI와 빅데이터의 사용에 의해 추진되는 디지털 경제의 강화이다.

디지털 플랫폼 종사자, 게임 디자이너, 음악 작곡가, 웹툰 창작자 등 전문가들은 이미 AI와 빅데이터를 활용해 즐기고 노는 경험을 획기적으로 높여 "인기 상승과 수익 급증"을 실현했다(Klinenberg and Benzecry, 2005: 9). 국가경제와 사회에 매우 중요한 분야인 디지털 플랫폼과 문화산업에서 AI가 빠르게 큰 역

---

3   [옮긴이 주] 이 책에서는 여러 장에 걸쳐 비슷한 뜻을 가진 'intermediaries'와 'mediators'가 등장한다. 옮긴이는 mediators가 사용된 부분들이 보다 확장된 플랫폼의 역할을 내포하고 있다고 보았다. 즉, 기존에 플랫폼이 소통을 가능하게 한다는 점을 넘어서야 한다는 저자의 주장을 고려하여 intermediaries는 소통을 '중개'하는 것에 중점을 둔 반면, mediators는 소통뿐만 아니라 플랫폼의 기능적인 부분까지 포함하여 '매개'하는 것에 중점을 두었다고 해석하여 intermediaries로서의 디지털 플랫폼은 '중개자'로, mediators로서의 디지털 플랫폼은 '매개자'로 번역했다.

할을 담당한 만큼 정부와 기업 모두 AI와 빅데이터에 대한 투자에 적극적이었다. 여느 때처럼, 몇몇 서구 국가들이 AI 분야를 주도하고 있고, 그 뒤를 몇몇 아시아 국가들이 따르고 있다. 한국과 중국은 AI 분야의 후발 주자이지만, 이들 모두 이미 AI 관련 플랫폼과 문화산업을 세계적인 수준으로 발전시켰다 (Walch, 2019). 초고속 인터넷과 스마트폰과 같은 다양한 디지털 기술의 사용은 이 두 주요 행위자가 AI가 포화된 산업구조의 발전에 있어 때로는 협력적이고 때로는 상충하는 관계를 보여준다는 것을 증명한다.

한편, 정부는 AI의 중요성을 인지하고 재정적 기준이나 규제와 관련된 정책 개발에 적극 나섰다. 정책적인 문제로서,

> AI는 자동화와 빅데이터가 교차하는 곳에서 작동한다. 여러 국가에서 가장 많이 언급되는 AI 종류인 머신러닝은 기계를 통한 학습으로 향상되는 알고리즘인데, 이는 예를 들어 사생활 문제 같은 알고리즘 최적화를 위해서는 어마어마한 양의 학습된 데이터가 요구된다. 데이터가 학습을 다 끝낸 후에는 AI 작동을 위해서 전문가들이 학습된 데이터의 적합성을 판단한 후, 수용 가능하다고 판단한 후에만 사용되어야 한다(McKelvey and MacDonald, 2019: 44).

다른 한편, 주요 플랫폼과 문화기업들은 "여러 미디어 지주회사 간 시너지 관계 발전을 위해 많은 투자를 아끼지 않았고, 제작 과정을 다양한 콘텐츠를 생산하는 시스템으로 통합하고, 여러 미디어에서 프로그램을 교차적으로 홍보하고, 생산과 유통 및 분배의 수직, 수평 통합 라인을 구축하는 데 투자를 아끼지 않았다"(Klinenberg, 2000; Klinenberg and Benzecry, 2005: 10에서 인용). 즉, 스마트폰, 게임, 인터넷 등 다른 디지털 기술과 마찬가지로 AI와 빅데이터가 대형 미디어 대기업의 성장을 촉진했다는 얘기다. 유럽연합집행위원회EUC 수석

고문인 폴 네미츠Paul Nemitz는 ≪가디언≫에서 "AI 시대에 새로운 기술, 비즈니스 개발 문화, 즉 법치, 민주주의 인권에 의한 설계가 필요하다"라고 밝힌 바 있다(Chadwick, 2018).

정부가 지원하는 기업 관행은 기대와 약속과 달리 다양성, 민주주의, 평등을 보장하지 못하고, 대신 소유권과 기술이 집중되어 새로운 차원의 우려를 낳고 있어 현실 논란이 크다. AI와 빅데이터는 심지어 페이스북과 구글과 같은 메가 플랫폼, 대형 벤처캐피털과 미디어 대기업, 중소 문화기업 및 문화 생산자와 문화 소비자 사이의 비대칭적인 권력관계를 강화하는 것처럼 보인다. 따라서 이 책은 문화산업 전반을 변화시키는 대중문화의 AI 이용에 관한 비판적인 관점을 제공하려 한다.

글로벌 문화 영역의 매개자로서의 디지털 플랫폼

디지털 플랫폼에서 AI 사용의 증가가 눈에 띈다. AI와 빅데이터를 탑재한 디지털 플랫폼은 지속적으로 성장하며 글로벌 문화산업에서 가장 중요한 주체로 자리매김하고 있다. 플랫폼이란 "온라인 서비스 중 하나로, 플랫폼에 관한 다양한 해석뿐만 아니라 이용자나 미디어, 여론 등 광범위한 공적 담론을 중개하는 사이버 공간"으로 볼 수 있다(Gillespie, 2010: 349). 다시 말해, 탈턴 길레스피Tarleton Gillespie는 플랫폼이 중립적이고, 또 중립적일 수 있다고 생각하는 것 같다. 예를 들어, 그(Gillespie, 2018: 41)는 소셜미디어 플랫폼이 이를테면 가짜 뉴스, 대량 감시와 같은 여러 가지 문제를 초래하기도 하지만 결국 "소셜미디어 플랫폼은 사용자 간 소통을 매개하여 준다"라고 보고 있다. 에번스와 돈더스(Evens and Donders, 2018: 4)는 또한 "기본 소프트웨어 및 알고리즘 구성과는 별개로, 우리는 프로그래밍을 소비자와 연결할 때 플랫폼들이 가지고 있는 중간(및 게이트키핑) 포지션에 중점을 둔다"라고 주장한다. 따라서 디지털 플랫폼은 페이스북, 트위터, 유튜브, OTT 서비스 및 스마트폰을 포함한 사용자 상호작용 및 사용자 생성 콘텐츠를 전제로 한 대규모 온라인 시스템으로 정의될수 있다(Jin, 2015; Lobato, 2019).

디지털 플랫폼은 주요 영역과 목적에 따라 차원이 다르다. 예를 들어 OTT 서비스 플랫폼(예: 넷플릭스)은 소셜 네트워크 서비스 플랫폼(예: 페이스북) 및 사용자 생성 콘텐츠 플랫폼(예: 유튜브)과 다르다. 넷플릭스와 아마존프라임 등 OTT를 디지털 플랫폼으로 분류한 것은 실로 논란이 되고 있다. 이와 관련하여 로바토(Lobato, 2019)는 다음과 같이 지적한다.

> 넷플릭스는 페이스북이나 트위터와 같은 소셜미디어 서비스와 같은 방식의 플랫폼이 아니다. 넷플릭스는 개방적이지도, 사회적이지도, 협력적이지도 않다. 넷플릭스에 콘텐츠를 업로드하거나 그 안에서 실행할 소프트웨어 애플리케이션을 설계할 수 없다. 이런 점에서 동영상 사이트와는 근본적으로 다르다. 사용자가 업로드한 컨텐츠와 전문적으로 관리되는 컨텐츠(유튜브, 유큐 등)를 모두 포함하고 있다. 넷플릭스는 폐쇄적이고, 도서관처럼 전문적이며, 플랫폼이 아닌 포털이며, 오픈 마켓플레이스가 아닌 담장이 있는 정원이다(31~32).

그러나 데이터 중심, 상업 지향, 매개와 같은 몇 가지 고유한 특성 때문에 OTT 서비스를 최소한 준(準)디지털 플랫폼으로 정의할 수 있다.[4]

---

4 최근 몇몇 작품들은 넷플릭스를 플랫폼으로 정의했다. 예를 들어, 제럴드 심(Sim, 2018: 186)은 넷플릭스를 "온라인 비디오 플랫폼"이라고 불렀다. 한국에서 가장 최근에 출간된 책 두 권(You, G.S., 2019; Kim, K.D. and C-Rocket Research Lab, 2019)도 유튜브뿐만 아니라 넷플릭스와 아마존프라임 등 OTT 서비스를 특별한 담론이 없는 디지털 플랫폼으로 지정했다. 이 책들이 2018년

좀 더 구체적으로, 넷플릭스는 콘텐츠 공급자와 최종 소비자를 연결한다는 점에서 주문형 비디오 스트리밍 플랫폼이다. 비록 이용자들이나 기업들이 넷플릭스에서 그들의 소프트웨어 프로그램을 직접 실행할 수 없을지라도 이 특별한 OTT 서비스는 콘텐츠 제작자와 소비자들을 중재하고, 그들의 시청 습관을 넷플릭스에 제공함으로써, 고객들은 넷플릭스에서 그들의 사회성을 충족한다. 예를 들어, 클루스(Kulesz, 2018b: 80)는 "플랫폼은 구매자와 판매자, 크리에이터와 소비자 등 사용자 간의 상호작용을 촉진한다. 매우 효율적인 방식으로, 그리고 이 점에서 문화 구조에 큰 역동성을 더한다"라고 기술적인 측면에 초점을 맞추는 대신 말했다. 넷플릭스는 배급 채널에서 제작사로, 그리고 이제는 디지털 플랫폼으로 이어지는 자체적인 주요 특징들을 계속해서 변화시켜 왔다. 따라서 디지털 플랫폼 접근 방식을 통해 넷플릭스를 논의하는 것은 위험하지 않다.

　디지털 플랫폼의 급속한 성장과 막대한 영향력으로 인해 디지털 플랫폼에 대한 학술 연구는 세 개의 분야에 널리 퍼져 있다. 우선 AI의 경우처럼 디지털 플랫폼을 기술적 측면에 편협하게 집중하지 말고 종합적으로 이해해야 한다. 일부 학자들(Jin, 2015; Srnicek, 2016; van Dijck et al., 2018; Nieborg and Poell, 2018; Flew, 2018b; Mansell, 2021)은 디지털 플랫폼이 다양하면서도 특별한 특징을 가지고 있다고 주장한다. 또 다른 여러 학자들은 디지털 플랫폼을 플랫폼 이용자 간의 상호작용을 구성하도록 설계된 프로그램 가능한 구조물로 보기도 한다. 따라서 많은 사람들이 플랫폼에서 "콘텐츠를 공유하고, 서로 소통하면서 어떤 콘텐츠가 더 괜찮은지 평가도 하고, 또 만들기"도 하는 등 플랫폼을 온라인 활동을 가능하게 해주는 기술적인 도구로 보고 있다(Gehl, 2011: 1228). 그러

후반과 2019년에 출판되었기 때문에 미디어 학자와 실무자들은 자동적으로 넷플릭스를 주요 디지털 플랫폼 중 하나로 당연시한다.

나 "이러한 온라인 활동은 논리 및 물류가 촉진 이상의 역할을 하는 시스템을 숨긴다. 그것들은 실제로 우리가 사는 방식과 사회가 조직되는 방식을 형성한다"(van Dijck et al., 2018: 9).

이 중 호세 반 데이크 외(van Dijck et al., 2018: 9)는 특히 "플랫폼은 데이터에 의해 구동되고, 알고리즘과 인터페이스를 통해 자동화 및 정리되며, 비즈니스 모델에 의해 구동되는 소유권 관계를 통해 공식화되고, 사용자 계약을 통해 통제된다"라고 지적한다. 이에 앞서, 진달용(Jin, 2015) 역시 디지털 플랫폼은 기술 영역, 기업 영역, 정치 영역의 세 가지 주요 영역을 고려하지 않고는 공정하게 이해될 수 없었다고 주장한다. 니보르그와 포엘(Nieborg and Poell, 2018)은 문화 생산의 플랫폼화 개념을 개발하면서 디지털 플랫폼과 관련된 전반적인 생태 분석의 중요성을 강조하며, 플랫폼화를 다음과 같이 정의한다.

> 디지털 플랫폼의 경제, 정부 및 인프라 확장이 웹 및 앱 생태계에 침투하여 문화산업의 운영에 근본적으로 영향을 미친다. 지금까지 이 과정은 경영학, 정치경제학, 소프트웨어학 등 세 가지 관점에서 검토되었다.

따라서 디지털 플랫폼은 인터페이스 설계, 조정 정책 및 서비스 약관을 통해 통신, 상호작용 및 소비를 촉진한다(van Dijck, 2013). 플랫폼 이용자의 데이터 수집을 통한 상업적 이윤 추구는 한 꺼풀만 덮여 있는 단순한 문제가 아니라 아니라 플랫폼이 추구하는 이윤 뒤에 숨겨진 여러 가정들과 기술적 어포던스affordances 간의 복잡한 관계를 인지해야 함을 보여준다(Jørgensen, 2019).

둘째, 디지털 플랫폼은 중개자가 아닌 매개자로 이해해야 한다. 앞서 언급했듯이, 길레스피(Gillespie, 2010)나 에번스와 돈더스(Evens and Donders, 2018)는 플랫폼을 콘텐츠 중개자로 정의한 바 있다. 이것은 분명히 디지털 플랫폼의 부분적인 성격을 설명하지만, 가장 강력한 통신 시스템 중 하나로서의 디지털 플랫폼의 실제 본질에 초점을 맞추지는 않는다. 플랫폼을 콘텐츠 중개자로 보는 관점과는 상반되게 반 데이크(van Dijck, 2013: 29)는 플랫폼을 매개자로 이해해야 한다고 지적했는데, 이는 플랫폼이 단순히 인간의 사회적 활동을 편리하게 해주는 것을 넘어서 사회적 활동 자체를 형성하기 때문이다. 브랫턴(Bratton, 2015)은 특히 이 플랫폼을 "현대사회에서 플랫폼의 힘이 증가하는 주요 원인을 민족국가 및 시장과 함께 세 번째 제도적 형태"로 간주한다. 전통적인 미디어 대기업들과 달리, 디지털 플랫폼은 크리에이터와 일반 이용자를 넘나드는 콘텐츠의 생산에서 이용자와 생산자들 간 연결이 두드러진 비즈니스 모델에서 시작했다(Cunningham and Craig, 2019).

이와 같이, 디지털 플랫폼은 가치중립 기술의 단순한 전달자 및/또는 배포자로 작동할 뿐만 아니라 엔터테인먼트 산업의 전체 순환고리를 조작하고 통제하는 핵심 역할을 한다. 디지털 플랫폼이 AI 알고리즘을 활용해 문화 콘텐츠에 대한 접근을 중개하는 방식은 이들 플랫폼이 유통뿐 아니라 미디어 정보와 대중문화를 재생산하고 있는지, 어떻게 하고 있는지 의문을 갖게 한다. 여기서 내가 주장하는 것은 AI가 지원하는 디지털 플랫폼은 매개자로서의 역할 때문에 문화 생산의 전 과정을 통제할 수 있는 강력한 실체로 간주해야 한다는 것이다.

셋째, 디지털 플랫폼은 글로벌하며, 플랫폼 영역에서 세계화 과정이 지금까지 가장 빨랐다. 구글과 같은 검색엔진에서 유튜브, 페이스북과 같은 소셜미디어에 이르기까지 몇몇 디지털 플랫폼은 분명히 국내 사용자뿐만 아니라 전 세계 사용자들을 목표로 하려고 시도해 왔다. 이러한 플랫폼은 글로벌 시장에 침투하여 정보와 문화의 흐름을 지배하면서 외국으로부터 막대한 이익을 지속적으로 얻고 있다. 글로벌 사용자로부터 수집한 빅데이터가 지원하는 AI를 탑재한 검색엔진 사용자의 90% 이상이 구글에 주로 의존할 정도로 미국에서 주로 개발된 여러 주요 플랫폼이 글로벌 시장을 장악하고 있다(StatCounter, 2019).

페이스북과 넷플릭스도 수년 전부터 해외 이용자가 늘면서 미국 시장보다 글로벌 시장에서 더 많은 수익을 올리고 있다.

사실, 넷플릭스는 2007년 미국에서 스트리밍을 시작한 이래 가장 크고 중요한 글로벌 OTT 서비스 플랫폼 중 하나가 되었다. 넷플릭스는 독특한 특징인 "TV 같은 경험을 만들어낼 수 있는 컴퓨터, 소프트웨어 기반 시스템"(Lobato, 2019: 35)으로 인해 디지털 플랫폼의 흥미로운 사례로, 전 세계 시청각 산업과 문화 콘텐츠를 소비하는 사람들의 습관을 크게 변화시켰다. 디지털 플랫폼은 사용자로부터 수집한 데이터에 크게 의존해 왔기 때문에 페이스북, 구글, 넷플릭스 등 소수의 거대 플랫폼 기업이 글로벌 시장을 확실히 장악하고 있는데, 이는 데이터의 양과 질에도 달려 있는 AI 시대의 주요 주체 중 하나이기도 하다.

소셜미디어 플랫폼, OTT 플랫폼, 스마트폰을 포함한 디지털 플랫폼은 사람들의 일상 활동과 문화생활에 큰 영향을 미쳤다. 매개자로서의 디지털 플랫폼은 단순히 중개자로서가 아닌, 기술·상업·세계적 표준의 관점에서 다각적으로 이해되어야 할 것이다. 특히 문화 생산의 순환고리 속에서 21세기 초 가장 중요한 디지털 기술인 AI와 디지털 플랫폼의 연계가 갖는 의미를 이해하는 것이 중요하다.

AI, 디지털 플랫폼, 대중문화의 융합

디지털 플랫폼이 미디어와 대중문화 영역에서 AI의 주요 사용자이기 때문에 AI와 디지털 플랫폼은 함께 간다. 음악, 영화, 신문과 같은 몇몇 전통 미디어와 문화 분야는 점차적으로 AI를 문화 생산에 활용해 왔다. 그러나 디지털 플랫폼 분야에서 AI의 활용은 이러한 전통 미디어에서보다 더 크고 훨씬 빨랐으며, 이는 기술적으로뿐만 아니라 상업적으로도 AI와 디지털 플랫폼의 융합이 매우 보편적이고 강력해졌음을 의미한다. 미디어 융합은 젠킨스(Jenkins, 2006)가 설명하듯이 주로 디지털 기술과 대중문화뿐만 아니라 오래된 미디어와 새로운 미디어의 통합에 관한 것이다. 그러나 대중문화는 이제 AI와 디지털 플랫폼과 같이 또는 따로 생산되고 유통될 수 있다. 때로는 같이, 때로는 각자, 전통 미디어와 뉴미디어의 경계가 명확하지 않기 때문에 우리는 AI와 디지털 플랫폼의 융합이 미디어 융합이라는 더 넓은 개념의 일부로서 또는 새로운 미디어 융합의 형태로 가능해졌다고 말할 수 있다.

넷플릭스가 뉴미디어와 대중문화 융합의 대표적인 예이다. 1990년대 후반부터 브로드밴드에서 인터넷 그리고 스마트폰까지 연속적으로 새로운 디지털 기술과 대중문화 간 통합이 이루어지던 때에 넷플릭스는 뉴미디어와 대중문화의 융합을 자양분 삼아 성장을 이루었다. 광대역 서비스는 다른 디지털 기술과 함께 이용할 수 있게 되었다. 케이블 채널의 부상은 "이용 가능한 프로그램 선택"의 수를 넓혔고, 콘텐츠가 틈새 시청자에 맞춰져야 한다는 생각을 촉진했다. 스마트폰과 무선 연결의 확산은 접근성과 편의성에 대한 기대를 전환시켜 문화가 온디맨드 방식으로 가장 잘 순환한다는 가정을 대중화시켰다 (McDonald and Smith-Rowsey, 2018: 2).

넷플릭스는 이후 AI와 융합된 알고리즘을 활용해 미디어·문화 산업에서 가장 강력한 추천 시스템 중 하나를 만들었고, 유튜브, 페이스북, 트위터는 AI를 활용해 고객 유치를 위한 비즈니스 모델을 개발했다. 넷플릭스와 페이스북의 비즈니스 모델은 차이가 있다(제6장 참조). 넷플릭스의 경우, AI를 기반으로 구독자들이 선호할 만한 콘텐츠를 추천하는 알고리즘을 개발하여 넷플릭스와 비슷한 서비스를 제공하는 플랫폼들이 이 모델을 따라가고 있다. 플러머 (Plummer, 2017)가 지적한 바와 같이, "넷플릭스는 머신러닝과 알고리즘을 사용하여 사용자의 선입견을 깨고 영화나 TV 드라마와 같은 프로그램을 찾을 수 있도록 도와준다".

넷플릭스의 추천 엔진은 사람들이 원하는 콘텐츠에 연결해 주는 알고리즘 집합으로, "넷플릭스 AI 시스템의 가장 잘 알려진 요소"이다(Frank et al., 2018). 사실, 넷플릭스 자체가 시간이 지날수록 발전한다. 사람들이 더 많이 사용할수록, 그것은 사람들의 취향에 대해 배우고 매우 개인화된 방식으로 이용 가능한 최고의 콘텐츠를 제공한다. 넷플릭스 시스템의 핵심은 거의 보이지 않는 소프트웨어 설계와 엔지니어링의 주목할 만한 부분이다(Frank et al., 2018). 머신러닝ML 알고리즘은 사람이 비디오 클립을 사용하는지 여부를 예측하는 데 탁월하다. 터섹(Tercek, 2019)이 지적하듯이, 넷플릭스는 동영상 전달의 모든 단계에서 응용 AI의 선두에 서 있다. 그러나 AI는 또한 가입자에 대한 서비스 품질을 관리하는 데 도움이 된다. 넷플릭스는 AI를 활용해 네트워크 내 대역폭을 모니터링하고 이용 가능한 대역폭과 네트워크 혼잡을 기반으로 특정 가정의 비디오 및 오디오 스트림을 최적화한다.

> 넷플릭스는 AI를 활용해 가입자의 비밀번호 공유 여부까지 모니터링한다. AI는 또한 광고 환경을 개선함으로써 동영상의 수익화를 도울 수 있다. 오늘날 여러 기업들은 브랜드 안전, 효율적인 타깃팅 및 더 높은 조회수 달성을 위해 AI로 구동되는 시스템 제공을 위한 경쟁을 한다(Tercek, 2019).

넷플릭스는 글로벌 가입자 수가 급증하면서 2016년부터 이용자가 다음에 봐야 할 것을 추천하는 알고리즘을 바꿨다. 넷플릭스는 이용자의 거주지와 상관없이 오직 이용자의 취향에 따른 콘텐츠를 추천하면서 더 많은 가입자를 유치했다(Brownell, 2016). 넷플릭스의 경우 알고리즘 권장 사항을 사용하여 개별 사용자의 데이터 프로필에 맞춰진 콘텐츠 선택을 자동 큐레이션한다. TV 또는 모바일 가젯에 나타나는 모든 비디오 선택은 사용자가 제출한 데이터, 협업 필터링 및 생각할 수 있는 모든 메타데이터 지점에 대한 콘텐츠의 수동 코딩에 기초한 복잡한 계산의 결과이다(Lobato, 2019). 넷플릭스는 서구 기반의 OTT 플랫폼으로서 알고리즘 추천을 통해 시세차익을 늘렸다. 넷플릭스는 이익을 극대화하기 위해 공통 관심사를 기반으로 사람들을 전략적으로 그룹화하는 매개자mediator 역할을 하고 있다. 넷플릭스는 엔터테인먼트 제품을 소비할 수 있는 공간을 제공하며(Srnicek, 2016), 단순한 중개자intermediary가 아니라 중요한 매개자 역할을 한다.

가장 큰 문제는 넷플릭스의 콘텐츠 개인화가 장기적으로는 문화적 다양성을 저해할 수도 있는데, 이는 곧 문화적으로 민주주의에 위협이 된다는 점이다. 넷플릭스의 개인화 알고리즘은 개인 맞춤형 콘텐츠만을 보여주기 때문에 이용자들 대부분은 자신의 취향을 벗어난 콘텐츠를 접하기는 사실상 어렵다. 다시 말해, 추천 시스템은 "다양성 소멸의 위험을 수반한다"(Filibeli, 2019: 99). 디지털 플랫폼 사용자로서 넷플릭스, 페이스북, 트위터를 이용할 때 선호도에 따라 문화 콘텐츠와 정보가 편중되기 쉬운데, 이들 플랫폼의 추천 시스템에 의해 강화된다. 극우 이데올로기를 가진 사람들은 뉴스를 포함한 문화 콘텐츠에서 좌파 정치를 볼 수 없거나 그 반대일 수도 있다(Filibeli, 2019). 어떤 특정한 장르의 영화를 즐기기 시작하면, 그들은 다른 장르와 주제를 묘사한 영화를 즐길 기회가 없거나 다른 구독자들에 비해 적다. 문화적 민주주의에서 다양성이 가장 중요한 특징 중 하나였던 만큼, 이러한 비즈니스 규범은 문화적 다원주의뿐만 아니라 문화적 민주주의에도 확실히 해를 끼친다. 나아가 넷플릭스가 구현하는 것은 반드시 도전해야 할 문화적 권위와 권력의 확립된 위계질서의 강화(Hadley and Belfiore, 2018)다. AI와 알고리즘을 탑재한 넷플릭스는 사람들의 문화 활동에서 디지털 플랫폼의 힘을 강화했고, 따라서 문화민주주의를 계속 해치고 있다.

논쟁의 여지가 있지만, 넷플릭스는 문화 콘텐츠를 유통할 뿐만 아니라 문화 상품도 생산하기 때문에, 최첨단 AI와 알고리즘에 의해 뒷받침되는 넷플릭스는 생산에서 유통까지 전체 문화 사슬을 통제하므로 디지털 플랫폼의 가장 중요한 사례 중 하나이다. 플랫폼 개발이 불평등한 기술적·문화적 흐름을 반영하는 이유는 다수의 국가와 사람들에게 막대한 영향을 끼친 미국 회사들이나 미국을 기반으로 하는 전 세계의 기업들의 기술 및 사회경제적 지배를 반영한 결과물이기 때문이다. 재화와 관련 서비스 수출이 주요 생산 품목인 국가들 간 불균형적 권력관계를 유지하도록 하는 문화나 하드웨어와는 다르게 디지털 플랫폼을 통해 세계를 지배하는 방식이 바로 상업적 가치를 추구하는 방식과 다름없다. 이는 플랫폼에 깊이 스며들어 있고, 자본의 축적과 권력 확장에 중요한 역할을 한다(Jin, 2015).

한편, 가장 큰 소셜미디어 플랫폼 중 하나인 페이스북은 딥러닝DL을 사용하여 딥러닝 알고리즘을 더욱 정교화했으며, 이는 간단한 텍스트에서 그림, 비디오에 이르기까지 사람들이 공유하는 더 많은 데이터에 점점 더 많이 적용될 수 있다(Marr, 2016). 딥러닝은 가치를 얻고 페이스북이 사용자에게 더 큰 편의를 제공한다는 목표를 달성하도록 돕기 위해 사용된다. "페이스북은 딥러닝의 초석인 심층신경망을 활용하여 어떤 사용자에게 어떤 광고를 보여줄지 결정한다. 이는 사업에 있어서는 초석이나 다름없으나", 기계 스스로 사용자들에 대해 가능한 한 많이 알아보고 사용자 광고를 제공할 때 가장 통찰력 있는 방법으로 사용자들을 모아서 "소셜미디어 시장의 선점을 위해 싸우는 유튜브나 트위터(2023년 7월 이후 엑스) 같은 다른 첨단기술 경쟁자들과 경쟁 우위를 유지하기를 희망한다"(Marr, 2016).

디지털 플랫폼으로서의 페이스북은 소셜미디어 시장에서 영향력이 커졌고, 이제는 AI를 이용하여 사용자를 끌어들인다. ≪더 인터셉트The Intercept≫(Biddle, 2018)의 보도에 따르면, 페이스북의 새로운 광고 서비스는 기업들에게 접근성을 판매하는 방식으로 확장되었다. 즉 기업들이 페이스북 이용자와 그들 삶의 면면에 보다 가까이 다가갈 수 있도록 하는 방식으로 확장되었음을 의미한다.

단지 광고주들에게 인구통계와 소비자 선호도에 따라 사람들을 타깃으로 삼을 수 있는 능력을 제공하는 대신에, 페이스북은 그들이 어떻게 행동할 것인지, 무엇을 살 것인지, 그리고 그들이 무엇을 생각할 것인지를 기준으로 타깃을 삼을 수 있는 능력을 제공한다. 이러한 기능은 2016년 페이스북이 처음 공개한, 'FB러너 플로FBLearner Flow'로 불리는 자체 개선 AI 기반 예측 엔진의 결실이다(Biddle, 2018).

물론, 제7장에서 충분히 논의할 것처럼, 페이스북은 가짜 뉴스를 통제하기 위해 AI를 활용한다. AI 활용에는 장단점이 있지만 페이스북은 그럼에도 불구하고 AI와의 융합을 더욱 활발히 하여 현실화했다.

이처럼 AI를 탑재한 넷플릭스와 페이스북은 글로벌 미디어와 문화시장을 크게 전용하면서 현지 문화산업 기업, 문화 창작자, 고객에게 상당한 영향을 미쳤다. 이는 21세기 초 AI와 페이스북, 그리고 일반적으로 소셜미디어와 넷플릭스를 비롯한 다른 OTT 플랫폼의 융합이 디지털 플랫폼에 AI를 탑재한 플랫폼 소유자와 플랫폼에 데이터를 제공하는 플랫폼 사용자 간의 격차를 심화시키는 데 결정적인 역할을 했다는 것을 의미한다.

디지털 플랫폼으로 향하는 AI

전 세계 많은 정부와 기업이 21세기 초 4차 산업혁명을 빠르게 추진해 왔으며, 이를 위해 주력해야 했던 핵심 기술 도구는 AI, 알고리즘, 디지털 플랫폼, 빅데이터 등이다. 미디어·문화 산업을 주요 산업의 일부로 강조하지는 않지만, AI는 점차 문화 창작자와 문화산업 기업이 미디어·문화 콘텐츠의 질을 높이기 위해 채택하는 새로운 디지털 기술로 자리 잡았다(Kim, K.H. et al., 2018 참고). 이러한 창작자와 기업들의 일반적인 믿음은 머신러닝이 실제보다 더 강력하다는 것이다. ≪포브스≫(*Forbes*, 2017)가 적절하게 관찰했듯이,

> 머신러닝은 머신러닝에 적합한 일에는 능숙하지만 다른 모든 것에는 당연히 서툴다. 그러나 어떤 사람들은 어떠한 문제든 신경망을 적용하면 확실한 해결책을 얻을 수 있다고 믿게 될 것이다.

무엇보다 문화산업에서 AI의 역할이 커지고 있는 것은 디지털 플랫폼이 문화 분야의 새로운 주체로 성장하는 것과 관련이 있다. 소셜미디어 플랫폼, OTT 서비스 플랫폼 및 스마트폰과 같은 여러 디지털 플랫폼이 미디어 콘텐츠 및 대중문화의 생산·유통·소비에서 주요 행위자로 급부상하고 있다. 미디어와 문화에 있어서 페이스북이나 넷플릭스 같은 디지털 플랫폼들은 미디어나 문화 콘텐츠를 유통하는 기능을 수행하나 이들은 결국 AI, 알고리즘, 빅데이터를 탑재하여 미디어와 문화 콘텐츠를 만들고, 자신들이 생산하고 유통한 대중문화를 이용자들이 소비하도록 유도한다. 페이스북과 넷플릭스는 더 이상 콘텐츠 유통만 하는 플랫폼으로 볼 수 없는데, 이는 플랫폼이 문화 콘텐츠를 제작하고, 정보를 생산도 하면서 다른 문화권에 있는 생산자와 소비자들을 적극적으로 매개하기 때문이다. 넷플릭스는 AI, 디지털 플랫폼, 대중문화의 융합이 증가하고 있는 좋은 사례로, 따라서 AI가 문화 생산에 어떤 영향을 끼쳤는지에 대한 논의가 필요하다.

흥미로운 것은 AI 자체가 디지털 플랫폼이 될 것이라는 점이다. 논의된 바와 같이, AI는 미디어와 문화 분야를 변화시켰다. 이는 시작에 불과하다. 스탠퍼드대학이 발간한 2019년 AI 지수 보고서에 따르면, AI의 발전 속도가 이미 무어의 법칙(반도체에 저장할 수 있는 데이터의 양이 18~24개월마다 두 배씩 증가한다는 법칙)을 넘어섰다는 것이다. 쉽게 말해서 개발자들이 같은 하드웨어로 더 많은 비

용을 들이지 않고 두 배의 성능을 기대할 수 있다는 이야기이다. 이 보고서에 따르면, AI의 성능이 기존 프로세서보다 훨씬 뛰어나며, 2012년까지는 무어의 법칙과 비교했을 때 실제로 2년마다 성능이 두 배로 향상된 것으로 나타났다. 놀라운 사실은 2012년 이후부터는 3~4개월마다 성능이 두 배로 증가하고 있다는 점이다(Saran, 2019). 속도는 문화 분야에서도 중요하다. AI가 정상적인 표준과 기술이 되면 미디어 및 문화 정경은 깊이 변화할 것이다. 이와 관련해 터섹(Tercek, 2019)은 "디지털 플랫폼으로서의 AI"가 종국에는 플랫폼 간 경쟁 때문에 넷플릭스 같은 동영상 온디맨드 서비스로서의 AI의 영역이 지금보다 더 넓어지는 것은 불가피하다고 주장한다.

> 보통 미디어의 미래에 대해 생각할 때, 우리는 AI를 고려하지 않는다. … 미디어와 광고업계의 사람들은 넷플릭스와 같은 주문형 서비스와 트위치와 같은 동영상 스트리밍 플랫폼에 매우 몰두하고 있다. 동영상 스트리밍이 소비자의 행동을 성공적으로 변화시켰기 때문에 이런 근시안적 접근이 말이 되기는 하지만, 현재 미국에는 200여 개의 OTT 서비스가 있고, 미국 밖에도 수천 개가 있는 걸로 보아 이는 확실히 유행으로 보인다. OTT 다음으로는 무엇이 있을까? 내 강연에서 나는 동영상 스트리밍 플랫폼과 같은 명백한 트렌드를 밀어내고 여전히 새롭게 나타나고 진화하고 있는 것의 탐구를 목표했다. 지금 나에게 그것은 미디어를 위한 AI다(Tercek, 2019).

현실적으로 AI가 유행어부터 현실까지 거리가 먼 만큼 생산과 소비 모두를 포함한 문화 분야에서 디지털 플랫폼 그 자체로서 역할이 커지는 것을 목격하려면 더 오래 기다려야 할 수도 있다. 논의한 바와 같이 문화 생산에서 AI의 구현은 확실하며, 과정은 다소 느리지만 미디어와 문화에서 AI의 역할이 커지고 있음을 사람들은 확실히 경험하고 있다. 이는 AI와 맞물린 문화 분야의 변신이 현실적이지만 기대와는 달리 점진적임을 암시한다.

AI의 역할은 더욱 증대하여 디지털 플랫폼 자체로서 우리의 문화생활에서 가장 중요한 구성 요소 중 하나가 될 것이다. 이것이 바로 우리가 AI를 단순히 새로운 디지털 기술이 아닌 플랫폼화된 것으로 보아야 하는 이유이며, 이는 또한 우리가 세계적인 국면에서 가장 효과적이고 지배적인 매개자mediator인 AI를 보다 비판적인 시각으로 바라보아야 함을 의미한다. AI는 미디어와 문화 산업 전반의 가치사슬을 스스로 학습할 수 있는 유일한 디지털 기술이다. AI가 최첨단 디지털 기술로서의 역할을 넘어 플랫폼화하는 것은 시간문제다. 샤니(Shani, 2015)가 ≪와이어드Wired≫에서 지적한 바와 같이, "논의가 때때로 잠재적인 종말 시나리오로 전환되지만, 선을 위해 사용될 경우 AI가 인류 역사의 흐름을 근본적으로 바꿀 수 있다는 공감대가 있다. 특히 빅데이터에 대해서는 더욱 그렇다". 다시 말해, "AI 기술의 바로 전제는 수집한 데이터에서 지속적으로 학습할 수 있는 능력이다. 신중하게 조작된 알고리즘을 통해 더 많은 데이터를 수집하고 분석할수록 기계는 더 나은 예측을 할 수 있다".

방송, 영화, 음악 등 전통적인 미디어 분야에서 AI의 역할이 증대하는 것과 상관없이, AI는 현대 자본주의에서 디지털 플랫폼과 밀접하게 연결되었다. 다시 말하면 다음과 같다.

> AI는 인간의 노동력을 착취함과 동시에 인간이 수행하는 노동을 탈취하는 수단이자 첨단기술을 소유한 기업가들의 손에 쥐어진 부와 사회적 권력의 총체이다(Dyer-Witheford et al., 2019: 3).

AI는 말하자면 다음과 같다.

> 단순한 기술적 논리의 산물이 아니라 동시에 사회적 논리의 산물, 즉 잉여

가치를 창출하는 논리의 산물이다. 자본주의는 이러한 기술적·사회적 논리의 융합이고, AI는 자동화와 상품화가 융합하여 가장 최근에 만들어낸 소름끼치는 현상이다(Dyer-Witheford et al., 2019: 3).

문화 분야의 AI에 대한 이해는 AI의 성장을 둘러싼 사회문화적·경제적 여건에서 분리되지 않으며, 이는 우리 사회의 보다 넓은 맥락 안에서 AI를 분석해야 함을 의미한다. 우리는 AI와 디지털 플랫폼을 분석해야 하며, 따라서 대중문화에서 AI와 디지털 플랫폼의 융합을 기술적 관점에서 상업적인 측면과 사회문화적인 측면까지 포괄적이고 비판적으로 분석해야 한다.

결론

지금까지 AI와 디지털 플랫폼, 그리고 이들 간의 융합에 관한 역사적·이론적 논의들을 살펴보았다. 그리고 사람들이 미디어와 대중문화 영역에서 AI를 어떻게 이해하는지를 다루면서, 문화 생산에서 디지털 플랫폼의 역할 증대에 대해 논의했다. 이를 통해 AI와 디지털 플랫폼, 대중문화의 연계를 이해하기 위해 문화 분야의 AI와 디지털 플랫폼 간 융합 아이디어를 개발했다. AI와 대중문화의 융합은 현재 초기 단계에 있다. 다만 대중문화 생산에 AI를 활용하는 플랫폼과 언론사가 여럿 있어 AI가 지원하는 대규모 생산을 목격하는 데에는 오랜 시간이 걸리지 않을 수 있다. 적어도 미국, 영국, 캐나다, 일본 등 글로벌 노스와 한국, 중국 등 소수의 강국들에게는 문화 생산에서 AI의 활용이 예상보다 빠르다.

현 단계에서 중요한 것은 AI가 문화 생산에서 가능성을 실현하고 새로운 시대를 준비한다는 점이다. 예를 들어 미디어 및 문화 분야에서 AI의 잠재력은 다른 신흥 기술, 특히 가상현실 및 증강현실과 결합할 수 있는 기회에 의해 더욱 증대할 것이다(PricewaterhouseCoopers, 2018). 2017년 39억 달러였던 가상현실VR 앱, 게임, 비디오 수익은 2022년까지 5배 이상 급증할 것으로 예상된다. VR 분야에서, 헤드셋의 설치 기반은 페이스북이 2018년 2분기에 게임, 교육 및 엔터프라이즈 사용을 위해 미화 199달러 오큘러스 리프트를 출시하는 데 도움을 받아 크게 성장할 것으로 예상된다. 가격대가 상당히 높다. 리프트는 원래 599달러에 팔렸고, 관련 VR 체험과 게임에 전원을 공급하기 위해 수백 달러의 컴퓨터를 필요로 했다. AI를 VR이나 AR과 결합하는 것은 소비자들의 행동에 영향을 미치는 실질적인 데이터를 수집하는 능력에 이전과는 달리 혁신적인 영향을 끼칠 수 있다. 한편, VR 분석 업체 레티너드가 가상환경에 있는 사람이 보는 위치와 시간을 추적하는 히트맵 기술을 개발했다. 미래에는 AI를 탑재한 앱이 해당 데이터를 활용하여 특정 개인에 맞춘 경험을 만들 수 있다(PricewaterhouseCoopers, 2018: 19~20).

AI와 디지털 플랫폼은 21세기 초 미디어·문화 영역에서 실질적으로 함께 일해왔다. 특히 코로나19로 인한 사회적 거리두기를 실천하고 2020년과 2021년을 중심으로 전 세계적으로 봉쇄를 경험하면서 디지털 플랫폼 이용이 급증하고 있다. AI가 문화 생산 과정을 통제하는 기술적 도구 역할을 하는 반면, 디지털 플랫폼은 생산과 소비를 단순히 연결하는 것은 물론 문화산업의 전 과정을 적극적으로 다스리는 가장 강력한 매개자mediators 중 하나다. 문화 생산은 생산·유통·소비 등의 문화 활동의 전 과정을 아우르면서 AI와 디지털 플랫폼으로 빠르게 연결되었다. 대중문화와 이 둘의 융합 역시 가까운 미래에 지배적인 규범으로 새롭게 자리할 것이며, 이는 우리가 이들 간 융합이 만들어내는 새로운 트렌드에 주목해야 하는 이유이기도 하다. AI 자체도 미디어와 문화 분야에서 가장 강력한 매개자 중 하나가 되기 위해 플랫폼화되었고, 이는 문화 생산에 영향을 미칠 것이다.

제3장

AI, 문화정책
그리고
반(反)신자유주의의 대두

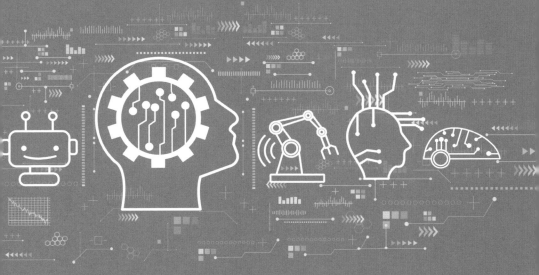

서론

전 세계의 정부와 문화산업 기업들은 AI 현상을 타고 있다. 2010년대 후반부터, 글로벌 노스와 글로벌 사우스의 몇몇 국가들은 AI, 빅데이터, 알고리즘의 역할 증대를 강조함으로써 그들의 산업구조를 재편했다. 미국, 영국, 독일, 캐나다 등 글로벌 노스의 소수 선진국에서는 AI와 빅데이터가 플랫폼과 문화산업 등 전체 산업을 변화시키고 있다. 글로벌 사우스에 있는 중국과 한국 같은 몇몇 나라들은 돈과 인력이 부족해 소수의 서구 국가에 버금가는 AI 관련 기술을 개발할 수는 없지만, AI와 빅데이터가 디지털 경제의 새로운 동력이기 때문에 적극적으로 투자했다. AI가 산업구조를 간소화하고 국가경제에 새로운 에너지를 가져올 수 있음은 확실하며, 따라서 많은 국가는 AI와 같은 초기 기술 변화에 적응해야 한다(McKelvey and MacDonald, 2019). 다시 말하지만 경제적 번영의 가능성 때문에 이들 국가는 정부와 기업이 긴밀히 협력해 AI가 주도하는 디지털 경제를 강화할 수 있도록 법적·재정적으로도 다양한 지원책을 개발했다.

　역사가 짧은 만큼 여러 나라의 AI 정책은 비교적 새로운 편이고, 앞에서 언급한 이들 국가는 아직 정책수단이 잘 발달하지 않았다. 특히 이들 국가는 몇 가지 예외를 제외하고 문화산업과 관련된 AI 정책을 개발하는 경우는 드물다. 물론 AI가 다른 산업뿐 아니라 미디어와 문화에서 차지하는 중요성 때문에 트렌드 자체가 바뀌고 있다. 쿨레스(Kulesz, 2018a: 2)가 지적하듯이, "AI는 수많은 창작자들에게 힘을 실어주고, 문화산업을 더 효율적으로 만들고, 예술 작품의 수를 늘리는 데 도움을 줄 수 있으며, 이는 대중의 관심사이다". 따라서 정부, 디지털 플랫폼 기업 및 문화 기업은 일반적으로 AI의 놀라운 출현을 둘러싼 수많은 의제에 대해 논의한다. 정부부터 문화산업, 문화 창작자(예: 영화감독, 음악 작곡가)까지 디지털 경제와 문화 생산에 AI와 알고리즘을 어떻게 활용할지가 이들의 핵심 관심사 중 하나다. 미디어 및 플랫폼 기업에서의 거버넌스는 지난 몇 년 동안 이러한 변화 추세에서 점차 강조되어 왔지만, 많은 정부가 사용자 대신 AI와 플랫폼 소유자에게 불균형적으로 유리한 정책 조치를 제공하기 때문에 현재의 정부 정책 형태는 문화적 다양성을 강조하지 않는다.

제3장은 글로벌 노스와 글로벌 사우스의 여러 국가가 AI 관련 미디어와 문화 정치를 형성하고 발전시킨 방법을 문서화하는 것을 목표로 한다. 이 장에서는 또한 신자유주의와 맞물린 AI 정책의 급속한 발전을 살펴본다. 신자유주의는 정부의 시장 개입을 최소화하는 반면, 개발주의는 "정부가 시장에 개입하여 국가 주도 정책이나 정치적 교리를 통해 대기업 등에 의한 경제 발전을 추구하는 것"을 의미한다. 개발주의 ― "가혹한 국내 경제 상황과 싸우기 위해 국가가 만든 정치 교리"(Lee and Kim, 2010: 315) ― 는 대기업들로 하여금 경제 발전을 촉진하기 위하여 정부의 개입을 수반한다. 이 장에서는 특히 미디어와 문화 분야에서 관련 정책 표준을 비판적으로 비교하고 대조하기 위해 몇몇 주요 국가와 개발도상국의 AI 정책을 논의한다. 그 과정에서 정부의 적극적인 참여를 이끌어내고 신자유주의 지지자들이 기대하는 것과는 다른 디지털 플랫폼과 문화산업 기업들의 유산을 기반으로 구축된다. 마지막으로 AI 시대, 문화 분야에서 인간 중심의 정책 규범이 나타날 가능성을 다룬다.

AI 정책과 반(反)신자유주의의 경향성 증가

AI 개발과 사용은 전 세계 AI 및 관련 정책 성장을 위한 주요 지표 중 하나다. 우선, 옥스포드 인사이트(Oxford Insights, 2019)의 정부 AI 준비지수 2019에 따르면, 세계 AI 사회는 영국 2위, 독일 3위, 미국 4위, 캐나다 6위, 일본 10위로, 이들 국가들이 주도했고, 중국과 한국은 각각 20위, 26위였다. 비록 몇몇 예외적인 사례들이 있지만 — 예를 들어, 싱가포르는 상위권에 올랐다 — 이 지수는 확실히 몇몇 서구 사회와 비서구 사회 사이의 극복하지 못하는 큰 격차를 보여준다. 토르투아스(Tortois, 2019)가 2019년 12월에 발표한 또 다른 조사에서도 비슷한 추세가 나타났다. 〈표 3.1〉에서 설명하듯이, 중국, 싱가포르 그리고 한국 세 국가만이 글로벌 AI 지수 상위 10위 안에 들었다.

물론 몇 가지 다른 관점이 있다. 2018년 중국 AI 개발보고서에 따르면 2017년 말까지 국제 AI 인재풀은 20만 4,575명으로 북미, 서유럽, 북유럽, 동아시아, 남아시아에 촘촘히 분포되어 있다. 국가 차원에서 AI 인재는 세계 전체의 61.8%를 차지하는 상위 10개국에 집중되어 있다. 미국은 2만 8,536명으로 세계 전체의 13.9%를 차지하고 있으며, 2위 중국 1만 8,232명(8.9%), 인도 1만 7,384명, 독일 9,441명, 영국 7,998명(China Institute for Science and Technology Policy at Tsinghua University, 2018) 순서다. 〈표 3.1〉의 수치를 자세히 들여다보면, 미국이나 영국과 같은 국가와 한국, 싱가포르 사이에 AI 격차가 있음을 알 수 있는데, 중국의 경우에는 예외적으로 AI 인덱스 순위가 높음을 확인할 수 있다. 글로벌 경제 격차로 인해 이 두 지역 간의 국민 생활 격차가 심화되면서 AI 격차는 기술적·경제적으로 이미 존재하는 글로벌 노스와 글로벌 사우스 간 격차를 더욱 악화시키는 현상을 보였다.

앞서 언급한 이들 국가에서 AI의 성장은 국가 정보통신기술ICT 정책과 밀접한 관련이 있으며, 이는 21세기 초 전 세계 여러 나라가 AI 정책을 격렬하게

〈표 3.1〉 세계 AI 인덱스

국가	인재	인프라	가동 환경	연구	개발	정부 전략	상업 이용	최종 순위
미국	1	1	6	1	2	13	1	1
중국	18	3	3	2	1	1	2	2
영국	5	8	1	3	11	7	4	3
캐나다	4	23	5	8	10	4	5	4
독일	9	12	7	4	12	5	9	5
프랑스	8	30	2	12	9	8	7	6
싱가포르	2	4	39	16	15	30	6	7
대한민국	28	5	30	22	3	31	25	8
일본	26	16	17	6	7	12	8	9
아일랜드	6	2	28	28	6	40	20	10

자료: Tortois(2019)

발전시켰음을 의미한다. 각국의 초점은 다르지만 AI 이용 증가에 따른 잠재적 위험을 피하면서 AI가 지원하는 경제와 문화를 선진화하기 위한 정책수단의 중요성을 공통적으로 인정하고 있다. 이들 국가는 AI가 경제적·문화적으로 현대사회의 변혁을 주도하도록 규제 계획을 개발 중이다. AI에서 정부의 역할이 증가하는 것과 관련하여, 사람들은 최근 몇 년 동안 AI 거버넌스와 윤리에서의 전례 없는 투자를 보았다. 건켈이 그의 대학 신문(Parisi, 2019)에서 언급했듯이, 2020년대에는 북미, 유럽, 중국이 주도하는 AI 정책과 거버넌스 시장의 확장이 일어날 것이다. AI 관련 기술은 범위가 글로벌하고 국경 없는 다국적 기업에 의해 통제될 수 있다. 그러나 AI 정책과 거버넌스는 여전히 민족국가의 문제이다. 머키(Merkie, 2018: 2)는 또한 AI 혁명을 포함한 디지털 혁명뿐만 아니라 현재 우리가 이해하고 있는 세계는 기술적인 것 이상이기 때문에 사회문화적 변화에 초점을 맞추고 관련 AI 정책의 중요성을 지적한다. 여기서 AI에 의해 개발된 디지털화는 "다양성에 대한 접근과 참여의 기회, 개인적이고 집단적인 창의성을 충분히 활용하려면 계몽된 국가 문화 정책을 동반해야 한다". 이 학자들이 일반적으로 강조하는 것은, 정부가 일회성 정책 조치를 취해야 한다고 주장하는 신자유주의 지지자들과 달리 AI 시대 민족국가의 주도적 역할이다.

잘 문서화되어 있듯이, 글로벌 노스와 글로벌 사우스의 정부들은 문화기업을 포함한 기업들의 최대 이익을 보장하기 위해 국내 시장과 산업을 규제 및 자유화했다. 맥체스니(McChesney, 2008)가 분명히 지적한 바와 같이, 신자유주의 규범은 정부가 기업의 이익에 더 잘 봉사하기 위해 거대하게 유지되어야 하는 동시에 기업의 자유로운 규칙을 훼손할 수 있는 그들의 직접적 활동을 최소화해야 함을 의미한다. 신자유주의 지지자들은 시장 자체가 살아 있으며, 정부는 모든 것을 시장 세력의 눈에 보이지 않는 손에 맡겨야 한다고 주장한다 (Friedman, 1982).

신자유주의 경제 정책과 달리 글로벌 노스와 글로벌 사우스의 세계 각국 정부는 AI 분야에 대한 참여를 확대했다. 일부 국가 및 신흥 경제국들은 산업 생산성 및 정부 효율성을 개선하고 선진화된 미래를 앞당길 수 있는 AI 번영을 위해 AI 정책 선진화에 주력해 왔다. 공공정책은 성공을 위한 규칙과 조건을 설정하기 때문에 AI 번영을 달성하는 핵심 동인이다(Deloitte, 2019: 4). 미국부터 중국에 이르기까지 정부는 AI 관련 분야 성장을 위해 재정 투자와 법적 지원을 늘렸다.

전 세계 각국 정부는 AI를 민간 부문에만 맡겨두기보다는 정부가 지원해야 할 가장 중요한 첨단기술 중 하나라고 믿고 있다. 조지프 스티글리츠(Stiglitz, 2019)가 "금융권의 많은 이들이 생각하고 싶어 하는 것과는 달리 문제는 경제에 대한 국가의 참여가 너무 많은 것이 아니라 너무 적다는 것"이라고 주장하듯이, 이들 정부는 신자유주의 성향을 포기하지 않고 있지만 AI 관련 분야를 직접 육성하는 쪽으로 시선을 돌렸다. 이것은 민간 부문이 AI 발전에서 공공 부문에 중요한 역할을 상실했다는 의미가 아니다. 많은 IT 기업과 벤처캐피털이 AI 및 관련 기술 개발을 지속하고 있으며, 많은 정부들이 AI를 발전시키기 위해 긴밀히 협력하고 있다.

정부가 지속적으로 개입하는 데에는 또 다른 주요 이유가 있다. 많은 민족국가에서 AI에 의해 부정적인 영향을 받을 수 있는 사람들은 보호되어야 한다. 따라서 공공정책 조치는 경제적 번영뿐만 아니라 공정성과 정의에도 초점을 맞출 필요가 있다. 정부는 이 점에서 주요한 참여자이기 때문에, 제8장에서 논의한 바와 같이, 국가는 지원을 아끼지 않지만, 규범적이고 윤리적인 정책 메커니즘을 수립할 필요가 있다. 미디어와 문화는 사람들의 일상적인 문화 생활과 직접적으로 연결되어 있기 때문에 그 생산과 소비 모두 특별하다. 이는 국가로 하여금 AI가 주도하는 미디어와 문화 콘텐츠를 더욱 풍부하게 만들 수 있도록 하는 보다 명확한 문화 정책의 수립을 요구한다. AI 관련 미디어 및 문화 콘텐츠의 필요성은 민족국가의 부활을 촉발하며, 이는 2020년대에 신자유주의에 반대하는 경향을 심화시킨다.

글로벌 노스와 국가 주도 AI 정책

AI 분야에 민족국가의 참여가 증가하고 있음을 보여주는 몇 가지 사례가 있다. 우선 캐나다 정부는 AI 개발을 선도하는 국가 중 하나로서 제1장에서 코로나19 사례에서 간략히 논의한 바와 같이, 다양한 AI 정책을 적극적으로 구체화했다. 캐나다 정책에서는 AI가 자동화와 빅데이터의 교차점에서 크게 작동하기 때문에 AI 육성은 정부에 매우 중요하다. 한편, 경험을 통해 향상되는 머신러닝은 알고리즘을 최적화하기 위해 방대한 양의 데이터 훈련이 필요하다. "훈련을 마친 AI는 적절한 조치를 요하기도 하나, 전문가들이 적합하다고 판단할 때만 사용이 가능하다". 따라서 캐나다 정부의 최근 AI 관련 움직임들은

"AI에 대한 정책과 규제의 법제화를 위한 전 세계의 빠른 대응과 그 맥을 같이 한다. 관련 기준들은 AI와 학습을 위한 데이터를 규제하는 방식으로 수립되어 왔다"(McKelvey and MacDonald, 2019: 44). 이러한 메커니즘의 대부분은 투명한 관행을 보장하고 "공론장에서 사실의 역할을 보장하는" 책임 있는 방법을 확립하는 것과 관련이 있다(Marres, 2018: 424).

좀 더 구체적으로, 2017년 3월, 캐나다는 세계 최초로 'AI 국가전략'을 발표한 국가가 되었으며, 향후 5년간 1억 2,500만 캐나다달러의 연방정부 투자를 했다(UNESCO, 2018). 캐나다 정부가 움직인 데에는 여러 요인이 있었다. 캐나다는 인재 우위가 있었지만, 선두를 유지하기 위해 빠르게 행동할 필요가 있었다. 특히 미국의 인재에 대한 국제적인 수요는 AI 연구와 인재 개발에 대한 캐나다의 이전 투자를 위험에 빠뜨리고 있었다. 캐나다 정부와 민간 부문에서는 이러한 두뇌 유출로 인해 이 신기술의 조기 채택자가 될 수 있는 캐나다의 역량이 저하될 것이라는 우려가 제기되었다(UNESCO, 2018).

캐나다의 AI 분야 최고 수준의 연구 전문성이 최근 상당한 투자를 이끌어냈다. 그러나 AI의 거버넌스, 윤리 또는 사회적 책임에 전념하는 자원은 훨씬 적으며, 그 공백을 메우기 위해 많은 다양한 지역 이니셔티브를 남겨두고 있다. 사람들은 AI가 이미 그들의 일상생활에 영향을 미치고 있고, 사람들의 활동이 디지털 플랫폼의 성장을 위한 주요 원천이라는 것을 부인할 수 없다. 페이스북에서 각각의 '좋아요'와 댓글로, 이용자들은 AI 환경 개선에 이미 자신의 개별 데이터를 기여하고 있다. 종종 이용자들의 온라인 상호작용에서 수집된 빅데이터뿐만 아니라 더 나은 프로세서, 알고리즘의 발전은 딥러닝의 주요한 발전을 주도했다. 빅데이터, 알고리즘, 프로세서 등의 발전은 전반적으로 인간에게 이로운 것으로 평가되어 왔다. 그러나 AI가 결점이 하나도 없는 것처럼 보는 시각은 AI 윤리, 안전한 이용 및 적용 범위 등의 중요성을 간과할 가능성이 있다. 무분별한 데이터의 사용이나 충분한 검토 없이 이루어지는 AI의 적용은 우리가 상상하는 이상적인 AI 시스템 개발과는 거리가 점점 멀어질 수 있다(McKelvey and Gupta, 2018).

이에 캐나다 정부는 AI 자율 규제 개발 과정에서 개방성이 높은 협의 과정을 실험했다. 공무원들이 뉴스와 보고서를 공유하는 AI 정책 워크스페이스에 공적 영역의 전문가들이 참여하는 방식이었다(Karlin, 2018). "캐나다 정부의 책임 AI"라는 제목의 이 논문은 AI가 연방정부에 미치는 유익성과 위해성을 요약했다(McKelvey and MacDonald, 2019: 45). 캐나다 정부 도구는 ① 개인 및 기업에 미치는 영향, ② 정부 기관에 미치는 영향, ③ 데이터 관리, ④ 절차적 공정성, ⑤ 복잡성을 기반으로 위험 평가를 제공한다. 이러한 기준은 보고서의 "AI의 정책, 윤리 및 법적 고려 사항"에 대한 마지막 섹션에서 도출되었으며, 여기서 데이터, 투명성 및 책임의 편향과 공정성, 그리고 허용 가능한 사용에 대해 논의했다. 이 도구는 2019년 자동 의사결정 지침으로 인해 현재 연방정부 전체에서 사용되고 있다. 현재까지 이런 사례들은 비교적 위험성이 적은 듯하지만, 우리는 정부가 AI를 어떻게 바라보는지를 알고 있다 하더라도, 예를 들어 이민과 같은 상황들이 금기시되는지 여부를 비롯하여 어떤 사람들이 이런 상황들에 관여하는지 우리가 알 수 없다는 점은 확실해 보인다(McKelvey and MacDonald, 2019: 45~46). 캐나다 정부는 새로운 정책 메커니즘 개발에 착수했지만, AI 성장에 내재된 일부 이슈를 다룰 중요한 정책 조치를 보여주지 않았다.

미국도 신자유주의 동향을 바탕으로 한 정책이 아닌 직접 체험형 정책을 펴는 등 AI 정책을 빠르게 전개하고 있어 흥미롭다. 미국은 신자유주의뿐만 아니라 AI와 플랫폼을 포함한 최첨단 디지털 기술의 본고장이기 때문에 미국의 AI 관련 정책을 이해하는 것은 특히 중요하다. 미국 정부는 트럼프 대통령이 2019년 2월 11일 '미국 AI 이니셔티브' 출범 행정명령을 내린 이후 AI 혁신을 가속화하는 정책 개발과 전략 실행에 적극 나서고 있다(Office of Science and

Technology Policy of the U.S., 2019). 행정명령은 연방정부가 AI 연구개발R&D 촉진뿐 아니라 신뢰 증진, 인력 변화를 고려한 인력 양성, 국익·안보·가치 보호 등에도 중요한 역할을 한다고 설명했다. 미래생명연구소(Future of Life Institute, 2019)가 지적한 바와 같이, 미국 AI 이니셔티브는 ① 기술혁신 추진, ② 적절한 기술 표준 개발 추진, ③ AI 기술을 개발하고 적용할 수 있는 기술을 가진 인력 양성, ④ 미국 시민의 자유와 사생활을 보호하는 미국의 가치를 수호하고 AI 부문 공공 신뢰도 및 신임도 향상, ⑤ AI 부문에서 미국의 기술적 이익을 보호함과 동시에 혁신을 주도하는 세계적 환경 조성을 강조하고 있다.

2019년 3월 19일, 미국 연방정부는 현재 진행 중인 모든 정부 AI 이니셔티브에 더 쉽게 접근할 수 있도록 하기 위해 미국 정부 공식 웹사이트인 'AI 정부 AI.gov'를 개설했다(White House, 2019). 미국이 경제를 포함한 대부분의 분야에서 신자유주의 정책을 시작하고 발전시켰다는 데에는 의심의 여지가 없다. 디지털 플랫폼 영역에서는 소셜미디어 플랫폼과 OTT 플랫폼, 민간기업, 벤처캐피털이 모두 주요 행위자였다. 다만 국가 디지털 경제에서 AI의 역할이 크기 때문에 미국 정부가 AI 성장을 위해 주도적인 역할을 할 수밖에 없다. 그러나 이 계획은 미국 정부가 우선적으로 지원해야 하는 주요 분야에 미디어와 문화를 포함하지 않는다. 〈표 3.1〉에서 보았듯이 미국은 정부 주도로 인재와 인프라, 연구 및 상업 이용 등 AI 분야에서 지속적으로 전 세계를 주도하고 있다.

몇몇 유럽 국가들은 또한 강력하고 실용적인 법률 및 윤리 지침을 개발했다. 독일은 AI 분야의 선도국 중 하나로 AI 초기부터 사용자에게 법적 안정성과 보안을 강조해 왔다. 독일의 경우 AI 시스템 개발 및 롤아웃 과정에서 법적 기준과 윤리적 원칙을 중요한 요소로 고려했기 때문에 "사회적·윤리적 관점에서 AI 개발을 추진하는 것이 중요하다"는 것이다.

독일 정부는 AI 개발의 특징이 될 수 있는 "투명성, 정보 효율성, 공식적인 프라이버시 보장 및 AI의 무결성에 관한 검증 가능한 요구 사항"을 개발했다

(Harhoff et al., 2018: 24). 2019년 8월 정부 패널도 "기업은 AI를 위한 도구를 자유롭게 개발할 수 있지만 다양한 요소와 윤리적 제약을 고려해야 한다"라고 밝혔다. 독일 정부는 2018년 7월 "개인 보호, 사회적 결속력 보존, 정보화 시대의 번영 보호 및 촉진"을 위한 윤리 지침과 권고안을 개발하기 위해 데이터윤리위원회를 설립했다(Radu, 2019). 그리고 데이터윤리위원회는 2019년 10월 AI와 알고리즘의 자동화된 의사결정을 규제하기 위한 75개 권고안을 제시했다. 비록 위원회의 보고서에서 많은 측면이 모호하게 남아 있지만, 권고안은 독일 정부가 현재의 감독 기관에 더 많은 자금을 제공하고 자율 규제 계획을 지원하도록 장려했다(Data Ethics Commission, 2019).

한편 일본은 2019년 초부터 소사이어티 5.0Society 5.0이라는 이름으로 AI 기술 선진화 정책을 자체 추진해 왔다. 일본의 새로운 슈퍼 스마트 사회 청사진인 소사이어티 5.0은 4차 산업혁명보다 더 광범위한 개념으로, 가상과 현실의 경계를 흐리게 함으로써 일본의 생활 방식을 완전히 변화시킬 것을 구상한다. '슈퍼 스마트 사회'라고도 불리는 소사이어티 5.0은 빅데이터 분석, AI, 사물인터넷, 로봇공학 등 디지털 기술을 바탕으로 지속가능하고 포용적인 사회경제 시스템을 구상한다(UNESCO, 2019). 소사이어티 5.0에서는 많은 제품이나 서비스가 사람들에게 최적으로 전달되고 그들의 요구에 맞게 조정될 것이다.

> 소사이어티 5.0은 인구 감소 지역 거주자들이 자율주행 차량과 드론을 이용해서 편리하게 필요한 물건을 구입하거나 각종 서비스를 누릴 수 있도록 할 것이다. 예를 들어 소비자가 자신이 원하는 사이즈나 색상, 소재의 옷을 웹사이트에서 주문하면 공장에서 주문자에게 드론으로 직배송이 가능해질 것이다(UNESCO, 2019).

이와 같이, 많은 국가의 AI 정책은 비교적 새로운 것이며, 이들 국가는 여러 가지 다른 정책 메커니즘을 개발했다. 글로벌 노스의 이 국가들은 국가경제를 위한 신자유주의 정책에 크게 의존해 왔지만, 그들은 AI의 성장을 위해 필요한 자금과 지원책을 제공한다. 작은정부를 강조하는 신자유주의 경향과는 반대로, 이들 정부는 AI 초석을 다지는 단계에서부터 AI 및 관련 기술 모두를 발전시킬 일종의 메커니즘을 발동해야 한다. 그러나 이들 국가는 AI의 초기 개발로 인해 몇 가지 예외적인 경우를 제외하고는 아직 문화산업에 대한 AI 정책을 개발하지 못하고 있다. 문화산업에서 정책은 주로 TV 드라마나 다큐멘터리, 영화 및 음악과 같은 시청각 콘텐츠 분야의 제작 지원과 육성에 관한 것이 주를 이루었다(Jin, 2018). AI의 참여가 증가함에 따라 AI가 문화 생산의 새로운 핵심 주체가 되면서, 많은 국가의 문화 정책은 변화를 요구하는 상황이 되었다.

글로벌 사우스와 국가 주도 AI 정책

글로벌 사우스의 일부 국가들은 신자유주의neoliberalism가 아닌 개발주의developmentalism를 디지털 경제의 메커니즘으로 삼아 AI 개발의 기반을 다지기 시작했다. 한국, 중국, 싱가포르 등 아시아 여러 나라가 강력한 개발주의를 통해 국가경제를 발전시키면서 국가경제, 특히 디지털 경제 강화를 위한 AI 정책을 크게 앞당겼다. 이들 국가의 개발주의는 "가혹한 국내 경제 상황과 싸우기 위해 국가가 만들어낸 국가 주도의 정치 교리"였다(Lee and Kim, 2010: 315). 다만 주요 AI 정책 방안에서 미디어와 문화 분야에 큰 관심을 기울이지 않았다는 점에서 사정은 크게 다르지 않다.

전 세계 AI의 선도적인 투자자 중 하나로서, 중국은 몇 가지 AI 마스터플랜을 개발했다. 2017년 7월 중국 국무원(The State Council of China, 2017)은 향후 몇 년간 1,500억 달러에 육박하는 국내 AI 산업을 구축하고 2030년까지 AI 강국으로 도약하겠다는 중국의 전략을 정리한 '신세대 AI 개발계획AIDP'을 발표했다.[1] 이는 공식적으로 AI 분야 발전을 국가 우선 과제로 삼았고, 시진핑 주석의 대중국 대비전에 포함되었다. 이번 정책 구상에서 중국 정부는 디지털 플랫폼에 필요한 지원을 하겠다고 강조했지만 문화산업 자체에 대해서는 언급하지 않았다. 이 계획은 중국이 AI의 혁신적인 플랫폼을 구축하고 AI의 적용, 연구, 개발에 대한 지원을 강화하겠다는 뜻을 분명히 하고 있다. 중국 국무원(The State Council of China, 2017)에 따르면, AI 하드웨어 및 소프트웨어 인프라 플랫폼의 오픈소스는 컴퓨팅 프레임워크 통합 플랫폼 구축에 집중하고 있으며, 이는 주로 추론이나 확률 통계, 학습 수준 및 AI 패러다임을 지원하고, AI 하드웨어 및 소프트웨어, 생태 체인간 지능형 클라우드의 발전을 이루고 있다. 지능형 서비스 플랫폼 그룹은 인터넷을 기반한 대규모 지식 자원 관리 구축에 집중하여 산학 분야의 혁신을 위한 플랫폼이나 서비스 환경을 조성하고 있다.

중국 정부의 인센티브 확대와 디지털 경제에서의 리더십이 커지면서 데이터 우위도 높아졌다. 텐센트, 알리바바, 바이두와 같은 중국의 플랫폼 대기업들은 AI 관련 응용 프로그램을 구동하는 딥러닝 시스템에 데이터를 계속해서 제공하는 "수억 명에 달하는 소비자들의 일상적 경제활동의 아주 세밀한 부분들까지 들여다보는 비범함"을 보이기도 했다(Sundararajan, 2019). 중국이 세계 최고의 AI 혁신 허브 중 하나가 될 것이라는 데에는 의심의 여지가 없지만, 중국은 아직 미디어와 문화 분야가 아닌 다른 주요 산업을 위한 새로운 마스터플랜을 개발하느라 바쁘다.

---

1 중국은 이미 AI 정책을 위한 이니셔티브를 수립하고 있었으나, 이세돌에 대한 알파고의 승리(제1장 참조)를 목도한 뒤에 더욱더 AI 정책 수립에 박차를 가했고, 2017년에는 '신세대 AI 개발계획'을 선보였다.

한편, 한국은 디지털 플랫폼과 문화 분야에서 독특한 AI 정책을 발전시켰다. 한국은 다른 나라와 달리 문화산업과 어느 정도 관련이 있는 AI 정책을 개발해 왔는데, AI 정책은 디지털 플랫폼 위주이지만 다른 나라와 차별화된다. 1970~1990년대 개발 시대의 주역이 한국 정부였던 만큼 2010년대 후반~2020년대 초반부터 AI 주도 산업혁명 발전에 다시 한번 핵심 역할을 했다. 실제로 한국은 하향식 수출 주도형 경제를 추구한 국가 주도 개발 모델을 발전시켰다(Lee and Kim, 2010; Kwon and Kim, 2014; Ryoo and Jin, 2020). 한국의 개발주의는 대기업과 함께 경제 발전을 촉진하기 위해 정부의 개입을 수반한다. 한국 정부는 정부의 역할을 축소하면서 민간 부문 확대를 강조하는 신자유주의적인 경제 정책을 펼쳐왔음에도 불구하고, 개발 중심적인 패러다임을 포기하지 않고 AI 관련 기술과 사업들을 지원하는 방향으로 필수 정책을 지속적으로 발전시켜 왔다(McChesney, 2008).

여러 부처에서 소규모 AI 정책 개발이 진행되고 있는데, 최근의 정책 조치 중 하나가 2019년 12월에 발표한 'AI 국가전략'이다(The Korean Government, 2019a). 이 전략 아래, 한국은 메모리칩의 힘을 활용하여 세계에서 가장 경쟁력 있는 AI 칩 산업을 구축할 계획이다. 새로운 반도체는 처리 속도가 25배이고 소비전력은 기존 집적회로의 1,000분의 1에 불과하다. 한국 정부는 이 계획이 차세대 기술의 성장을 자극하고 지속할 수 있는 산업, 사회, 정부 생태계를 조성하고, 2030년까지 455조 원(3,890억 달러)의 경제 성장을 잠재적으로 증가시킬 수 있도록 도울 것이라고 말했다. 최기영 과학기술정보통신부 장관은 기자간담회에서 "최신 AI 전략은 경쟁사와 효과적으로 경쟁하고 기술 변화에 신속하게 대응하기 위해 우리나라의 기존 강점을 최대한 활용하는 데 초점이 맞춰져 있다"라고 말했다(The Korean Government, 2019a). 그러나 이 국가전략은 이전 정부와 큰 차이를 보이지 않으며, 문화와 디지털 플랫폼, AI의 융합을 강조하지 않는다.

그럼에도 불구하고, 한국 정부는 디지털 플랫폼 및 문화산업 분야와 관련된 세 가지 주요 AI 관련 이니셔티브를 개발했다. 제1장에서 간략하게 설명했듯이 딥마인드가 개발한 알파고가 바둑에서 이세돌을 물리치면서 충격을 받은 한국 사회는 AI의 미래에 대한 중요성을 인정해야 했다. 행사 직후 미래창조과학부는 2016년 'AI 정보산업 발전전략'을 수립했다(Government of the Republic of Korea Interdepartmental Exercise, 2016). "지능정보 사회에 대비한 중장기 마스터플랜: 4차 산업혁명 관리"라는 제목의 정책보고서는 클라우드 컴퓨팅, 빅데이터 분석, 모바일 등 다른 융합 기술과 함께 AI가 우리나라 산업체계를 재편하는 데 어떤 역할을 하는지에 초점을 맞추고 있다.

이 보고서는 30년이라는 기간으로 기술, 산업, 시민사회가 협업할 수 있는 틀을 제공하는데, 이는 유망하지만 실용적이지는 않다. 유용하게 보이는 이 계획은 한국 정부의 AI에 대한 기본 접근 방식을 반영한 것으로, 2018년 11월 문재인 대통령(임기: 2017~2022)이 설립한 대통령 직속 4차산업혁명위원회PCFIR를 통해 보다 구체적으로 재조명된다. "민간 부문이 주도하고, 정부가 지원한다"는 모토 아래 운영되는 PCFIR는 관련 부서의 장관 5명과 총 25명의 회원(Asia Pacific Foundation of Canada, 2019: 24)과 함께 민간 부문 리더 및 학계의 명부를 갖추고 있다. 첫 번째 주요 AI 관련 정책으로서, 그것은 확실히 독특한 한국식 하향식 구상을 보여준다.

지능정보 사회를 대비한 중장기 마스터플랜은 주로 생활양식과 생활환경은 물론 인력·경제와 관련된 AI의 다양한 시사점을 논의한다. 보고서에 정의된 전략은 기업과 시민이 주도적인 역할을 수행하고 정부와 연구 공동체가 지원을 제공하는 등 민관 파트너십 기반의 지능형 정보사회를 육성하는 몇 가지 핵심 이슈를 강조한다. 즉, 이렇게 기업과 시민이 주가 되는 전략은 산업 경쟁력과 사회보장을 강조한다(Government of the Republic of Korea Interdepartmental Exercise, 2016). 그 같은 전략은 기술의 개발과 산업의 증진, 교육 개혁을 위한 적극적인 절차 및 구체화된 정책 목표와 과제에 대한 정의로 이어졌다. 이러한 근본적이고 기초에 근거한 전략 계획을 바탕으로 한국 정부(The Korean Government, 2019b)의 다양한 부처가 다양한 이니셔티브를 개발했다. 2019년에는 미래부를 비롯한 여러 부처가 "데이터, AI 경제 활성화 계획"이라는 5개년 계획을 수립했다. 이번 정책수단은 한국적 맥락에서 4차 산업혁명의 성공이 시장성 있는 고품질 데이터, 첨단 AI 기술, 빅데이터와 AI의 생태적 융합에 달려 있음을 강조한다.

이런 상황에서 한국 정부는 2018년 140억 원에서 2023년 300억 원으로 데이터 시장 개발을 목표로 하고 있고, AI와 데이터 분야 종사자 수는 현재 300여 명 수준이다. 정부는 특히 2023년까지 빅데이터 센터 100곳과 빅데이터 플랫폼 10곳을 구축하는 한편, 데이터, 알고리즘, 컴퓨터 전력 등 관련 서비스를 기업에 제공하는 거점을 개발할 계획이다. 아마존, 구글, 페이스북(The Korean Government, 2019b) 등 글로벌 ICT·플랫폼 기업들과 업무 규모와 도달 범위가 비교가 안 되지만 2019년 1월 기준 삼성, LG, SKT, 카카오 등 여러 ICT·통신 기업이 국내 AI 개발을 주도하고 있다.

AI 시대에 한국 정부의 지속적인 개입은 한국 정부가 지배구조의 주관자일 뿐 아니라 사회경제적 행동의 조정자로 남아 있음을 분명히 시사한다(Lee, H.K., 2019: 146~147). "문화는 통계적인 이데올로기적 선전으로부터 분리되었다. 그러나 그것은 여전히 국가의 생존, 번영, 성공을 위한 결정적 요소이자 전략으로 받아들여졌다". 이러한 관점에서, "본질적으로 문화를 도구로 바라보는 시각은 다른 해석의 여지가 없다. 국가가 문화를 직접적으로 규제하려 했던 방식은 보다 거리를 두고 규제를 하는 방식으로 바뀌긴 했지만, 국가와 대중 간 거리는 실제로 그리 멀지만은 않다". 특히 풍부한 연구개발R&D 투자가 필요한 디지털 기술은 국가경제의 동력이기 때문에 정부가 그냥 내버려둘 수 없다. 문화산업에서 증명되었듯이, 한국 정부는 법적·재정적 자원을 통해 문화 생산을 지속적으로 지원해 왔으며, 이제 신자유주의 시대의 발전적 접근을 실현하고 있다.

한편, 싱가포르는 개발주의 모델을 취했다. 싱가포르는 2019년 11월 '국가 AI 전략'을 발표했고, AI의 개발, 사용, 거버넌스에 대해 전 국민적인 접근법을 취하고 있다. 이러한 접근은 강력한 관료주의와 국가 조정에 긍정적인 실적이 쌓임으로써 가능해졌다. 싱가포르의 스마트 국가 이니셔티브인 '스마트 네이션'은 정부 산하의 새로운 AI 사무소NAIO를 출범시켜 국가 AI 전략NAIS을 담당하도록 했다. 싱가포르는 강력한 하향식 관료제를 통해 작은 규모와 조정 능력을 활용하여 응용 중심 접근 방식을 채택했다. 싱가포르 정부는 개발 국가라고 알려진 중앙집중식 조치를 통해 사회-경제적 개발 의제를 성공적으로 이행했지만, 이 모델은 혁신을 저해한다는 비판을 받아왔다(Kim and Loke, 2019).

앞서 글로벌 사우스에서 언급된 이 국가들은 확실히 국가경제를 위해 다른 방식으로 개발주의에 의존했고, 그들은 다시 한번 하향식 AI 이니셔티브를 발전시켰다. AI의 영역에서, 그들은 뒤처지는 것을 원하지 않는데, 이것은 그들이 AI를 추진하는 주요 이유 중 하나이다. 그러나 몇몇 예외적인 경우를 제외하고 이들 국가는 AI와 문화의 연관성에 초점을 맞추지 않았다. 중요한 것은 디지털 플랫폼을 비롯한 미디어와 문화가 AI가 대규모로 발전할 수 있는 가장 중요하고 큰 산업의 일부라는 점이다. 따라서 글로벌 노스와 글로벌 사우스의 몇몇 정부는 21세기 초에 미디어와 문화 영역에서 AI의 사용에 점차 초점을 맞추었다.

반신자유주의 AI 정책과 미디어 문화

글로벌 노스와 사우스의 여러 국가는 AI 성장을 비롯한 유관 분야에 깊이 관여하고 있는데, 디지털 경제에서 AI가 주도적인 역할을 수행하고 있기 때문이다. 그러나 앞 절에서 논의했듯이, 이들 정부는 AI 관련 미디어·문화 산업의 성장에 따라 관심을 두지는 않았다. 이들 산업이 우선순위는 아니었기 때문이다. 그럼에도 일부 국가에서는 미디어·문화 부문에서 AI의 역할이 강조되고 있기는 하다.

이 가운데 한국 정부는 AI와 대중문화의 융합의 중요성을 인정하고 디지털 플랫폼과 문화 분야에서 여러 AI 정책을 개발했다. 예를 들어 대중음악이나 영화, 웹툰 등 문화산업의 여러 기업들이 AI 관련 기술을 생산과 소비에 모두 아우를 수 있도록 사업 전략을 계속해서 발전시켰다. 한국에서 스마트폰, 디지털 게임, 웹툰의 성장과 함께 디지털 한류韓流가 빠르게 증가해 왔으며(Goldsmith et al., 2011; Jin, 2016), 문화와 AI의 융합은 자연스러운 방향이다. 캐러미오 외(Caramiaux et al., 2019: 6)는 "미디어와 문화 산업에서 AI를 수반하는 적용 범위가 커지고 있다"라고 지적했으며, 한국은 미디어·문화 산업의 AI 적용에서 선두를 달리고 있다.

한국의 문화산업계와 정부가 AI를 기반으로 문화 생산 분야에서 협력관계를 발전시켰는데, 이는 한국 정부가 추구하는 발전적 정책기조를 감안할 때 놀라운 일이 아니다. 2018년 문화체육관광부(The Ministry of Culture, Sports, and Tourism, 2019a)는 문화기술 분야 연구개발의 중요성을 강조하고, 특히 4차 산업혁명의 핵심 기술인 AI, 가상현실VR, 증강현실AR 등을 접목해 지능형 콘텐츠나 초현실 콘텐츠 창출에 대한 투자 강화에 초점을 맞추었다. 이 부문의 R&D 총액은 5,610만 원으로 전년도의 3,430만 원보다 증가했다.

문화체육관광부(The Ministry of Culture, Sports, and Tourism, 2019b)는 2019년 1월 '제3차 문화기술 R&D 기본계획'을 발표하면서 문화 기획 창조, 지능형 콘텐츠 제작, 참여형 문화 나눔, 경험의 문화 격차 해소, 지식재산권 강조 등 여러 핵심 의제를 담았다. 문화 기획 창조는 AI와 연계해 필요한 기술을 개발해 정부가 지원하는 주요 분야로 파악된다. 문화산업의 많은 부분이 방송, 영화, 게임, 웹툰의 영역에서 내레이션과 스토리텔링에 크게 의존하고 있기 때문에 이것은 특히 중요하다. "스토리는 경험의 뼈대로 남아 있다". 또한 "디지털 스토리텔링은 오늘날의 크리에이티브 산업에서 새로운 디지털 미디어의 핵심이며 여러 플랫폼에 대해 다양한 형식으로 이야기를 전달하는 능력이 점점 더 중요해지고 있다"(Caramiaux et al., 2019: 17). 이 맥락에서 중요한 것은 AI가 디지털 사회에서 점점 더 많은 역할을 한다는 것이다.

한국 정부(The Korean Government, 2019b)도 데이터마이닝과 AI가 지원하는 문화유산과 전설에 뿌리를 둔 데이터베이스를 개발해 대중문화의 원천으로 풍부한 스토리를 확보할 계획이다. 사물인터넷IoT과 AI가 지원하는 양방향 정보통신 제공 문화 큐레이션 시스템 개발도 목표로 하고 있다. 그러나 확실한 것은 이러한 개발들이 문화산업 기업들과 문화 창작자들이 혜택을 받을 수 있는 실현 가능한 계획을 보여주지 않는다는 것인데, 정부 계획과 기업 관행이 실질적이고 가시적인 지원 방법을 제공하지 않기 때문이다.

필요성이 임박하자 한국콘텐츠진흥원은 2017년 10월, AI를 비롯한 신기술의 영향을 주제로 넥스트 콘텐츠 콘퍼런스를 개최했다. 하지만, 몇몇 참가자들은 정부의 기대와 달리 사람들의 복지와 문화적 다양성을 증진하기 위한 계획이 부족하다고 지적했다. 레브 마노비치는 기조연설 중에 2000년대 후반부터 케이팝K-pop이 부상하면서 한국의 엔터테인먼트 산업이 성공을 거두었고, 글로벌 소셜미디어 플랫폼들이 주목했다고 언급했다. 또한 그는 한국의 영화산업 역시 성공 가도를 달리고 있다고 언급했다. 마노비치는 산업화된 문화는 사장되어야 하고, 재능 있는 한국인들에게 문화가 산업화되지 않으면서 번영할 수 있는 방법을 고안하길 촉구했다(Doo, 2017).

마노비치가 요구한 것은 산업으로서의 문화의 종말이다. 그는 정보통신기술ICT과 문화산업에서 AI의 중요성을 강조하지만, 문화를 일반 상품으로 취급

할 수 없다는 점을 분명히 주장했다. 이에 앞서 마노비치(Manovich, 2012: 470)는 이미 빅데이터에 대한 사회정의 문제를 제기했다. 그는 AI의 일부인 빅데이터가 새로운 사회계급을 만드는데, "사람과 조직이 세 가지로 분류"된다고 주장하면서, 세부적으로는 "① 의식적으로 디지털발자국을 남겨서 데이터를 생산하는 사람들, ② 그러한 데이터를 수집하기 위한 수단을 소유한 사람들, ③ 그러한 데이터를 분석하는 전문성을 가진 사람들"로 나뉜다고 말했다. 크리스천스(Christians, 2019: 8~9)가 적절하게 표현했듯이, "빅데이터 시대의 사회계층 구조가 보여주는 것은 디지털 불평등을 초래하는 새로운 사회적 계급이다". 이로 인해 소비자들의 동의 없이 사생활 침해를 하거나 시장을 교란시키는 등의 윤리적 문제들이 야기된다. 같은 콘퍼런스에서 정취안잔 텐센트연구소장은 "AI는 중국 콘텐츠 산업에도 파문을 일으키는 중이다. 중국에서는 AI가 기사도 쓰고, 시도 쓰고, 그림도 그린다. 그러나 결국 AI는 인간이 프로그래밍하는 알고리즘과 데이터를 갖는 것일 뿐이다"라며 흥미로운 생각을 내비쳤다(Doo, 2017).

학계뿐만 아니라 산업계 역시 공통적으로 창의력과 같이 인간이 중심이 되고, 인간만 할 수 있는 것들을 강조한다. 대중문화는 그런 측면에서 "인간의 천재적이면서 대체 불가능한 표현력, 타고난 창의력과 발명 능력, 자기 결정권 및 인권"을 포괄한다고 할 수 있다(Merkie, 2018: 1). 제2장에서 논의한 바와 같이, AI는 인간 두뇌가 갖고 있는 기능의 일부를 대체하는 시스템으로 설명된 바 있다. 대중문화는 다른 분야와는 다르게 합리성으로 축소되지 않는 인간성의 범주에서 작동되는 분야이다. 문화는 "시민들의 적극적인 참여와 창의성, 따라서 생산의 다양성"을 자극한다(Merkie, 2018: 2). 오레건과 골드스미스(O'Regan and Goldsmith , 2006: 70)도 "문화 생산을 위한 여러 직간접적인 지원은 정부의 오랜 정책 과제였으나 여러 정부들이 변화가 요동치는 시장 상황과 국가에 필요한 새로운 정책 우선순위 등을 동시에 고려해야 했기 때문에 문화 생산 부문을 지원해야 한다는 압박을 벗어날 수 없었다"라고 주장했다. 문화산업에서는 잘 준비된 문화 정책이 AI 주도 문화 생산의 성장을 위한 핵심 요소가 될 것이다.

　일부 국가와 그들 문화산업은 이런 문제에 집중하지 않고 언제나 그랬듯 경제적인 효용성을 가장 우위에 놓고 있다. 비대칭 성장과 사회문화적 불평등, 다양성 부족 등을 개발 시대에 문화정책과 맞물린 경제 중심의 문화 생산이 불러왔다는 사실을 이전의 부정적 경험에서 배우지 못한 듯하다. AI 시대의 문화 정치는 지원책뿐만 아니라 문화민주주의와 다양성을 확보하기 위한 정책에도 초점을 맞춰야 한다.

　빅데이터와 같은 다른 분야의 AI는 소수의 기업, 특히 문화 분야의 디지털 플랫폼에 의해 지배되고 있다. 스티글리츠(Stiglitz, 2019)가 지적한 바와 같이,

> 이러한 거대 기업들은 자신들의 시장 권력을 이용해서 다른 사람들의 희생을 대가로 몸집을 불렸다. 그들은 새로운 기술의 도움으로 대규모 차별을 할 수 있고, 실제로 그렇게 하고 있다. 그 결과, 시장에서 수요와 공급이 일치하여 발생하는 가격이 아니라 고객 각자가 기꺼이 지출할 수 있는 최대의 가격으로 알고리즘이 시장가격을 결정한다.

　AI 시대에, 사람들은 AI에 의해 부정적인 영향을 받을 수 있으므로, 정부가 인간을 보호하고 그들에게 다른 기회를 제공하는 것이 중요하다. 미디어와 문화는 특히 예외적인데, 정부의 지원을 필요로 하고 또는 요구하는 사람들의 창의성과 다양성에 크게 의존하기 때문이다. AI는 이미 미디어와 문화 산업에 진출했으며, 정부는 창의성, 다양성, 문화적 평등을 보호하기 위해 관련 정책 조치를 개발해야 한다. 물론, 정부는 여전히 경제적 이익도 고려해야 한다. 이두 가지 다른 목표를 모두 달성하는 것이 쉽지 않겠지만, 정부와 문화 창작자

들이 함께 인간 중심 규범을 개발한다면, 그들은 불필요한 사회문화적 위험을 줄일 수 있을 것이다. 신자유주의 규범은 인간을 배려하지 않고 단순히 기업의 금전적 이익만 챙겼는데, AI는 새로운 디지털 기술과 연계해 인간이 존중받고 보호받는 반反신자유주의 성향을 키울 것을 요청한다. 이것은 가장 최신의 디지털 기술인 AI가 공정성, 정의 그리고 인간의 창의성을 강조하면서 정부가 발전모델을 취하도록 흥미롭게 만들었음을 암시한다.

AI 시대 인간 중심 규범의 필요성

미디어와 문화 분야에서 AI가 점차 주역이 되어가고 있으며, 제4장에서도 볼 수 있듯이 가까운 장래에 문화 생산에서 AI의 역할은 더욱 커질 것이라는 데에는 의심의 여지가 없다. 빅데이터와 알고리즘을 통해 AI는 미디어와 문화를 지속적으로 변화시켜 관객들이 문화 콘텐츠에서 비즈니스 모델에 이르기까지 전례 없는 새로운 형태의 문화를 경험할 수 있도록 할 것이다. 미디어와 문화에서 AI의 참여 정도는 그 복잡성과 속도 때문에 예측할 수 없다. 그러나 간단히 말해서, AI가 미디어와 문화 산업의 주요 구성 요소가 될 것은 확실하다. 다시 말하지만, 미디어와 문화는 자동차, 화학, 스마트시티 프로젝트 등 다른 산업과 달리 대부분 인간의 활동이었기 때문에, 이것은 AI가 인간 창작자와 노동자를 대체한다는 것을 의미하지는 않는다. AI는 대부분의 경우 인간을 대체하는 대신 인간과 협업해야 하기 때문에, 많은 국가의 정부 AI 정책은 AI와 대중문화의 밀접하고 협력적인 관계를 강조해야 한다. 대중문화는 세계 곳곳에서 "다양한 문화유산의 보호와 증진을 가능하게 하는 AI 기반 시스템과의 놀라운 협력"에 적합하다. "지금 현재 AI가 적용된 대부분의 분야는 예측 가능한 범주에 있으며, 대부분이 일상생활과 밀접하게 연결되어 있다. AI는 인류의 유산을 보존하고 발전시키는 데에 큰 도움이 될 수 있다"(Merkie, 2018: 2~3).

대중문화는 사람들의 감정과 직결되기 때문에 생각보다 복잡하다. 미디어와 대중문화는 다른 산업과는 근본적으로 다르다는 이야기인데, 이는 미디어와 문화 생산의 전반에 감정과 창의력이 막대한 영향을 미치기 때문이다. ≪하버드 비즈니스 리뷰Harvard Business Review≫(Kosslyn, 2019)가 지적한 바와 같이, 일상적이지 않은 두 가지 작업, 즉 감정과 맥락은 자동화하기 어려운 것으로 보인다. 한편, 감정은 인간의 의사소통에서 중요한 역할을 한다. 그것은 사실상 모든 형태의 비언어적 의사소통과 공감에 관여한다. 게다가 대중문화는,

> 또한 우리가 저녁 늦게가 아니라 지금 당장 관심을 가져야 할 것을 결정하는 데 중요한 역할을 한다. 감정은 복잡하고 미묘할 뿐만 아니라 우리의 많은 결정 과정과도 상호작용한다. 감정의 기능은 과학적으로 이해하기 어려운 것으로 입증되었으며(진전은 있었지만), 자동화된 시스템으로 구축하기 어렵다(Kosslyn, 2019).

한편, 인간은 결정해야 하는 상황이거나 타인과 상호작용할 경우, 여러가지 맥락을 고려할 수 있다. 여기서 맥락은 무엇이든 될 수 있기 때문에 상당히 흥미롭다. 예를 들어 새로운 담론이 형성되면 이 맥락은 사람들이 행동하는 양식을 바꿔버린다. 맥락의 변화는 이제껏 보지 못했던 새로운 요소를 보게 할 수도 있고, 기존 방식에 존재했던 것들을 재구성할 수도 있다. 머신러닝에서 맥락은 문제가 되는데, 서로 다른 맥락에서 만들어진 데이터세트들이 동시에 작동하기 때문이다. 그렇기 때문에 여러 맥락을 살펴보는 것이 자동화의 최대 과제일 수 있다. 감정을 관리하고 활용하는 사람들의 능력과 맥락의 영향을 고려하는 능력은 비판적 사고, 창의적 문제 해결, 적응적 학습 및 적절한 판단의 핵심 요소이다. 그러나 머신러닝이 이러한 인간의 지식 및 기술과 경쟁하

는 것은 매우 어려운 것으로 입증되었다(Kosslyn, 2019).

　미디어와 문화는 다른 산업과 달리 AI로 쉽게 대체할 수 없는 살아 있는 인간의 상태에 근본적으로 뿌리를 두고 있다. 인터넷과 스마트폰을 비롯한 여러 주요 디지털 기술에 의해 추진되는 디지털 변혁이 시작된 것이 현실이지만, 우리는 아직 AI를 활용한 디지털 변혁의 초기 단계에 있다. AI 디지털 변혁의 시대가 도래하고 있지만, 인간과 조직을 따라잡지는 못할 것이다. 즉, AI는 기계가 인간을 지배하는 것이 아니라 기계와 인간이 함께 일하는 것이다. AI는 인간에게 통찰력과 관점을 제공하지만 판단력과 창의력은 제공하지 않는다. 창조하고 판단하는 일은 여전히 사람들이 하는 일이다. 사람들이 인간의 창조성과 열정을 기술과 결합할 때, 이것은 궁극적으로 인류의 도전을 해결하고 세상을 바꿀 수 있다는 흥분을 만들어낸다. 머신러닝의 균형을 맞추는 것은 사람들이 스스로 학습기계가 되어야 한다는 것을 의미한다. 사람들은 자신이 세상과 단절되도록 놔둘 수 없고, 그렇기 때문에 지적 활동을 통해 상호 연결될 수 있도록 자신만의 방식을 찾아야 한다. 이 과정에서 사람들에게 지적 호기심 및 자기 계발을 향한 욕구를 유지할 것이 요구된다(Deyo, 2017). AI 알고리즘은 "인간처럼 옳고 그름을 구별하는 능력이 없다"라는 말은 다음을 의미한다. "우리가 윤리적 규범에 어긋나게 행동하기로 결정했을 때에도 인간은 우리 행동의 도덕성을 판단할 수 있다. 그러나 알고리즘의 경우 데이터가 그것을 판단하는 결정적 요소이다"(Dickson, 2018).

　따라서 우리가 해야 하는 것은 인간과 AI 사이의 창조적이고 건설적인 관계 구축이다. 다시 말하지만, 미디어와 문화는 사람들의 감정, 느낌 그리고 창의성을 반영하기 때문에 독특하다. AI는 단순히 인간을 제치고 대체자가 될 수 없다. 대신 AI는 주요 행위자 중 하나로 인간과 기술 간, 문화 창작자와 소비자 간 문화 생산의 전 과정을 적극적으로 매개한다. 인간을 대체하는 것과 과정을 매개하는 것은 같은 것이 아니다. MIT 정보시스템연구센터의 수석연구과

학자 쟌 로스(Jeanne Ross, 2017)가 말하듯, AI 구현을 추구하는 미디어 및 문화 산업 기업은 AI 구현의 근본적인 결함을 인식할 필요가 있다. 로스(Ross, 2017)에 따르면, AI를 "순전히 비용을 절감할 목적"으로 보는 기업들은 "잘못된 장소와 방식으로 AI를 적용할 가능성이 높다". 많은 기업들이 AI가 인간 노동자를 대체할 것으로 오인하고 있으나, 이는 있을 수 없는 일이고, 미디어·문화 분야에서도 가능한 일이 아니다.

인터넷과 스마트폰을 포함한 여러 가지 다른 디지털 기술이 있음에도 불구하고 지난 수십 년 동안 인간은 생산에서 유통, 소비에 이르기까지 문화 생산의 주요 주체였다. 많은 엔지니어와 과학자들은 AI의 급속한 발전을 목격하면서 AI가 컴퓨터 시스템에서 '인간과 같은' 행동을 달성할 수 있는지에 대한 질문에 초점을 맞추고 있다. 미디어와 문화 분야에서는 AI가 장기적으로 인간을 대체할 수 있을지가 관건이다. 그러나 두 질문 모두 미디어와 대중문화에서 AI의 역할을 이해하는 데 충분하지 않다.

다른 주요 산업과 달리, 미디어와 문화는 인간과 그들의 창의성 없이는 번창할 수 없다. 문화는 일방적인 것을 의미하지 않는 대신 인간의 상호작용, 인간과 기술의 상호작용, 인간과 문화의 상호작용으로 구성되어 있다. 대부분 사람들의 창의력, 감정, 느낌, 의견 등 인간의 구성 요소들 없이는 대중문화의 진정한 의미를 성취할 수 없다. 단순히 미디어와 문화에서 증가하는 AI의 역할을 당연하게 여기지 말고 인간 중심의 AI 생태계 조성을 개발하고 이해하는 것이 중요하다. 건켈(Gunkel, 2020: 276)은 "로봇과 AI는 각자 스스로를 책임지는 독립체로 인식된다기보다는 기존 규칙을 잘 따르고 프로그램된 환경에서만 작동되도록 설계된 것"이라고 주장했다. 결과적으로,

> 이러한 감정의 부족은 그들을 비도덕적인 행위자, 즉 도덕적 관심사에 의하
> 지 않고 규칙을 따르는 행위자로 만들 것이며, 그들은 심지어 무엇이 가치

있는지 분별할 수 있는 능력도 부족할 것이다. 그들은 도덕적으로 맹목적일 것이다. 이러한 로봇과 AI에 완전한 독립성(인간의 외부 통제 부재)이 부여된다면, 완전한 도덕적 기관의 또 다른 조건인 그들은 인간과 다른 실체에 위험을 초래할 것이다(Coeckelbergh, 2010: 236).

여기서 중요한 것은 인간이 AI와 협력해 도덕성과 인간 중심적 감정과 느낌을 포함시켜야 인간과 AI가 함께 협력해 기술적 기능성과 휴머니즘적 가치를 대중문화에 모두 반영할 수 있다는 점이다. 스티글리츠(Stiglitz, 2019)가 주장하듯이, "AI와 로봇화는 미래 성장의 엔진으로 칭송받고 있다. 그러나 현재의 정책과 규제 체계하에서, 많은 사람들은 새로운 일자리를 찾기 위한 정부의 도움을 거의 받지 못하고 일자리를 잃을 것이다". AI와 디지털 플랫폼은 현대 자본주의에서 그들의 사명을 완수하며 매개자 역할을 계속해 왔다. 그러나 오직 인간만이 공공정책의 도움으로 미디어와 대중문화의 영역에서 AI와 디지털 플랫폼을 중재할 수 있다. 대중문화의 영역에서 AI 정책을 고려할 때 정부와 디지털 플랫폼은 대중문화 증진을 주로 고려하여 그 규범을 발전시켰다.

결론

제3장은 플랫폼과 문화산업에서의 AI 거버넌스 관련한 유의미한 발전을 분석하고 정부의 실용적 지원뿐만 아니라 공공과 민간 부문 간의 관계에 대한 의문을 제기했다. 이 장에서 살펴본 사례들은 신속하면서도 광범위하게 AI 관련 신기술을 개발하고 채택하여 거버넌스를 추진해 왔다. 몇 년 사이 현대사회는 특히 뒤처지지 않기 위해 AI와 빅데이터 중심 산업 시스템으로 이동했다.

글로벌 노스에서 글로벌 사우스에 이르기까지 AI 분야의 몇몇 선도국·신흥

국들이 신자유주의 흐름과 대조적으로 디지털 신기술의 고도화뿐만 아니라 AI와 관련된 새로운 정책수단을 수립했다. 전 세계 여러 나라가 관련 정책 메커니즘을 만들고 AI 관련 산업에 투자했다. AI는 디지털 경제에 미치는 영향이 크고, AI, 빅데이터, 알고리즘에 초점을 맞춘 4차 산업혁명으로의 이행으로 정부가 쉽게 무시할 수 있는 것이 아니다. 민간기업과 함께 정부들은 21세기 초 신자유주의에 반대하는 규범을 상징하는 그들의 재정적·법적 메커니즘을 통해 AI를 발전시켜야 했다.

물론, 소수의 민족국가만이 AI 관련 문화 생산을 지원하기 위해 문화 정책을 개발했다. 미디어와 대중문화에 대한 그들의 관심은 몇 가지 예외를 제외하고는 중요하거나 실용적이지 않았다. 그들이 이해하지 못하는 것은 미디어와 대중문화가 국가경제, 특히 디지털 경제에서 2차 분야가 아니라는 것이다. 문화산업 자체가 국가경제에서 가장 큰 부문 중 하나가 되었고, 다양한 조치를 통해 정부의 지원을 요구하는 디지털 경제의 한 부분으로 AI 구현이 급증하고 있다. 미디어와 대중문화는 적절한 문화 정책 없이는 AI 자체의 성장과 문화 생산 관여를 이행할 수 없기 때문에 정부로부터 재정적·법적 지원을 확보할 필요가 있다. 디지털 플랫폼과 문화산업 기업들도 생산에서 유통까지 AI 중심의 문화 생산을 앞당기기 위한 기업 정책을 개발할 필요가 있다. 정부는 이 필요성을 인정하고 AI가 주도하는 문화 생산에 투자했다. 그러나 문화 영역에 대한 정부의 개입 속도는 느리고, 아직 대부분의 민족국가에서 실용적이지 않다.

정부와 기업은 앞으로 AI와 대중문화 간 유용한 관계를 만들기 위한 공공부분과 기업의 정책 메커니즘 구축으로 나아가야 한다. AI 시대의 문화 정책은 21세기 초 디지털 문화와 경제를 발전시키는 문화 생산에서 인간과 AI의 협력적이고 긴밀한 관계에 초점을 맞추어야 한다. 정부도 AI를 보유한 자와 AI를 보유하지 않은 자의 비대칭 권력관계를 해소하는 한편, 공정성과 정의를 선진화하기 위한 법적·윤리적 차원 등의 문화 정책을 개발할 필요가 있다. 정부와 기업 그리고 일반 소비자들까지도 실질적인 정책 제안이 이루어지고, 실행이 되도록 이끌어내야 하며, 이는 결국 "문화산업 전반을 보다 활기차게 만드는 일에 기여하는 것이고, 산업의 다양하고 풍부한 생태계 구축에 이로울 수 있다"(Kulesz, 2018b: 83). 이미 미디어·문화 부문의 디지털 플랫폼 및 미디어 대기업들이 AI 친화적인 정책 매커니즘을 통해 상당수 이득을 보고 있기 때문에 향후 이들 대기업이 더 많은 이익을 취할 수 있다는 점을 인지하는 것 역시 중요하다. 반신자유주의의 규범하에서 국가의 개입이 단순히 소수의 대기업들만 지원하는 방향이 아니라 중소 벤처기업 및 일반 소비자들 역시 국가의 개입으로 혜택을 누릴 수 있어야 한다.

제4장

AI와 문화 생산

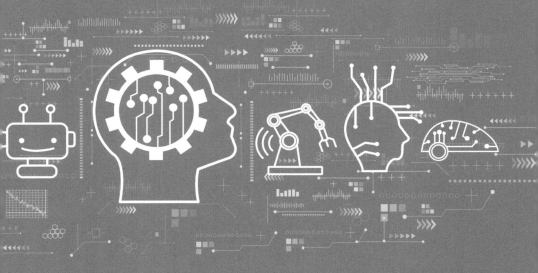

서론

2020년대, 사람들은 디지털 기술이 사람들의 일상 활동뿐만 아니라 문화 생산에 영향을 미치고 있는 세계에 살고 있다. 10여 년 전과 다른 점은 전통 문화산업뿐 아니라 넷플릭스, 디즈니플러스, 아마존프라임 등의 OTT 서비스 등 디지털 플랫폼과 연결된 AI가 문화 생산 변혁의 주요 도구라는 점이다. 2010년대 후반과 2020년대 초반 대중문화에서 AI의 채택은 현실적일 뿐만 아니라 초현실적이다. 빅데이터와 알고리즘이 지원하는 AI가 문화 콘텐츠의 제작과 유통에 중추적인 역할을 해왔기 때문에 문화산업 기업과 문화 창작자들은 AI의 대중문화 생산 가능성에 빠르게 주목하고 있다. 영화 예고편부터 웹툰까지 문화 생산에서 AI의 활용이 계속 증대하고 있다. AI는 문화 개발, 생산, 데이터 분석의 전 과정에 사용될 수 있는 가장 다재다능한 디지털 기술 중 하나이다.

2010년대 중반 이후 문화 콘텐츠 제작에서 — 디지털 게임에서 이미 입증되었거나 다른 영역에서 잠재적으로 성장할 수 있는 AI의 중요한 역할로 인해 — 여러 학술 연구가 AI와 대중문화의 융합에 관심을 기울였다. 즉, AI와 대중문화의 융합이 증가하고 있음을 반영하듯 이미 여러 학자들이 사진(Manovich, 2018), 디지털 게임(Yannakakis and Togelius, 2018; Togelius, 2019), 자동화 시스템과 노동(Andrejevic, 2020) 등 다양한 주제에 초점을 맞추어 문화 생산에 대한 분석을 개발했다. 이들의 강조점은 동일하지는 않지만, 문화 생산에 AI가 활용될 수 있는 가능성,

그리고 이 과정의 실현에 공통적으로 초점을 맞추고 있다. 문화산업에서 현재 개발 중인 것과 향후 제도적 형태와 관련된 AI의 사회적 영향력은 문화산업에 종사하는 기업과 창작자 모두에게 중요한 의제로 부상했다.

이 학문적 연구들이 증명하듯이 AI는 이미 영화부터 디지털 게임, 음악까지 몇몇 주요 문화 분야에서 문화 생산의 일부가 되었다. AI는 또한 문화 창작자들이 함께 일해야 하는 가장 신뢰할 수 있는 디지털 기술 중 하나가 될 것으로 기대된다. 제1장에서 정의한 바와 같이 이 책에서 문화 생산은 문화상품의 실제 생산을 좁게 지칭하는 것이 아니라 AI 활용에 내재된 대중문화의 생산·유통·소비 등 전반적인 과정을 의미한다. 과정의 복잡성으로 인해, 다음 장들은 대중문화의 생산(제4장), 유통(제5장), 소비(제6장)로 과정을 나누었으며, 각 부분이 밀접하게 연결되어 있는 전체 과정의 순환고리를 이해할 수 있도록 했다.

제4장에서는 AI와 대중문화 융합의 복잡성과 특수성을 다루면서 AI와 빅데이터가 맹활약하는 글로벌 문화산업에 대한 새로운 통찰력을 제공하고자 한다. 영화, 음악, 디지털 게임, 웹툰 등 대중문화 및 생산에서의 AI와의 연관성을 살펴본다. 글로벌 문화산업 기업이 AI 기업과 어떻게 제휴했는지 지도화해 글로벌 노스와 글로벌 사우스의 AI 지원 문화 생산을 비교하여 AI 지원 문화 콘텐츠를 추구하는 이유를 파악한다. 마지막으로 AI와 대중문화의 만남이 문화적 민주화와 창의성을 발전시켰는지 여부를 논의한다. 이처럼 문화 생산 및 문화산업에서의 AI 사용에 대한 이 특별한 논쟁에는 많은 이해관계가 있다. 따라서 AI 발전과 현대 대중문화의 정치 경제 사이의 관계를 조사하는 것이 중요하다.

AI와 대중문화의 생산

AI와 대중문화의 만남은 새로운 일이 아니다. 영화부터 음악, 한국의 웹툰에 이르기까지 문화 창작자와 기업은 새로운 문화 콘텐츠를 생산하기 위해 AI를 빠르게 채택했다. 프라이스워터하우스쿠퍼스는(PricewaterhouseCoopers, 2018: 19)는 미디어 및 엔터테인먼트 분야의 가장 중요한 신기술을 추리면서 150여 개 정도를 분석했는데, 앞으로는 미디어 및 엔터테인먼트 분야를 넘어서서 기업들이 세우는 기술 전략이 중요해지면서 AI가 이들 분야 이외에서도 기업의 기술 전략을 통제할 것이라고 내다보았다. 따라서 "AI는 엔터테인먼트 및 미디어와 관련된 모든 유형의 기업에 광범위한 영향을 미칠 것이며, 업계의 새로운 전쟁터가 될 것"이라고 예측한다. 한국전자통신연구원ETRI도 2019년 12월 「2020 AI 7대 트렌드: 인식을 넘어」 보고서를 발간했는데, ETRI가 예측하는 주요 트렌드 중 하나는 문화 창작, 소설, 그림, 영화 등에서 AI를 활용하는 것으로, AI가 문화 영역 내에 없어서는 안 될 구성 요소가 된다는 것이다. AI가 문화 창작에 미치는 영향은 많고 다양할 것이다. 예를 들어, 넷플릭스의 추천 알고리즘은 AI가 소비자 참여와 만족을 어떻게 구축하는지 보여주는 대표적인 예이다. 그러나 PwC와 ETRI가 주목하는 것은 생산이다. 그들은 향후 몇 년 동안 점점 더 많은 디지털 플랫폼, 통신 회사 및 방송사가 협력하여 유료 TV 및 스마트 홈 제품과 서비스를 위한 음성 제어 AI 비서 인터페이스를 출시할 것이라고 예측했다(PricewaterhouseCoopers, 2018). 흥미로운 점은 "AI와 자동화의 진정한 선구자는 과학이 아닌 문화"(Kulesz, 2018a: 3)라는 것으로, 미디어와 문화 산업은 문화 생산에 AI를 활용할 수밖에 없다는 것이다.

AI와 문화의 관계를 역사적 관점에서 살펴보려면, 인간형 기계로서의 '로봇'이라는 용어가 처음 등장한 문학작품을 살펴볼 필요가 있다. 체코의 극작가 카렐 차펙의 희곡 「R.U.R.」(1921)에서 '로봇'이라는 단어가 처음 등장했다.

이 작품은 섬에 있는 한 공장을 배경으로 하는데, 이 작품에서 체코어로 강제 노동이나 고역을 뜻하는 "로봇"이라는 단어가 쓰였다. "이 설정은 정신/육체 또는 주인/노동자, 너무 분명한 이분법이다. 로봇은 인간을 고된 노동에서 해방하기 위해 만들어졌지만, 오히려 억압받는 하층계급으로 전락했다"(Roberts, 2006: 243~244).

이처럼 100여 년 전에 "AI가 처음 희곡과 같은 대중매체에 등장한 이래로 기술의 보급과 활용은 지속적으로 확대되었다"(Tomlinson, 2018). AI는 1950년대 중반까지 공식적인 학문으로 형성되지 않았지만, 1927년 영화 〈메트로폴리스〉에 처음 등장하여 기술이 빈부격차를 심화하는 데 도움을 준 디스토피아 근미래 사회에 대한 이야기를 다루었고, 이것은 이 장르의 다른 영화들에 영감을 주었다. 〈아이로봇I, Robot〉(2004), 〈월-EWALL-E〉(2008), 〈모건Morgan〉(2016), 〈스타워즈Star Wars: 라스트 제다이〉(2017)를 포함한 21세기 초의 여러 영화와 〈블레이드 러너 2049〉(2017)도 AI를 확실히 묘사했다. 인간이 훨씬 더 오랫동안 AI의 가능성을 꿈꿔왔기 때문에 AI와 대중문화의 상호작용은 계속 커져왔다.

2010년대 후반부터 2020년대 초반에 이르기까지 문화 생산과 AI의 융합은 활발히 이루어지고 있다. 1999년에 창간한 문화와 이론에 관한 세계적인 오픈 액세스 저널인 ≪컬처머신≫(Culture Machine, 2019)은 2019년 12월 "기계 지능과 맥락: 기술적 서브라임을 넘어서Machine Intelligences in Context: Beyond the Technological Sublime"라는 테마로 원고를 모집했다. 이 특별호의 편집을 맡은 피터 제이콥슨, 앤 쿤 그리고 프레드릭 스티어슈테트는 일반 대중이나 창작자들이 인식하고 있는 데이터화된 사회에서 "AI는 이 사회의 선물이자 신이 내린 은총"이라는 입장을 취했다. "테크 업계나 세계정치에서 목격할 수 있듯이, 4차 산업혁명은 AI가 적극적으로 이끌 것이며, 결국 AI가 우리 삶의 면면에 깊숙이 파고들 것"이라고 편집자들은 덧붙였다.

대중문화 생산에서 AI의 역할이 증대하고 있음을 보여주는 몇 가지 중요한 문화상품이 있다. 창의성은 AI의 궁극적인 목표일 수 있으며, AI는 이미 팝 발라드를 쓰고, 위대한 화가들의 스타일을 모방하고, 영화 제작에서 창의적인 결정을 내리는 데 도움을 주었다(IBM, n.d.). 우리 현대 문화 분야는 AI의 새로운 시대로 나아가고 있으며, 문화 생산에서 AI의 채택은 급증할 것으로 예상된다. 그러나 모든 영화제작자와 음악가들이 자신의 작품에 AI 기술을 채택하지는 않는데, 자본, 기술 노하우 등 여러 한계로 인해 일부 기업이나 창작자들만이 이를 채택하여 활용할 수 있기 때문이다. 대중문화 생산에서 AI의 활용은 음악에서 영화까지 다양한 형태를 띤다.

무엇보다 AI를 비롯한 디지털 기술이 문화 현장을 크게 변화시켰다. 새로운 형태의 창작, 제작, 배급, 접근은 글로벌 노스와 글로벌 사우스에 영향을 주는 과정에서 음악, 영화 등 문화산업 전반에 혁명을 일으켰다(UNESCO, 2016). AI가 컴퓨터의 성장과 직결되는 만큼 디지털 게임사가 AI를 활용해 게임을 만들고 플레이하는 것은 특히 자연스러운 일이며, 이는 AI와 디지털 게임이 오랜 역사를 함께해 왔음을 의미한다(Yannakakis and Togelius, 2018). 누구보다 디지털 게임산업은 다른 산업에 비해 더 많은 AI 실무자를 고용하면서 호황을 누리고 있다. 디지털 게임의 성공에 있어 AI의 역할은 매우 중요하다. "게임에 참여하는 가상 캐릭터들의 지능적인 행동을 만드는 데 AI의 사용이 필수적이다"(Franklin, 2014: 24). 대표적인 사례가 포켓몬GO로, 2016년 7월 게임이 출시되면서 순식간에 세계적인 현상이 되었다. 그 이후로, 지구상의 많은 사람들은 플레이어가 스마트폰의 GPS 지도와 휴대폰의 내장 카메라를 사용하여 포켓몬스터를 포착하는 이 새로운 증강현실 모바일 게임을 즐겨왔다. 포켓몬GO는 플레이어가 현실에서 캐릭터들을 찾아 헤매게 하는데, 여기에는 프랜차이즈의 마스코트인 노란 포켓몬 피카츄가 포함된다(Mochizuki, 2016). 포켓몬GO 자체는 AI의 지원을 많이 받지 못했지만, 포켓몬GO를 개발한 미국의 기업 나이앤틱은 플레이어 데이터 입력을 비롯해 소프트웨어 형식의 AI를 이용해서 현실 세계의 증강현실AR판 지도를 만들기 시작했다.

> 포켓몬을 잡는 기본적인 방식은 다음과 같다. 먼저, 플레이어가 현실 세계
> 를 배경으로 하여 포켓몬을 잡는데, 플레이어들의 카메라는 플레이어들의
> 실제 주변 환경을 포착한다. 나이앤틱 소프트웨어는 플레이어의 스마트폰
> 카메라가 보는 것을 분석해서 실제 사물과 지형을 알아본 다음, 기하학적
> 구조와 치수로 주변을 지도화한다. 이전에 이미 입력된 지형이 있는 데이터
> 는 이 처리를 더욱 정교하게 향상시킬 수 있다. 예를 들어, 어떤 지역에서
> 많은 플레이어들이 포켓몬을 잡고, 나이앤틱의 AI가 플레이어 주변 환경에
> 대한 데이터를 충분히 분석했다면, 그 지역에 무엇이 있고, 무엇이 오고 가
> 는지, 살아 있는 생물은 무엇인지를 보여주고, 나이앤틱은 계속해서 AR 이
> 용 경험 향상을 위해 (개인정보 문제와 상관없이) 주변 환경 관련 데이터를 축
> 적할 수 있다(Fuller, 2018).

이 사례는 미디어와 문화 산업에서 AI의 사용이 증가하고 있음을 보여준다. 제1장에서 간략하게 논의했듯이, AI는 "현재 널리 퍼지고 있는 패러다임을 크게 변화시키고 있는 창의적 산업의 특정 요구 사항에 적합한 것으로 보인다" (Caramiaux et al., 2019: 6). 대중문화의 여러 분야에서 제작자, 감독, 디자이너 등 문화 창작자들은 AI를 활용해 놀이와 관람 경험을 획기적으로 향상시켜 "인기 상승과 수익 급증"을 가져왔다(Klinenberg and Benzecry, 2005: 9).

마노비치(Manovich, 2018: 12~14)는 특히 AI와 사진의 융합을 분석한 후, AI가 문화에서 중추적인 역할을 하며 우리의 문화적 선택, 행동 및 상상력에 점점 더 많은 영향을 미치고 있다고 지적한다. 예를 들면,

> 사진, 비디오, 음악 및 기타 미디어를 추천하는 데 사용된다. AI는 소셜네트

워크에서 우리가 팔로해야 할 사람들을 제안하고, 셀카를 자동으로 보정하고, 좋은 사진의 형식에 맞게 사용자 사진을 편집하고, 컴퓨터 게임에서 캐릭터를 생성·제어하는 데에도 활용된다.

AI의 문화적 활용은 사진을 넘어서 디지털 플랫폼 이용자에게 음악을 추천하는 알고리즘 등 새로운 트렌드로 발전했는데, 스포티파이나 아이튠즈 등은 이용자의 영상을 편집하여 쇼트폼 콘텐츠로 만들 수 있도록 다양한 동영상 편집 기능을 추천하기도 하고, 아마존이 앞장서고 있는 패션 아이템이나 스타일을 추천하는 방식으로 진화했다(Shah, 2017). AI는 사람들에게 (추천 엔진을 통해) 심미적 선택을 자동화할 수 있는 옵션을 제공한다. 그것은 생산의 특정 분야를 돕는다. 가까운 미래에, "그것은 전문적인 문화 생산에서 더 큰 역할을 할 것이다. 패션 아이템, 로고, 음악, TV 광고, 그리고 다른 문화 영역의 작품을 디자인하는 데 도움을 주는 AI의 사용은 이미 증가하고 있다"(Manovich, 2018: 159). 다음과 같이 논리적으로 생각해 볼 수 있다.

명확한 규칙을 따르거나 체계적인 패턴을 가진 문화 생산의 모든 영역은 원칙적으로 자동화될 수 있다고 생각하는 것이다. 따라서 TV 드라마, 로맨스 소설, 전문 사진, 뮤직비디오, 뉴스 스토리, 웹사이트와 그래픽 디자인, 주거 건축 등 많은 상업 문화 영역이 자동화에 적합하다. 예를 들어, 우리는 TV 드라마 대본을 쓰거나, 음식 사진을 찍거나, 많은 장르의 뉴스를 구성하도록 컴퓨터를 가르칠 수 있다(지금까지 AI 시스템은 스포츠와 비즈니스 이야기를 자동으로 구성하는 데에만 사용되었다)(Manovich, 2018: 173).

대중문화와 AI의 만남은 증가하는 추세이다. 미래에는 문학작품에서부터 영상문화까지 거의 모든 문화상품이 AI의 손을 거칠 것이다.

AI는 이전의 여러 디지털 기술과 마찬가지로 주요 미디어 기업과 소비자들에게 양날의 검이다. 여느 때처럼 소수의 디지털 플랫폼만이 AI가 주도하는 문화시장을 개발하고 통제할 수 있으며, 문화산업에서의 존재감을 높일 수 있다. 다시 말하지만, 그들은 자신이 소유한 미디어 지주회사 간의 시너지 관계를 발전시키고, 그들의 제작 과정을 다른 매체를 위한 콘텐츠를 생산하는 융합 시스템에 통합하고, 다른 미디어에서 프로그램을 교차 홍보하고, 문화산업에 수직적이고 수평적인 통합 라인을 구축하는 데 많은 투자를 해왔다(Klinenberg, 2000; Klinenberg and Benzecry, 2005: 8~9에서 인용). 문화 생산에서 AI 채택은 예상보다 복잡하다. 글로벌 노스와 글로벌 사우스는 지식, 노하우, 기술, 자본, 인력 등의 수준으로 인해 어느 정도의 가시적 격차에 관계없이 문화 생산이 발달해 있다. 여기서는 전 세계 문화산업에서 AI의 역할을 입증하기 위해 글로벌 노스와 글로벌 사우스를 포함한 여러 주요 문화 영역의 문화 콘텐츠 제작에 대해 논의한다.

글로벌 노스에서 AI와 대중문화의 만남

21세기 초에는 게임, 음악, 영화, 웹툰과 같은 문화산업이 AI를 활용하고 있다. AI는 최근 "요리부터 예술, 시부터 보드게임까지 다양한 인간의 창조적 노력을 시도하고 있다"(*The Guardian*, 2016). 다른 문화 장르보다 일찍 AI의 대규모 채택을 시작한 디지털 게임 외에도 영화, 방송, 음악, 웹툰 등의 문화 창작자들은 2010년대 중반부터 주로 AI를 활용해 자신들의 문화 콘텐츠를 만들기 시작했다.

2016년부터는 영화인들이 AI가 만든 영화나 예고편을 제작하기 시작하면서 영화산업에서의 대중문화와 AI의 만남은 특별한 성장세를 보이고 있다. 이 책에서 앞서 몇 가지 예시를 살펴보기도 했지만, 영화인들은 영화 제작 단계에서부터 AI를 이용하고 있다. 20세기 폭스가 만든 루크 스콧 감독의 SF 호러 영화 〈모건〉의 예고편이 AI가 영화 예고편에 최초로 사용된 사례로 볼 수 있다. 20세기 폭스는 IBM 왓슨이라 부르는 AI 슈퍼컴퓨터 시스템을 이용해서 〈모건〉의 예고편을 제작했다. ≪와이어드≫에 따르면, 영화 예고편 제작을 위해서 IBM 연구원들이 최소 100여 개 이상의 호러영화 예고편을 장면 장면 편집하여 왓슨을 훈련시켰다고 한다. 이에 왓슨은 해당 장면들에 대한 여러 시청각적 요소들을 분석하여 예고편을 제작하기 위한 아이디어를 구상해 냈다. 그런 다음 왓슨은 중요한 장면을 선별하여 예고편에 넣기 위해 〈모건〉의 90분 정도를 처리했다. 90분이 처리되자마자 10개의 독립된 장면들이 나왔고, 이 장면들의 총길이는 6분 정도였다. 이후에는 편집자가 직접 〈모건〉의 하이라이트를 잘 보여줄 수 있도록 왓슨의 결과물을 재구성해야 하는 과정이 필요하긴 했으나 중요한 것은 왓슨이 단축한 시간이다. 예고편 제작에는 통상 10일에서 한 달 정도가 걸리는데, 왓슨의 도움으로 24시간 만에 예고편을 제작할 수 있었다.

또한 영화 스튜디오 20세기 폭스는 AI를 이용해 사람들의 패턴을 예측했는데, 이는 구체적인 패턴이 미래를 예측하는 데 도움이 되기 때문이다. 다시 말해, 20세기 폭스는 사람들이 어떤 영화를 보고 싶어 할지 예측하기 위해 AI를 사용했다. 2018년에 발표된 자체 논문(Hsieh et al., 2018)에 따르면, 이 회사의 여러 연구자가 머신러닝을 사용하여 영화 예고편의 내용을 분석했다. 셰이 외 (Hsieh et al., 2018: 1)는 다음과 같이 주장한다.

> 영화 예고편에서 객체의 시간적 순서(예: 객체의 롱숏 대 간헐적 쇼트숏)는 영화의 유형, 영화의 줄거리, 주인공의 역할 및 영화 제작자의 영화 선택에 대한 정보를 전달할 수 있다. 과거 고객 데이터와 결합하면 시퀀싱 분석을 사용

하여 고객 행동 예측을 개선할 수 있다. 예를 들어, 고객이 새 영화 티켓을 구입하면 고객은 유사한 시퀀스가 포함된 영화를 과거에 본 적이 있을 수 있다. 영화 트레일러에서 객체 시퀀싱을 탐색하기 위해 고객의 선호도를 예측하는 동작과 장면을 캡처하는 비디오 컨볼루션 네트워크를 제안한다. 모델은 다양한 유형의 물체(예: 자동차 대 얼굴)에 대한 시퀀스의 특성과 고객의 미래 행동을 예측하는 데 있어 시퀀스의 역할을 학습한다(2018: 1).

더 자세히, "머신 비전 시스템은 예고편 영상을 프레임별로 분석하여 객체object와 사건을 라벨링한 후, 이를 다시 다른 예고편에 사용될 데이터와 비교한다. 이 아이디어는 비슷하게 라벨링된 영화가 비슷한 취향을 가진 관객들을 끌어모을 것이다"(Vincent, 2018). 예를 들어, 〈로건〉(2017)은 슈퍼히어로 영화이지만, 다소 어두운 주제와 약간 다른 관객들을 끌어들이는 줄거리를 가지고 있다. 〈로건〉의 영화 제작사는 잠재적으로 그 차이를 포착하기 위해 AI를 사용했다. 멀린Merlin이라는 실험적인 영화 관객 예측 및 추천 시스템을 만들기 위해 영화 스튜디오는 구글과 제휴하여 회사의 서버 및 오픈소스 AI 프레임워크 텐서플로TensorFlow(Vincent, 2018)를 사용했다. "머신러닝은 본질적으로 데이터의 패턴을 찾는 기술이다. 기업들이 그것을 좋아하는 이유이다. 패턴은 미래를 예측하는 데 도움이 되며, 미래를 예측하는 것은 돈을 버는 훌륭한 방법이다"(Vincent, 2018). 영화 〈모건〉(2016)과 〈로건〉(2017)에서 AI의 역할과 그 밖의 수많은 창조적 노력은 "AI가 얼마나 멀리 왔는지를 증명한다. 딥러닝과 같은 기술을 사용하는 것은 엄청난 발전을 가능하게 했지만, AI가 현재로서는 보조적인 역할로 밀려나고 있다"(IBM, n.d.). 이러한 자동화는 문화 생산에서 흔히 볼 수 있게 되었다.

오스카 샤프 감독과 뉴욕대 AI 연구원 로스 굿윈의 영화 〈선스프링〉 역시 대표적인 예이다. AI 순환신경망RNN인 벤저민은 공상과학영화의 고전인 〈하이랜더 엔드게임〉, 〈고스트버스터즈〉, 〈인터스텔라〉, 〈제5원소〉 등 상당한 양의 공상과학영화 대본을 학습했다. 당시 벤저민은 런던의 공상과학영화제에서 요청받은 배우 연출 방식까지 써 있는 각본을 48시간 내에 만들어야 했다. 이후 벤저민이 쓴 각본과 음악을 영화화하기 위해 배우들이 투입되었다. "배우들은 무작위로 배역을 배정받아 연기를 했다. 그 결과는 기묘하게 재미있고, 이상하게 감동적인 사랑과 절망의 어두운 공상과학 이야기이다"(*The Guardian*, 2016). 완벽하지는 않지만, 영화 예고편, 대본, 영화를 만들려는 이러한 시도 자체가 문화 분야에 AI가 활용되고 있다는 증거임은 분명하다.

작곡 프로그램도 AI가 적극적으로 활용되고 있는 분야 중 하나이다(Turner, 2019). 음악은 "경험을 중심으로 소통하는" 가장 예술적인 분야임엔 분명하나 최근에는 AI가 작곡에서 "고도의 창의력을 요구하는 세심한 부분까지 이끌고 있다"(Walch and World, 2019). 음악업계에서는 "비디오를 위한 백 트랙 만들기, 아티스트가 멜로디나 가사를 생각해 낼 수 있도록 돕기, 무드음악을 자동으로 만들기" 등 AI 활용 사례가 다양하다(Dredge, 2019).

더 구체적으로, 1997년에 캘리포니아의 뮤버트라는 컴퓨터 프로그램이 모차르트의 42번 교향곡을 썼는데, 뮤버트는 "음악 이론, 수학, 창조적 경험의 법칙에 기초한 알고리즘에 의해 만들어진 독특한 음악 스트림을 지속적으로 생산한다"(GVA Capital, 2017). 2018년 9월을 기준으로 대중음악 산업에서는 일부 기업들이 작곡가들이 더 좋고, 인기를 끌 수 있는 히트곡을 쓸 수 있도록 도와주는 소프트웨어를 개발 중에 있었다(Donoughue, 2018). 마르(Marr, 2018)가 분명히 지적한 바와 같이, 음악 생성 알고리즘은 이제 새로운 노래에 영감을 주고 있다. "수백만 개의 대화, 신문 헤드라인 및 연설, 가사에 대한 주제를 만드는 데 도움이 될 수 있는 통찰력을 수집한다". 다른 말로 하자면, 작곡가들에게 영감을 주기 위해 다른 음악적 요소를 생각해 낼 수 있는 "왓슨 비트와 같은 기계들이 있다. AI는 음악가들이 청중들이 무엇을 원하는지 이해하고 궁극적으로 히트할 수 있는 노래가 무엇인지 더 정확하게 결정하도록 돕는다"
(Marr, 2018).

실제로 AI가 만드는 대중음악에서 특별히 주목받는 부분이 있다.

> 작곡가들이 컴퓨터 프로그램에 상당한 양의 데이터를 입력하는데 나중에
> 는 스스로 곡을 빨리 만들 수 있는 지점까지 데이터를 밀어넣은 다음, 음악
> 이 무엇인지 알려준다. 구글이 만든 AI 듀엣이 바로 그런 프로그램이다. 소
> 니의 CSL 리서치 랩의 과학자들은 AI를 이용해 인간 작곡가의 도움을 살짝
> 받아 구글보다 한 발짝 앞서서, 비틀즈가 만든 느낌이 나는 곡 하나를 완성
> 했다(Donoughue, 2018).

호주에서 팝건Popgun이라는 한 회사는 AI를 사용하여 음악을 쉽게 작곡할
수 있는 소프트웨어를 개발했다. "그것은 비지도 학습unsupervised learning이라
고 불리는 형태의 딥러닝을 사용하며, AI는 노래의 다양한 특징, 예를 들어 음
계나 조화가 어떻게 작동하는지를 그것들을 충분히 공부함으로써 학습한다".
잘 논의된 바와 같이, 사람들은 음악을 매우 인간적인 활동으로 여긴다. AI에
인간 전문가 플레이어가 패배한 보드게임인 바둑과 달리 음악에서는 승패가
뚜렷하지 않다. 어떤 음들은 계속 나쁘게 들리지만, 많은 음들은 괜찮게 들린
다(Donoughue, 2018).

AI 소프트웨어가 만들어낸 음악의 상승세는 더욱 지속되고 있다. 소니의 AI
연구소는 플로컴포저FolwComposer라고 불리는 소프트웨어를 개발했는데, 이 소
프트웨어는 사람들이 어떤 노래에 넣든 어울리는 스타일을 가진 곡을 만들 수
있다. 다음과 같은 경우가 있을 수 있다.

> 소니의 과학자들이 비틀즈 노래들을 줬더니 플로컴포저는 실제로 비틀즈

노래 느낌이 나는 소리를 만들어냈다. 단, 플로컴포저는 멜로디와 코드만 있는 악보만 만들 수 있기 때문에 이후에 편곡, 작사, 녹음, 믹싱 등의 모든 과정은 사람이 했다. 이렇게 탄생한 곡은 꽤 신선하고 매력적인 코드 진행을 갖고 있기는 했으나 약간 늘어지는 듯한 소리도 있었고, 전체적으로 어울리지 않는 튀는 소리가 간혹 섞여 있기도 했다(Pogue, 2018).

2015년, AI 전문가이자 작곡가인 조 라이스크Joe Lyske와 필립 월시Philip Walsh (Davis, 2019)가 설립한 창의적 AI 기술 기업 MXX의 사업 개발 책임자인 켄 리드고Ken Lythgoe가 말했듯이, "개인화 및 주문형 서비스의 세계에서 음악은 남아 있는 몇 안 되는 정적인 아티팩트 중 하나이다". MXX는 음악을 영상화하는 세계 최초 AI로, 개별 사용자들이 직접 음악을 편집해서 영상으로 제작할 수 있는 서비스이다. 리드고는 이를 다음과 같이 설명한다.

AI에는 인간을 대체하려는 AI와 인간의 활동을 도와주는 AI, 두 가지 유형이 있는데, 우리는 후자의 AI와 함께 가길 원한다. 우리는 컴퓨터가 음악가나 편집자를 대체할 것을 생각해 온 것이 아니라 창작의 과정을 믿는다(Davis, 2019).

그들이 개발하고자 하는 것은 "음악이 체육관 운동과 달리기, 게임, 사용자 생성 콘텐츠, 가상 또는 증강현실 경험과 같은 특정 경험에 완벽하게 적응할 수 있는 새로운 세상"이다(Davis, 2019). 다른 문화 영역과 마찬가지로 AI와 음악의 융합은 성장 영역이었고, 이전에 분리되었던 이 두 영역의 융합은 지속될 것이 확실하다.

방송 부분 역시 뒤처지지 않았다. 네트워크 방송사, 예를 들면 한국의 경우에는 지상파 3사와 같은 방송국들이 AI 지원 문화 생산의 최전선에 있지는 않지만, 전 세계 시청자를 대상으로 하는 일부 미디어 대기업들이 AI 지원 프로그램 선진화를 위한 작업에 착수했다. AI는 엔터테인먼트 생태계 전반에 걸쳐 더욱 주류가 되었다. 무대 위(예: 추천 엔진)에서 크리에이티브 프로세스, 스크립팅, 촬영, 포스트 프로덕션, 그리고 무대 뒤(예: 메타 태그 및 배포)까지 AI는 업계 신인이 새로운 비즈니스 기회를 활용할 수 있도록 한다(Natajaran and Baue, 2019). 예를 들어, BBC 프로젝트인 〈토킹 위드 머신Talking with Machines〉은,

> 청취자들이 그들의 스마트 스피커를 통해 합류하고 쌍방향 대화를 할 수 있
> 도록 하는 오디오 드라마이다. 청취자들은 질문에 대답하고 자신의 대사를
> 이야기에 삽입하도록 촉구하면서 이야기의 일부가 된다(Marr, 2018).

물론, 주로 제5장에서 논의한 바와 같이, 방송 분야에서는 넷플릭스가 빅데이터 분석을 사용하여 고객이 즐겨 볼 것을 예측한다. 넷플릭스는 단순한 유통업체가 아니라 점점 더 많은 콘텐츠의 제작자가 되고 있으며, 데이터를 사용하여 어떤 콘텐츠를 만드는 데 투자할 것인지를 결정한다. 특히 넷플릭스는 데이터를 이용해서 콘텐츠를 찾을 수 있다는 자신감 덕분인지, 한 시즌의 드라마 파일럿 에피소드 몇 편보다는 새로운 다회 차 콘텐츠 계약 체결과 그에 따른 수수료 지불에 투자를 아끼지 않고 있다(Marr, 2018).

이처럼 AI와 대중문화의 융합은 문화산업에서 우리가 기대하는 것 이상으로 폭넓게 실현되고 있다. 여러 서구 국가의 영화, 음악, 방송 및 디지털 게임을 포함한 여러 문화 형태는 AI와 대중문화 상호작용의 수혜자이다. 20세기 폭스와 같은 영화사부터 디지털 플랫폼에 이르기까지 이들 서구 국가의 미디어 대기업들은 AI 기술을 개발하고 있거나 이미 AI 기술을 소유하고 문화 콘텐츠를 제작한 기업을 인수하는 등 AI 관련 기술에 맹렬히 투자했다. 2010년대 말~2020년대 초에는 AI가 지원하는 문화 생산이 아직 주된 동력은 아니었

으나 문화기업과 디지털 플랫폼들이 AI를 대중문화 콘텐츠 창작의 과정에 도
입하는 것이 문화산업계의 미래가 될 것이라는 데 동의함에 따라, 기업들은
보다 더 적극적으로 AI에 기반한 문화 콘텐츠 생산을 시도하고 있다.

글로벌 사우스에서 AI와 대중문화의 만남

일부 서구 국가의 문화 창작자들이 문화 콘텐츠를 제작하는 새로운 디지털 도
구로 AI에 빠르게 주목하면서, 비서구 국가의 문화 창작자들도 문화 생산에
AI 기술을 채택하려고 시도하고 있다. 물론 기술, 자본, 인력이 부족하기 때문
에 소수의 비서구 국가만이 문화 생산과 함께 AI를 활용할 수 있다. 이에 따라
글로벌 사우스에서 AI가 지원하는 문화 생산은 몇 가지 예외를 제외하고는 진
전되지 않고 있다.

　한국 대중문화가 케이팝, 웹툰을 중심으로 세계 문화시장에서 인기를 누리
고 있는 가운데, 이 책 역시 글로벌 사우스, 특히 한국의 문화산업이 AI와 대중
문화를 어떻게 융합하고 있는지를 다각도로 살펴본다. 한국은 AI와 대중문화
의 교차점 활용에서 최전선에 섰다. 광대역, 디지털 게임, 스마트폰과 같은 디
지털 기술과 한류 현상, 즉 현지 문화산업의 빠른 성장과 세계 문화시장으로
의 문화 콘텐츠 수출 확대가 그 예다. 한국의 디지털 기술과 대중문화의 융합
은 실로 눈에 띄었고, 따라서 문화 생산에 AI를 활용하는 것은 이미 현지 문화
산업에 있어 정해진 길이다. 한국의 문화 창작자와 기업들은 그동안 문화 콘
텐츠의 생산, 유통, 배급 등에서 AI와 빅데이터의 성장을 강조하며 AI와 맞물
려 새로운 기회를 적극적으로 추구해 왔다.

　문화 생산에 AI를 사용하는 배경에는 소수의 사회문화적 차원이 작용한다.
특히 디지털 경제에서 하향식 및 직접 주도권을 중심으로 여전히 발전적 접근

을 추구하는 한국 정부는 AI 분야에 큰 투자를 했다.[1] 문화산업의 여러 분야에서 AI 기술과 연계해 문화 콘텐츠 개발을 시도했다.

무엇보다 음악 분야에서는 글로벌 진출을 확대하기 위해 여러 대형 음악 엔터테인먼트사가 AI 적용을 빠르게 진전시켰다. 잘 문서화되어 있듯이, 케이팝K-pop은 현대 한류를 대표하는 가장 중요한 글로벌 현상 중 하나가 되었다(Lie, 2015; Jin, 2016; Yoon and Jin, 2017; Kim, 2018). 예를 들어, 국내 최대 연예 기획사인 SM 엔터테인먼트SME는 SK 텔레콤과 제휴하여 케이팝에 AI 기술을 도입하기 위해 노력하고 있다(Murphy, 2019). 이수만 창업자 겸 CEO는 이미 2017년

---

[1] 예를 들어 2019년 봄에는 한국과학기술원(KAIST)과 고려대, 성균관대가 AI 전문대학원 운영기관으로 선정되었다. 과학기술정보통신부는 정부가 AI 기술을 가르치고 개발하는 데 이 세 대학을 지원하기 위해 향후 5년간 90억 원을 투입할 계획이라고 밝혔다. 장기적으로는 성과평가를 실시한 뒤 향후 10년간 총 190억 원을 투입한다. 이번 계획은 미국과 중국 등 세계 주요국들이 비슷한 움직임을 보이고 있다는 점에 주목해 AI 분야 고급 전문 인력 양성을 위해 마련되었다(Jun, J.H., 2019a). 이는 한국 정부가 AI 선진화를 위해 전방위로 뛰고 있음을 보여줌과 동시에 한편으로 한국이 관련 분야 인재와 기업이 부족하다는 것을 보여주기도 한다. 그렇기 때문에 더더욱 이 기관들을 통해 AI 전문가를 양성하도록 해야 한다. 한국은 특히 국내에서 전문가 수급이 잘 되지 않을 뿐더러 플랫폼이나 미디어 기업 외에도 관련 산업의 기관들이 직접 파트너사를 찾도록 요구하는 환경이기 때문이다. 이런 상황에서 한국의 통신 및 플랫폼 대기업들은 심지어 외국의 AI 기업 및 개인들과 협력할 수 있는 기회를 공격적으로 발전시켰다. 국가 인재의 부족으로 인해, 그들은 몇몇 서구 국가의 최고 AI 인재에게 접근하기 위해 해외로 눈을 돌렸다. 국내 최대 인터넷 포털이자 플랫폼인 네이버는 유럽 최고의 AI 전문가 80명에게 접근하기 위해 프랑스로부터 XRCE를 구매했다. 한국의 대기업들은 캐나다에서도 활발하게 활동하고 있다. 삼성은 2017년 9월 몬트리올대학 MILA(세 AI 클러스터 중 하나)와 손잡고 몬트리올에 AI 연구소를 출범한 데 이어 2018년 5월 토론토에 두 번째 북미 AI 센터를 열었다. LG는 또 다른 AI 클러스터인 벡터 연구소가 있는 토론토대학과 파트너십을 맺고 AI 연구소를 설립했다(Asia Pacific Foundation of Canada, 2019). 한편 SK 텔레콤(2017)과 카카오(2018) 등 다른 주요 통신·플랫폼 기업 두 곳이 자체 AI 연구소를 설립해 한국 사회의 AI, 빅데이터, 알고리즘 분야(Asia Pacific Foundation of Canada, 2019)에 대규모 투자를 했다. 이동성과 사회성을 중심으로 스마트폰, 통신, 디지털 플랫폼 분야에서 현지 기반을 둔 이들 대기업은 AI를 수중에 넣기 위해 사업 전략을 지속적으로 발전시켜 왔다. 이들 대기업은 이미 신기술을 갖춤과 동시에 디지털 플랫폼도 갖고 있기 때문에 AI도 반드시 자신들의 것이 되어야 한다는 식의 논리이다.

AI와 문화 콘텐츠를 결합하겠다는 계획을 설명했다. 같은 해 7월에 열린 한 행사에서 그는 "앞으로 SM은 아시아와 그 너머에서 사업을 확장하여 AI 기술과 유명인이 결합된 새로운 콘텐츠를 제공할 계획입니다"라고 말했다. 2017년 6월에는 SME와 가상 신분을 만드는 풀스택 AI 전문 기업인 오벤ObEN이 합작법인 AI 스타즈AI Stars Limited를 홍콩에 설립하는 협약을 체결했다.

> AI 스타즈가 세계 최초로 연예인 지식재산권IP과 AI 기술을 접목해 엔터테인먼트 체험과 상품을 탄생시킨 기획사가 되었다. … 오벤의 AI 기술은 사람의 가상 음성, 이미지, 성격을 구성해 인간의 상대처럼 보이고, 소리를 내고, 행동하는 풀스택 가상 유명인을 만든다(Kwon, 2017).

SME가 지향하는 것은 AI 스타즈를 통해 가상의 AI 아티스트를 만들고 AI 간 협업을 통해 새로운 노래와 춤을 만들 수 있도록 하는 것이다. SME는 또한 2019년 1월 국내 최대 이동통신사인 SK 텔레콤과 제휴하여 SK 텔레콤의 AI 기술을 사용하여 가수의 보컬과 음악 레코드를 분리했다(Yeo, 2019b).

또 다른 주요 케이팝 엔터테인먼트 회사인 YG 엔터테인먼트도 2017년 네이버의 AI, 자원, 글로벌 영향력 등 기술을 한데 모아 새로운 글로벌 음악 서비스 플랫폼을 구축하기 위해 네이버와 협력하기 시작했다. 네이버와 YG의 계열사인 YG 플러스는 그들의 음악 데이터베이스를 케이팝 트랙뿐만 아니라 더 다양한 장르를 포함하도록 확장하기 위해 노력하고 있다. 네이버는 결국 자신들이 소유한 음악을 위한 소위 메타데이터베이스를 구축하기 위한 절차에 착수할 계획이다. 즉, 제목, 아티스트, 장르를 포함하여 특정 음악 트랙을 설명할 수 있는 표준화된 데이터베이스를 컴파일한다. 이러한 표준화된 레이블은 새로운 음악 서비스 플랫폼에 적용하기 위해 안정적이고 최적화된 음악 추천 기능을 구축하는 데 중요하다(Shon, 2017).

예상대로 한국 게임업계도 AI에 빠르게 투자하고 있다. 한국은 온라인 게임 강국 2위, 모바일 게임 강국 중 하나다. 야나카키스와 토겔리우스(Yannakakis and Togelius, 2018: 151~152)가 지적하듯, AI는 게임 제작에서 그 역할을 확대했다. 레벨, 맵, 게임 규칙, 텍스처, 스토리, 아이템, 음악, 무기, 차량, 캐릭터 등 게임 내 여러 구성 요소와 자산이 제작 단계에서 AI에 의해 지원되었다는 얘기다. AI 콘텐츠를 생성하는 한 가지 분명한 이유는 생성형 AI 콘텐츠가 인간의 노동력에 비해 상대적으로 비용이 적게 들고, 생산 시간은 줄어드므로 인간 디자이너의 필요성을 축소할 수 있다는 것이다.

디지털 게임 분야에서는 여러 게임사가 AI가 지원하는 게임을 개발했다. 예를 들어 한국의 최대 게임사 중 하나인 엔씨소프트는 이미 2011년부터 AI 태스크포스를 만들어 2012년 AI 연구실로 이름을 바꾼 뒤 2016년 AI 센터를 운영하면서 게임 디자인과 제작에 AI를 도입하기 시작했다. 엔씨소프트는 AI 전문가 100여 명을 거느리고 있으며, 게임 AI 랩, 스피치 랩, 비전 태스크포스 등 AI 센터와 언어 AI 랩과 지식 랩(Oh, D.H., 2018)을 아우르는 자연어처리 센터 등 양대 거점이 있다. 2019년 7월 열린 미디어 콘퍼런스에서 이재준 엔씨소프트 AI 센터장이 말했듯이 "과거 게임 캐릭터를 만들 때는 게임 개발자들이 대사와 상황에 맞는 표정 하나하나를 입력해야 했다"라며 "AI는 이런 식의 반복 작업을 크게 줄이는 데 도움이 된다"라고 했다(Jun, J.H., 2019b). 넥슨이나 넷마블 같은 다른 게임 회사들도 사람들이 게임 개발, 제작, 데이터 분석 등의 거의 모든 과정에서 AI를 활용하기 때문에 경쟁 우위를 확보하기 위해 AI에 대한 투자를 확대했다.

AI를 활용한 최신 문화 분야는 웹툰산업이다. 디지털 플랫폼 시대를 맞아 한국에서 탄생한 웹과 만화의 신조어 웹툰은 디지털 기술과 스마트 미디어를 완벽하게 적응시킨 신생 문화 장르 중 하나다. 사람들이 스마트폰으로 웹툰을 즐김에 따라 웹툰산업은 AI와 같은 신기술을 빠르게 적용했다. 많은 주요 웹툰 작가들은 디지털 스토리텔링과 이미지를 개발하기 위해 AI의 사용을 확실히 발전시켰다. 일례로 2017년 네이버에 공개된 하일권의 〈마주쳤다〉는 AI뿐만 아니라 증강현실AR과 얼굴 인식 기술도 활용했다(Jun et al., 2019). 웹툰 〈마주쳤다〉는 AI를 비롯해 AR 그리고 360도 파노라마, 얼굴 인식 등을 내러티브에 접목했다. 챗만의 내러티브 구조 분석의 틀을 빌리자면, 〈마주쳤다〉는 회차가 연결되면서 어떻게 내러티브를 기술적인 특징으로 통합하고 발전시키는지를 보여준다(Jun et al., 2019). 예를 들어, 두 번째 에피소드에서 AI 기술은 독자의 얼굴을 웹툰의 주인공으로 바꾼다. 독자가 스마트폰으로 자신의 사진을 찍으면 AI가 고객의 얼굴을 파악해 웹툰 스타일로 바꿔준다. 결과적으로 독자는 마치 자신이 주인공인 것처럼 웹툰을 즐긴다(Song, B.G., 2018).

이 몇 가지 사례가 확실히 예시하듯이, AI와 대중문화의 만남은 글로벌 노스와 글로벌 사우스 모두에서 증가하고 있다. 글로벌 노스의 몇몇 선도 국가와 글로벌 사우스의 몇몇 신흥국의 문화산업은 AI와 대중문화를 갖춘 디지털 플랫폼이나 통신사를 포함한 문화기업 간의 증가하는 협업을 활용했다. 이 새로운 추세는 문화 창작자들과 디지털 플랫폼들에게 좋은 기회를 제공하지만, 문제투성이이기도 하다. 왜냐하면 소수의 선진국 중에서도 소수의 거대 기업들만이 AI가 지원하는 문화 콘텐츠를 만들어 세계 문화시장의 대부분을 지배할 수 있기 때문이다. 다음 절에서는 AI와 문화의 융합에 대한 비판적 관점에 대해 논의한다.

AI와 대중문화 융합의 정치경제학

글로벌 노스와 글로벌 사우스에 있는 문화산업 기업과 디지털 플랫폼은 AI 중심의 문화 발전을 적극적으로 추구했다. 그들에게는 AI에 뿌리를 둔 새로운 디지털 문화를 갖춘 신세대들을 끌어들이는 새로운 문화상품을 만들기 위해 AI와 빅데이터, 알고리즘을 활용하는 것이 중요하다. 이에 따라 미디어와 문화 산업에서 AI의 역할이 커지고 있다. 아직 초기 단계이긴 하지만, 록스버러(Roxborough, 2019)는 AI와 알고리즘을 갖춘 OTT 서비스가 이미 미디어와 문화 시장에서 주류로 이동했으며, 전 세계 비디오 시청의 주요 목적지가 될 것이라고 주장한다. 방송사와 영화사를 포함한 전통 미디어는 현대 소비자들의 시청 선호도를 반영하기 위해 새로운 서비스로 거듭날 필요가 있다. 이들이 문화 콘텐츠를 유통하기 위해서는 AI의 활용이 필수적이며, AI가 지원하는 문화 콘텐츠 개발도 필요하다. 앞으로 AI 관련 기술로 더 많은 문화상품이 생산될 것이며, 문화 창작자와 기업들은 적극적으로 유행을 선도하지 않으면 뒤처질 것을 두려워하고 있다. 마노비치(Manovich, 2018)는 AI 기반 추천 시스템은 사람들이 보고, 읽고, 듣는 것을 보여준다고 말한다. 디지털 기기와 서비스가 사람들이 소비하는 미디어에 자동으로 맞춘다는 것이다. 특히 코로나19 시대에는 전 세계의 수많은 콘텐츠 생산자들이 재택근무를 함에 따라 콘텐츠의 전통적인 규범이 바뀌면서 AI의 역할이 커졌다. 2020년 3월, 넷플릭스의 네트워크 부사장 데이브 템킨Dave Temkin은 "코로나19 팬데믹은 전 지구적인 위기 상황이며, 이로 인해 대부분의 국가에서 콘텐츠 제작이 중단되었다"라고 언급한 바 있다. "따라서 우리 팀은 후처리, 시각효과 및 애니메이션과 같은 콘텐츠 제작의 측면을 다시 시작하는 방법을 연구하고 있다. 이는 초기에 인코딩을 이동하기 위해 상당한 양의 컴퓨팅 성능과 대역폭을 필요로 하기 때문에 가정에서 할 수 없었던 일이다"(Condon, 2020). 템킨이 강조한 것은 넷플릭스와 같은 디지털 플랫폼들이 집에서 운영되는 방식이었다. 이는 분명히 콘텐츠 제작 과정에서 방대하게 AI 관련 기술을 이용하는 것에 대한 지적이었다.

그러나 AI가 지원하는 문화 생산은 주로 문화 생산과 관련된 몇 가지 정치-경제 문제 때문에 일부 우려를 낳았다. 우선, AI가 지원하는 문화 생산은 생산자가 인간일 뿐만 아니라 컴퓨터이기 때문에 저작권법의 보호를 흐리게 한다. AI 이전 시대에 문화 창작자의 작업은 글로벌 사우스 지역의 많은 국가에서 만연한 해적 행위와 관계없이 강력한 저작권법에 의해 보호되어 왔다. 그러나 AI가 점점 더 주요한 참여자가 되면서 현재의 저작권 보호 장치는 문화 창작자를 보호하는 주된 역할을 상실했다. 야마모토(Yamamoto, 2018: 1)가 지적하듯이, 컴퓨터가 등장했을 때 저작권 문제가 논의되었지만, "컴퓨터는 문화 콘텐츠의 창작자가 아니라 창작자가 노동, 시간, 돈을 절약할 수 있게 하는 도구일 뿐"임이 분명했다. AI는 컴퓨터보다 더 복잡하다. 왜냐하면 AI 기술 자체가 빅데이터를 통해 가능하기 때문이다.

> 컴퓨터들은 사람들이 무엇을 좋아하고, 아름답다고 느끼거나, 재미있다고 느끼는 경향이 있는지를 판단하고 결정한다. 그러면 컴퓨터는 사람들의 성향에 따라 표현 요소를 결합함으로써 그림을 그리거나 음악을 만들거나 인간의 요구를 만족시키는 이야기를 만들 수 있다. AI 작업은 인간이 만든 작품에 해당하는 지능을 포함할 수 있다.

따라서 AI가 만든 작품이 저작권에 의해 보호될 수 있을지에 대해서는 논란이 있다(Yamamoto, 2018: 1).

이에 대해 과다무즈(Guadamuz, 2017)는 사람들이 컴퓨터와 창조적 과정 사이의 상호작용을 재고해야 하는 "기술혁명의 진통"에 있다고 지적한다. 그에 따르면,

> 인간의 프로그래밍 없이 머신러닝이 가능한 자동화 시스템과 소프트웨어의 급속한 발전은 이 기술혁명을 뒷받침한다. 머신러닝 컴퓨터 프로그램이 자체 알고리즘을 갖고 있기 때문에 이 알고리즘이 입력된 데이터를 계속해

서 학습하도록 하고, 종국에는 의사결정에 이르기까지 진화하도록 한다.

따라서 "미술, 음악, 문학 작품에 적용될 때 머신러닝 알고리즘은 프로그래머가 제공하는 입력으로부터 학습하는 것이다". 그들은 새로운 작품을 만들기 위해 데이터로부터 학습한다.

> 새로운 작품을 선보이기 위해 여러 과정에 걸쳐 독립적인 의사결정을 하도록 학습한다. 이러한 유형의 AI는 프로그래머가 매개 변수를 설정할 수는 있으나 학습한 데이터를 통해 인간이 사고하는 방식과 유사하게 컴퓨터가 자체적으로 의사결정을 할 수 있다(Guadamuz, 2017).

AI가 지원하는 문화 생산은 저작권법에 매우 중요한 의미를 가질 수 있으며, 이를 이해하고 처리하는 방법은 이 특정 시점에서 주요 이슈 중 일부이다. 일본과 독일을 비롯한 많은 민족국가들은 현재 인간의 지능이 만든 작품을 보호하고 있으며, 기계가 만든 작품을 보호하지 않고 있다. AI의 역할 증대와는 상관없이 인간이 여전히 문화 생산에서 전문성을 발휘하고 있기 때문에 이들 정부는 별다른 준비를 하고 있진 않다. 다만 강조해야 할 부분은 인간의 노동력과 AI의 융합이기 때문에 이들 정부는 새로운 저작권을 발전시켜야 하고 그에 따른 새로운 법적 체계를 갖추어 AI 개발자나 디지털 플랫폼뿐만 아니라 창작자들까지도 동등하게 보호받을 수 있도록 해야 한다는 것이다.

둘째, 유통 외에 AI 중심 문화 생산의 확산은 구글, 페이스북, 넷플릭스와 같은 대형 디지털 플랫폼의 성장을 촉진했다. AI 발전 시기는 다른 디지털 기술이 발전한 시기와 마찬가지로 "개방성이 아니라 소유권의 집중과 통합에 의해" 이루어졌다(Klinenberg and Benzecry, 2005: 10). OTT 서비스를 비롯한 서구·비서구의 디지털 플랫폼 모두 AI 관련 기술을 중심으로 벤처캐피털로부터 자금을 조달받거나 거대 기업으로 통합했다. 제5장에서 논의한 바와 같이 이러한 경향은 목소리의 다양성이 결여되어 우리 사회의 문화적 민주주의를 해치는 결과를 낳았다. 따라서 문화 표현의 다양성을 보장하는 AI 관련 정책을 개발하는 것이 중요하다. 동시에 "국가 차원에서 운영하는 글로벌 플랫폼이 의사결정에 유용한 문화 데이터를 제공하고 데이터에 대한 국가정책을 수립할 수 있도록 인센티브를 설정하는 것"도 중요하다(Kulesz, 2018b: 83). 소수의 거대 기업에 미디어와 문화가 집중된 것은 새로운 일이 아니지만, AI 시대에는 플랫폼 거대 기업들과 소수의 거대 미디어 거물들이 충분한 자본, 인력, 노하우를 소유하고 있기 때문에 그 정도가 이전보다 훨씬 더 가파르고 빨라졌다.

이런 점에서 영국 정부의 결정은 우리에게 좋은 교훈을 준다. 영국 정부는 2020년에 기술규제 기관을 만들어 페이스북과 구글과 같은 거대 플랫폼 기업들을 단속할 계획이다. 규제 기관, 특히 국가에는 거대 플랫폼 기업에 대한 시행 가능한 행동강령과 플랫폼 사용자에 대한 더 큰 데이터 접근성을 포함한 몇 가지 새로운 규칙을 시행할 권한이 부여될 것이다. 이 새로운 움직임은 몇몇 정부가 빅테크놀로지의 힘을 제한해야 한다는 광범위한 요구에 대응하여 "디지털 경제가 토해낸 사생활 침해와 반경쟁적 관행으로부터 시민들을 보호하기 위한 조치"를 공개함에 따라 나온 것이다. 영국과 독일을 포함한 여러 정부에서는 구글과 페이스북과 같은 플랫폼 거물들이 너무 큰데다 데이터에 대한 포괄적인 접근권한을 가지고 있어 경쟁업체나 중견 플랫폼이 더 이상 시장에서 동등하게 경쟁할 수 없다고 우려하고 있다(Murgia and Beioley, 2019).

영국의 디지털, 문화, 미디어 및 스포츠 부서는 디지털 서비스가 "모든 사람을 위해 작동해야 디지털 기술의 놀라운 이점이 적절히 활용되고, 소비자가 보호되며, 혁신이 경제 전반에 걸쳐 번창할 수 있다"라고 말했다(Murgia and Beioley, 2019). 이는 글로벌 노스와 글로벌 사우스 간의 AI로 인해 심화되는 기술 격차가 문화 콘텐츠의 균형 있는 생산과 유통을 실현하는 데 있어 두드러지는 과제를 안고 있음을 의미한다.

셋째, 인간이 여전히 대중문화의 생산에서 중추적인 역할을 하고 있지만, 창의성의 부족, 다시 말해 다양성의 부족에 대해 숙고하는 것이 바람직하다. 과다무즈(Guadamuz, 2017)가 최신 유형의 AI에 대해 지적했듯이, "컴퓨터 프로그램은 더 이상 도구가 아니다. 실제로 인간의 개입 없이 창조적 과정에서 관련된 많은 결정을 내린다". AI는 빅데이터와 알고리즘에 의해 지원되는 문화 콘텐츠를 생산하는 도구를 제공할 수 있지만, 문제는 문화 생산에 대한 AI의 관여가 다양성과 창의성의 잠재적인 부족을 분명하게 암시한다는 것이다. 영화와 음악에서 이미 여러 사례가 입증되었듯이 AI가 주도하는 문화 콘텐츠 생산이 강조한 것은 새로운 형태의 문화 콘텐츠를 개발하는 것이 아니라 사람들이 좋아했고, 좋아할 것 같은 콘텐츠이다. 따라서 AI는 과거 사람들이 즐겼던 비슷한 영화와 음악을 계속해서 만들어내고 있다.

AI와 대중문화의 만남은 영화, 음악, 웹툰, 디지털 게임 등 여러 문화 형태가 문화 생산에 AI의 활용을 빠르게 확장했다는 점에서 주로 현대적 현상이다. AI와 대중문화의 융합 연구에서 우리는 "문화 생산을 위한 AI의 생성과 적용의 동기가 무엇인지, 신제품이 제공하는 혜택은 무엇인지, 소비자와 생산자가 이를 통해 어떤 의미를 만드는지"를 이해해야 한다(Klinenberg and Benzecry, 2005: 16).

> 사람들이 문화 작업에 [AI]를 어떻게 사용하고 이러한 관행이 일상생활에서 어떤 역할을 하는지에 대한 질문은 행동 창의성 연구에서 점점 더 중요해지고 있다. 또한 문화 분야의 권력과 통제력의 균형에 대한 질문도 있는데, 이는 거의 네트워크 자체까지 범위가 확장되는 소수의 상업적 [플랫폼]에 의해 지배된다. 국가, [플랫폼], [AI]의 힘을 다른 방식으로 활용하는 것을 목표로 하는 창조적 행위자들 간의 새로운 갈등은 21세기의 가장 중요

한 정책 논쟁 중 하나가 될 것이다(Klinenberg and Benzecry, 2005: 17).

마지막으로, 중요한 것은, 이용 가능한 데이터의 독점적 소유로 인해 글로벌 플랫폼의 부상이 심화될 수 있다는 것이다. 잘 알려진 바와 같이 AI도 빠르게 일부분이 되고 있는 문화 시스템의 생명줄은 데이터이며, 따라서 빅데이터는 디지털 경제와 디지털 문화의 핵심 요소 중 하나가 될 것이다. 대형 플랫폼이 성공한 주요 이유 중 하나는 재사용이 가능한 새로운 유형의 문화상품을 나타내는 데이터/메타데이터를 활용하기 때문이다. "모든 국가에서 AI를 최대한 활용할 수 있는 열쇠는 통일된 표준과 교차 플랫폼 공유로 '데이터 친화적 생태계'를 갖추는 것이다". AI가 실시간 분석을 통해 구체적인 해결로 이어질 수 있는 데이터가 필요하다. 오픈 데이터 소스 및 데이터 공유를 주장하는 국가들은 AI 발전에 앞장설 가능성이 높다. "자유자재로 열람하고 탐색할 수 있는" 데이터야말로 성공적인 AI 개발을 위한 첫걸음이기 때문이다(Barton et al., 2017; West, 2018: 23).

예를 들어, 사용자로부터 얻은 빅데이터를 활용함으로써, 그들은 사용자를 위한 추천 알고리즘을 최적화하거나 광고주에게 판매할 수 있다. 넷플릭스와 거대 글로벌 미디어 대기업과 같은 OTT 플랫폼은 "단순히 온라인 중개자가 아니다. 그들은 데이터 회사이며, 따라서 그들의 주요 입력을 보호하고 완전히 활용하기 위해 가능한 모든 노력을 기울인다"(Kulesz, 2018b: 81). 디지털 플랫폼에 대한 호감, 친구, 폴로follow, 게시, 리트윗, 댓글 등 거의 모든 형태의 사용자 상호작용을 데이터로 포착하여 가치 있는 상품으로 만들 수 있다. 디지털 플랫폼은 이러한 데이터를 상품화하며, 이 데이터화 프로세스는 문화 분야를 포함한 "광범위한 경제 분야에서 표적 광고 및 서비스를 제공하는 데 필수적인 예측 및 실시간 분석을 위한 기술을 개발할 수 있는 잠재력을 플랫폼에게 제공한다"(van Dijck et al., 2018: 33). 글로벌 OTT 플랫폼의 지배적 위치를 감안할 때 현지 OTT 플랫폼과 문화산업 법인은 글로벌 거대 기업에 비해 상대적으로 사용 가능한 데이터가 적어 위험에 처하게 된다.

AI 분야에서는 AI를 기술로 최대한 활용하는 이들이 빅테크 대기업이 될 것으로 보인다. AI의 수익성이 높고 유익한 사용의 가장 명확한 예는 구글, 아마존, 페이스북, 넷플릭스(Faggella, 2019)이다. 거대 플랫폼 대기업인 이 회사들은 이미 세계 역사상 그 어떤 회사보다 더 많은 데이터에 접근할 수 있었다. 이를 바탕으로 그들은 "연결과 데이터의 문화"를 구축했고, 엄청난 이익을 얻었다. 빅데이터를 기반으로 한 AI를 탑재하고 알고리즘으로 지원하는 이 디지털 플랫폼은 대중문화의 글로벌 소비를 생산, 유통, 촉진했다. 예를 들면,

> 넷플릭스의 추천 엔진은 대부분의 사람들이 생각하는 것보다 훨씬 더 복잡하며, 실제로 모든 것이 잠재적으로 추적 가능한 가상 세계의 디지털 플랫폼에 있는 AI를 기반으로 한다. 이를 통해 넷플릭스는 물리적 세계에서 수집하기 극도로 어려운 데이터를 수집할 수 있다(Faggella, 2019).

넷플릭스는 이용자들이 무엇을 클릭했고, 얼마나 보았고, 어디서 멈췄으며, 콘텐츠에 대한 리뷰는 어떠한지를 수집한다.

대중문화가 AI를 접할 때 몇 가지 유익한 측면이 있다. 그러나 이 두 가지 분리된 것처럼 보이는 영역의 융합이 새로운 디지털 문화와 디지털 경제의 국가적으로나 세계적으로 균형 잡힌 성장을 보장하지는 않는다. 훌륭한 메커니즘과 관계없이, AI는 이전의 디지털 기술과 마찬가지로 빅데이터와 자본을 통제하면서 디지털 플랫폼과 메가 미디어 기업의 주요 구성 요소가 되었다. 특히 글로벌 플랫폼 거대 기업들이 배급력과 네트워크를 기반으로 현지 문화 생산을 좌지우지하면서 이러한 특정한 형태의 미디어 융합에서 글로벌 노스와 글로벌 사우스 간의 격차가 더욱 심화되었다. 소수의 비서구 국가들은 문화 창

작자들이 사용할 수 있도록 그들 자신의 AI와 관련 디지털 기술을 발전시킬 수 있다. 그러나 기술의 수준은 아직 서구 국가에서 개발된 AI와 비교가 되지 않는다. 글로벌 OTT 플랫폼과 거대 미디어 기업이 문화 콘텐츠와 빅데이터의 흐름을 통제할 때, 이 격차는 줄어들지 않고 더 커질 것이다. AI는 특히 머신러닝의 원동력인 데이터에 의존한다. 그러나 글로벌 사우스에 있는 새롭고 작은 디지털 플랫폼과 미디어 기업은 중국과 한국에서의 몇 가지 예외를 제외하고는 강력한 AI 시스템을 개발하기 위한 만큼의 데이터에 접근하지 못해 글로벌 노스와 글로벌 사우스의 격차가 심해진다.

AI의 역할 증대는 문화 영역에서 민주주의를 해칠 수 있으며, AI 분열을 초래했다. AI 소프트웨어 개발자와 보유자인 여러 OTT 플랫폼이 엔터테인먼트 산업을 장악할 것이고, 기술력이 떨어지는 디지털 기술을 중심으로 한 기존 미디어 기업들은 국내외에서 지속적으로 시장점유율을 잃게 될 것이다. 고객들도 OTT 플랫폼이 추천하는 것을 선택할 수밖에 없다. AI의 주요 부분인 빅데이터와 알고리즘은 대부분 서구 기반의 몇몇 플랫폼과 거대 미디어 대기업이 소유하고 있으며, 글로벌 맥락의 이러한 체계적인 차이는 글로벌 정보 격차를 심화시켜 데이터를 공유하거나 합리적으로 혜택을 분배할 수 있는 실용적이고 합리적인 표준을 개발하도록 요구한다.

결론

제4장은 대중문화 생산에서 AI의 역할 증대를 다루었다. 글로벌 노스와 글로벌 사우스의 몇 가지 사례를 논의함으로써, 문화 생산에서 AI와 대중문화의 만남을 논했다. AI의 현대 국면이 직원 기반 산업 제조를 중심으로 크게 구성된 세계에서 새로운 산업과 미래산업으로 사회를 이동시키면서 글로벌 질서

를 극적으로 변화시키고 있는 가운데, AI는 대중문화의 생산을 깊이 변화시켰다(Elliott, 2019: 157). AI는 문학 같은 오래된 형태의 예술이든 영화와 같은 현대 예술을 통해서든 대중문화에서 반복되는 주제이다(Moustachir, 2016).

대중문화 생산에 AI가 개입하는 현실을 여전히 믿지 않는 사람들이 많지만, 영화, 음악, 게임, TV 프로그램 등 문화산업에 AI가 채택되면서 생긴 변화는 곳곳에서 나타나고 있다. AI와 연계한 여러 디지털 플랫폼이 자체 문화 콘텐츠를 개발했다. OTT 스트리밍 서비스가 고도화되고 문화 콘텐츠에 투자된 자본이 지속적으로 유입되면서 공중파 방송사와 같은 전통 미디어 기업들은 AI의 지원을 받아 제작을 앞당겼다. 몇몇 전통 매체들도 경쟁력을 유지하기 위해 AI 기업들과 통합하고 제휴를 맺었다(Foster, 2019).

21세기 초 문화 생산에서 AI의 필요성은 문화 생산의 빠른 변혁을 이끈다. 쿨레스(Kulesz, 2018a: 4)는 "디지털 플랫폼의 등장이나 디지털 도구의 광범위한 적용이 문화 생산의 가치사슬을 완전히 바꿔놓았다"라고 했다. 재화나 서비스의 생산에서 소비까지, 이전 단계가 끝나지 않으면 다음으로 넘어갈 수 없었던 파이프라인 시스템에서 실시간 상호작용이 중요한 네트워크나 플랫폼 시스템으로의 극적인 변화가 이루어졌다. AI가 시스템 전반에 혁신적으로 가져온 변화는 네트워크나 플랫폼 시스템에서 동시다발적으로 영향을 미친다(Kulesz, 2018a). 논쟁의 여지가 있지만, AI는 강력한 사회적 결과를 내포하고 있으며, 문화적 가치사슬은 극적인 변화를 경험하고 있다. AI가 발달하고, 심화하고, 가속화할수록 점점 더 많은 사람들이 영향을 받게 될 것이며, 이는 피할 수 없는 일이다.

향후 미디어와 대중문화 생산에 AI가 큰 역할을 할 것으로 기대된다. 문화 창작자와 기업 입장에서는 더 이상 창작에 AI 기술을 채택할지 여부는 선택이 아니다. 넷플릭스와 스포티파이의 사례에서 AI가 주도하는 문화 유통이 이미 증명하고 있듯이, AI가 지원하는 문화 생산은 미디어와 문화 산업에서 혁명적이고 일상적인 것이 될 것이다. 대중문화 영역의 머신러닝은 사람들, 창작자 및 플랫폼 간의 새로운 형태의 상호작용을 창출하는 데 활용될 수 있다.

다만 문화 생산에 AI가 빠르게 활용된다고 해서 AI가 생산 공정을 전면적으로 바꾸고 생산 라인에서 인간을 제거하는 것은 아니다. 인간이 문화 생산에서 핵심적인 역할을 계속하게 될 것이기 때문에 AI에 전적으로 의존하게 될 문화 콘텐츠의 생산을 목격하는 데에는 시간이 더 걸릴 수도 있다. 따라서 AI가 가져온 이러한 변화에 사람들이 대처하는 방법을 탐구하는 것이 중요하다(Elliott, 2019). 다시 말해, 우리가 고민해야 할 것은 문화 생산에서 AI와 인간의 관계이다. 엘리엇(Elliott, 2019: 26)이 "인간 행동의 흐름과 문화 관행의 생산은 오늘날 시공간을 넘나드는 복잡하고 강력한 기술 및 사회 시스템의 맥락에서 일어난다"라고 지적했듯이 우리가 문화 생산에서 인간과 기계의 협력을 발전시킬 것을 요구한다.

또한 많은 주요 과제들이 남아 있다. 한편으로는 문화적 가치사슬이 빠르게 변모하고 있으며, 많은 국가는 AI 주도의 변화에 대처할 수 있는 안전한 전략을 마련하지 못하고 있다. 글로벌 사우스에서 그 과제는 훨씬 더 심각하고 복잡하다. 글로벌 사우스 지역은 전통 미디어와 플랫폼 기업에 필요한 데이터가 부족해 대중문화 생산에서 AI 활용을 온전히 이룰 수 없다. 유네스코(UNESCO, 2016)가 적절하게 표현했듯이, 문화산업, 특히 중소기업은 국가적으로나 세계적으로 AI, 빅데이터, 인력 등 필요한 디지털 도구와 기술이 부족한 경우가 많다. 게다가 아날로그에서 디지털로의 전환은 꽤 품이 많이 든다. 문화 분야에서 플랫폼의 지배력은 너무 강해서 추가적인 위험을 초래할 수 있는데, 그것은 디지털 문화의 경제에 대한 신뢰할 수 있는 국가 통계를 생산하지 못하는 것이다. 사용자와 플랫폼 간의 정보 교환은 전자적으로 수행되고 일반적으로 암호화되기 때문에, 각 국가states는 글로벌 사우스에서 사용자가 어떤 재화와 서비스를 어떻게 소비하거나 생산했는지 확인할 수단을 항상 가지고 있지는 않다(UNESCO, 2016: 17). 거대 플랫폼들이 문화 생산의 생태계에서 점점 더 그

몸집을 불려나가고 영역을 넓힌다면, "현지에 있는 문화 생산자를 포함한 여러 분야의 창작자들이 무방비 상태에 놓이게 될 수 있다"(Kulesz, 2018b: 83).

　전반적으로 대중문화 생산에 있어 AI의 약진은 피할 수 없으며, 문화 생산에 있어 AI의 추가 성장이 있을 것이라는 데에는 의심의 여지가 없다. 그러나 문화 생산에서 AI의 사용은 디지털 플랫폼 기업을 포함한 정부와 문화기업에게 AI 주도 문화 생산에 대한 균형 잡힌 접근 방식을 발전시킬 것을 요청하는 몇 가지 중요한 사회문화 문제를 야기한 것도 사실이다.

제5장

세계의 문화 규범을
변화시키는
넷플릭스 효과

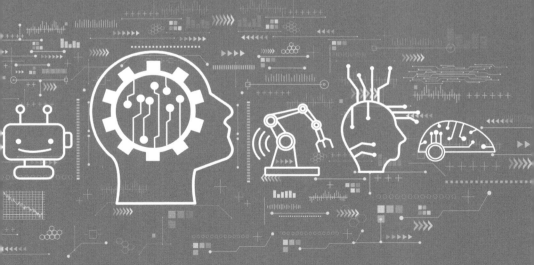

서론

21세기에, 넷플릭스, 아마존프라임, 디즈니플러스, 애플TV플러스와 같은 주문형 비디오VOD 서비스로 알려진 인터넷 기반 OTT 서비스 플랫폼의 등장은 사람들의 문화 활동에 엄청난 영향을 미쳤다. OTT 서비스 플랫폼은 AI, 빅데이터, 알고리즘을 탑재해 문화산업의 규범을 바꿔 글로벌 문화시장을 재편했다. 콘텐츠 유통에서 제작, 미디어 산업 자체에 이르기까지 문화적인 생산과 소비가 AI와 알고리즘의 도움으로 점점 더 많이 일어나고 있는 것처럼 OTT 플랫폼은 세계 엔터테인먼트 시장의 생태계를 크게 변화시켰다. 미국 등지의 문화 소비는 엄청난 증가세를 보였고, 전통 미디어에서 디지털 미디어로 크게 도약했다. 디지털 미디어 플랫폼의 부상은 주요 엔터테인먼트 센터로서의 TV와 영화관의 패권에 도전하고 있다.

넷플릭스는 몇몇 중요한 OTT 플랫폼이 존재한다는 것을 인정하면서, "소비자와 콘텐츠 제공자 간의 관계에 혁신적인 영향을 끼쳤다"(McDonald and Smith-Rowsey, 2018: 1)는 점에서 글로벌 엔터테인먼트 시장을 변혁하는 데 중추적인 역할을 해왔다. 넷플릭스는 지난 10년간 빅데이터, 알고리즘, AI를 활용한 주요 OTT 플랫폼 중 하나로 성장해 플랫폼 기업에 막대한 수익을 제공하면서 전통적인 방송·영화 산업에도 타격을 주고 있다. 넷플릭스는 특히 세계 문화 시장에서 점유율 확대를 지속하고 있다. 주로 캐나다와 영국 등 서구 시장을 석권한 넷플릭스는 2015년부터 아시아 지역 가입자 유치에 적극 나섰다. 아시아 각국의 젊은 디지털 세대들은 넷플릭스 구독자 수 증가에 기여하고 있을 뿐만 아니라 2018년 말에 이미 아시아에서는 미국의 구독자 수인 5,800만 명을 훌쩍 넘겼다(Gilchrist, 2018). 생산에서 유통, OTT 산업 자체에 이르기까지 아시아는 주로 넷플릭스의 영향으로 플랫폼과 문화시장의 경이로운 변화를 경험했다. 넷플릭스는 일반적으로 반사적 배포의 주요 허브 중 하나로 받아들여진다(Braun, 2015). 그러나 넷플릭스는 또한 제작과 전시의 주요 주체로서 역할 했으며, 이는 글로벌 노스와 글로벌 사우스 양쪽의 많은 폴로어들에게 새로운 비즈니스 모델이다.

제5장에서는 글로벌 문화산업에서 가장 영향력 있는 OTT 플랫폼 중 하나로서 넷플릭스의 영향력을 AI, 디지털 플랫폼, 대중문화의 중요한 연결고리를 중심으로 살펴본다. 먼저 유통부터 제작까지 문화산업의 순환고리를 좌지우지하는 AI 지원 OTT 서비스 플랫폼으로서 넷플릭스의 주요 특징을 짚어본다. 둘째, AI와 알고리즘 중심의 유통 과정을 중심으로 넷플릭스가 콘텐츠 제작 산업에 어떤 영향을 미치는지 살펴본다. 이어 넷플릭스가 한국을 포함한 각국 현지 OTT 업계에 미치는 영향을 조사해 OTT가 AI를 접목한 이유를 파악한다. 이러한 논의를 통해 결국 넷플릭스가 글로벌 노스, 주로 미국 그리고 글로벌 사우스에 있는 많은 개발도상국들 사이의 비대칭적인 권력관계를 확장했는지를 분명히 한다. 둘의 권력관계를 분석해 보면 글로벌 맥락에서 AI, 빅데이터, 알고리즘을 대규모로 활용한 넷플릭스의 역할이 커지고 있는 현 상황을 조명할 수 있을 것이다.

글로벌 디지털 플랫폼으로서 넷플릭스의 부상

넷플릭스는 1997년 비디오 대여 서비스 업체로 미국에서 설립되어 2007년부터 스트리밍을 시작했다. 넷플릭스는 가장 성공적인 OTT 서비스 중 하나이며 매우 영향력 있는 디지털 플랫폼으로서 핵심적인 역할을 해왔다. 넷플릭스는 AI가 지원하는 가장 모범적인 플랫폼 중 하나이기도 한데, "AI는 인간이 개별 의사결정 단계에서 최소한으로 개입하여 보다 복잡하고 자동화된 의사결정을 이끄는 데 사용되는 모든 기술을 말한다"(Easton, 2019). 방송에서 "음성 인식 비서와 같은 서비스에서부터 TV의 요청을 처리하는 추천 서비스, 그리고 AI 웹 채팅 서비스에 이르기까지 AI 작동과 운영은 보다 다양하게 나타날 수 있는데", 이는 거의 대부분 넷플릭스에서 찾아볼 수 있다(Easton, 2019).

AI의 존재는 점점 더 유비쿼터스화되고 있으며 넷플릭스, 페이스북, 스포티파이 같은 여러 메가 플랫폼은 소비자와 상호작용하는 AI 관련 솔루션을 효율적으로 사용한다(Yu, 2019). 넷플릭스는 강력한 추천 시스템을 개발하기 위해 AI와 알고리즘을 활용한 것이 사실인데, 이는 글로벌 문화시장에 미치는 영향이 유통 부문에 국한되지 않고 AI와 문화의 연결고리가 된다는 것을 의미한다. 넷플릭스는 특히 머신러닝과 알고리즘을 사용하여 고객에게 개인화된 콘텐츠 제안을 제공한다(Easton, 2019). AI와 알고리즘이 지원하는 넷플릭스는 제작부터 유통 분야까지 문화산업 전반을 장악하고 있다. 넷플릭스는 배급 매체로 시작했지만, 외부 스튜디오에 대한 의존도를 줄이면서 콘텐츠 비용을 줄이기 위해 자체 오리지널 콘텐츠를 제작했다(Kumar et al., 2018). 넷플릭스는 머신러닝을 활용하여 구독자들이 좋아할 만한 콘텐츠를 파악하여 추천할 뿐 아니라 콘텐츠 제작 예산의 집행, 촬영 장소 수배, 세트 제작, 출연 배우들의 일정 조율 등과 같은 기술적이면서 사업에 필요한 의사결정 과정을 발전시켰고, 이는 구독자들과 바로 맞닿을 수 있는 콘텐츠 제작으로 이어졌다. 이를 실현할 수 있었던 것은 넷플릭스가 다양한 데이터세트를 분석했기 때문인데, 이 데이터세트들이 콘텐츠 제작의 모든 과정에 드는 비용을 예측하면서, 촬영 장소 및 일정 등을 포함한 모든 사전/사후 제작 단계에 드는 주요한 내용들을 미리 대비할 수 있게끔 해주기 때문이다(Kumar et al., 2018). 이는 확실히 넷플릭스가 고객에게 가장 적합한 콘텐츠를 추천할 수 있는 가능성을 높인다.

넷플릭스는 또한 작은 비디오 대여 회사에서 가장 큰 OTT 플랫폼으로 변신했다. 제2장에서 논의한 바와 같이, 넷플릭스는 소셜 네트워크 사이트와 사용자 생성 콘텐츠 플랫폼에서 여러 가지 다른 측면을 차용한다. 그러나 넷플릭스는 또한 디지털 플랫폼과 유사한 몇 가지 특성이 있다. 반 데이크 외(van Dijck et al., 2018: 9)의 지적을 다시 인용하자면, 그는 "플랫폼은 데이터에 의해 구동되고, 알고리즘과 인터페이스를 통해 자동화 및 조직되며, 비즈니스 모델에 의해 구동되는 소유권 관계를 통해 공식화되고, 사용자 계약을 통해 통제된다"라며, 넷플릭스를 디지털 플랫폼의 범주에 넣는다. 이와 관련해 진달용(Jin, 2015)도 디지털 플랫폼이 기술 영역, 기업 영역, 정치 영역 등 3대 분야를 고민하지 않고는 공정하게 이해될 수 없다고 주장한다. 이들이 공통적으로 강조하는 것은 기술적 측면뿐만 아니라 상업적·문화적 측면에서도 우리가 넷플릭스를 이해해야 한다는 것이다. 넷플릭스는 빅데이터, 알고리즘, AI를 활용해 미국과 전 세계에서 상업적 이익을 내는 최대 OTT 서비스로, 유통 분야를 시작으로 이제는 제작·전시까지 문화권의 순환고리를 통제하는 매개자mediators 역할을 하고 있다.

고객의 관심을 끌기 위한 넷플릭스의 사업 전략은 "'비디오를 대여해 주던 극장 같은 사업 모델'에서 '드라마 제작자 같은 사업 모델'로"(Jenner, 2016: 261) 바뀌었다. 넷플릭스는 놓친 프로그램이나 영화를 볼 수 있는 기회를 제공하지 않는 대신,

자체 제작한 오리지널 시리즈를 최초로 볼 수 있되 시간이 지나도 오래도록 볼 수 있으며, 기존에 있던 미디어 콘텐츠 배급 모델을 바꾸면서 새롭게 콘텐츠 배급자로 자리매김했다(Jenner, 2016: 261).

    디지털 플랫폼으로서 아마존프라임, 디즈니플러스 등 다른 OTT를 비롯해 넷플릭스는 문화 콘텐츠와 문화산업을 크게 변화시켰다. 넷플릭스는 독특한 비즈니스 모델을 지속적으로 발전시키고 세계 문화시장을 재편했다. 넷플릭스는 AI, 알고리즘, 빅데이터 등 여러 주요 요소들을 추가하고 활용함으로써 문화 분야의 규범을 바꾸는 주요 미디어 대기업 중 하나로 탈바꿈했다.

    좀 더 구체적으로, 넷플릭스는 2007년 캐나다에서 성공적으로 론칭한 이후 다른 나라들을 공략했다. 넷플릭스가 캐나다에서 서비스를 시작했을 때, 많은 캐나다인들은 넷플릭스가 월 7.99달러에 인터넷 연결을 통해 영화와 TV 에피소드를 무제한으로 제공할 수 있기를 바랐는데, 이것은 그들이 그들의 비싼 케이블 채널을 버릴 수 있게 해줄 수 있는지까지는 예측하지 못했다. 하지만, 넷플릭스의 최고경영자CEO인 리드 헤이스팅스Reed Hastings는 넷플릭스가 전통적인 TV와 "효과적인 경쟁자"가 아니기 때문에 "그렇지 않을 것이다"라고 말했다. 캐나다에서 넷플릭스가 출시되기 전 토론토에서 열린 기자회견에서 리드 헤이스팅스는 말했다. "우리는 그들의 차에 비교하면 자전거와 같다. 우리는 보충제이다"(Nowak, 2010). 그 이후 약 10년이 지난 지금, 헤이스팅스의 말은 틀렸음이 증명되었는데, 그 이유는 넷플릭스가 이미 보충제를 넘어서 대체품이 되었고, 시장 경쟁에서 가장 강력한 우위를 점하고 있기 때문이다. '코드커팅'으로 알려진 케이블이나 위성 TV 서비스를 취소하는 사람들의 증가 추세가 계속되고 있다.[1] 원래 넷플릭스는 단순한 중개자로 보였을지

---

1   마케팅 리서치 기업 컨버전스리서치(Pressman, 2019)에 따르면, 코드커터와 한 번도 유료 TV에

모르지만, 전통 미디어와 경쟁하면서 디지털 플랫폼으로서 가장 강력한 매개자 중 하나로 변모했다. 넷플릭스는 결과적으로 글로벌 시장에서 전통 미디어와 그들의 비즈니스 모델에 도전했다.

넷플릭스가 시장 다변화를 지속하고 있다. 넷플릭스는 2010년대 초 라틴아메리카에 등장하면서 영국, 아일랜드, 스웨덴, 덴마크, 네덜란드 등 여러 서구 시장에 처음 진출했다. 넷플릭스는 마침내 2010년대 중반 일본과 한국을 포함한 아시아 시장에 진출했다. 넷플릭스는 2015년에 일본에 진출하여 대부분의 아시아 국가에서 입지를 굳히고 있다(Low, 2017). 중국에서는 아직 넷플릭스를 이용할 수 없다. 크림반도, 북한, 시리아에서도 미국 기업에 대한 미국 정부의 제한으로 이용이 불가능하다.

넷플릭스(Netflix, 2019a)에 따르면, 스트리밍 전용 요금제를 사용하는 가입자는 2019년 190개국 이상에서 TV 프로그램과 영화를 즉시 시청할 수 있었지만, 스트리밍 가능한 콘텐츠는 지역에 따라 다를 수 있다. 넷플릭스는 미국에서처럼 빠르게 성장하지는 않았지만 디즈니플러스를 포함한 다른 경쟁자들 때문에 계속 성장했다(Adalian, 2019). 넷플릭스로서는 글로벌화가 최대 자산이

가입한 적이 없는 이른바 코드네버족의 비율은 2017년 26%에서 2018년 전체 가구의 30%로 급증한 것으로 나타났다. 2019년에는 전체 가구의 34%에 달할 것으로 예상되었다. 그러나 컨버전스리서치는 엔터테인먼트에 굶주린 소비자들이 대안을 찾으면서 AT&T의 TV NOW(구DirecTV Now)와 같은 다채널 온라인 서비스보다는 넷플릭스나 아마존의 프라임 비디오와 같은 보다 간단한 스트리밍 서비스를 선택할 가능성이 훨씬 더 높다는 사실을 발견했다. "소비자들은 기존 케이블 TV나 유료 방송을 해지하고 스트리밍 서비스에 의존하여 텔레비전 드라마나 예능 등을 시청할 때 코드커터가 된다". 코드커팅은 소비자의 초고속 인터넷 연결과 넷플릭스, 훌루, 아마존프라임 비디오 등 스트리밍 서비스 가입을 통해 더욱 활발해진다. 이러한 스트리밍 서비스들의 부상은 "사용자에게 유료 TV 서비스를 통해 TV 프로그램을 접하는 대신 보다 실질적인 선택권을 제공"했다(Tefertiller, 2018: 390). 케이블 업계는 여전히 초고속 인터넷 서비스 제공 업체이기 때문에 코드커팅 현상은 케이블 업계에 있어서 완전한 손해라고 볼 수는 없다(Pressman, 2019). 그러나 OTT 서비스가 점차 기존 방송사를 대체하고 있는 것은 확실해졌다.

자료: Netflix(2017, 2018, 2019b, 2020)

고, 아마존프라임, 디즈니플러스, 현지 OTT 등 후발 주자들의 치열한 도전 속에서 해외 가입자 증가가 최대 과제 중 하나다.

넷플릭스는 글로벌 시장 침투로 2015년 67억 달러에서 2019년 201억 달러로 매출이 급증함과 동시에 글로벌 가입자 수 역시 2015년 7,000만 명에서 2019년 1억 6,700만 명으로 증가했다. 2017년 국제 가입자 수가 미국 가입자 수를 앞질렀다(Netflix, 2017; 2018; 2019b; 2020)(〈그림 5.1〉). 2019년 12월 넷플릭스(Netflix, 2019d)는 지역별 스트리밍 매출, 멤버십, 유료 스트리밍 가입자당 평균 수익을 최초로 공개했다. 넷플릭스는 예상대로 미국 증권거래위원회SEC에 8-K 신고서를 통해 2019년 3분기 말 아시아·태평양 지역의 지난 2년간 수익이 3억 8,200만 달러로 153% 증가했다고 보도했다. 스트리밍 가입자는 2019년 3분기 유료 고객 1,449만 명으로 그 기간 동안 148% 증가했다. 이에 비해 중동아프리카EMEA 등 유럽 지역은 2019년 3분기 청약 수익이 142만 8,000달러로 최근 2년간 132% 증가한 것으로 나타났다. EMEA의 가입자 수는 3분기 말 현재 4,740만 명으로 2년 전보다 105% 증가했다(Spangler, 2019).

아시아는 가장 작은 시장이었지만, 수익과 가입자 수의 증가율은 모두 세계에서 가장 높았다.

아시아에서는 활발한 스트리밍 가입자가 급증하면서 한국이 성장을 주도하고 있다. 2016년 1월 한국에서 서비스를 시작했으며, 가입자는 2018년 6월 63만 명에서 2020년 9월 330만 명으로 5.23배 증가하여 전 세계에서 가장 빠른 성장세를 보였다(Li and Yang, 2020). 2019년 10월 기준 연령별로는 20대가 38%로 가장 많고, 30대(31%), 40대(15%), 50대 이상(17%) 순서다(Lee, M.K., 2019: DongA Ilbo, 2019). 더 중요한 것은 넷플릭스 모바일 앱의 사용자 수가 2016년 8만 명에서 2017년 32만 명, 2018년 9월 90만 명으로 급격히 증가했다는 점이다(Cho, Y.B., 2019). 한국은 잘 알려진 것처럼(Kim, 2011; Jin, 2017a), 스마트폰이 발달하고, 이용자가 많은 전 세계 몇 안 되는 국가로, 넷플릭스 역시 한국에서의 서비스 확대뿐만 아니라 구독자 수를 늘리기 위해 현지 뉴미디어와 인터넷, 정보기술을 활용하고 있다. 넷플릭스의 경우, 스마트폰을 비롯해 디지털 기술을 잘 활용하고 또 잘 가지고 노는 디지털 세대가 주요 고객인데, 영국의 ≪이코노미스트≫는 동영상 스트리밍 채널에 가입하는 사람들 뒤에 있는 과학을 "넷플릭소노믹스Netflixonomics"로 명명했다.

2016년 초기 단계에서는 현지 기반의 OTT 서비스와 문화 창작자들이 넷플릭스에 대해 걱정하지 않는 듯했다. 하지만, 넷플릭스의 최근 급성장은 한국의 문화시장을 재편할 수 있는 엄청난 영향과 잠재력을 보여주었다. 현지 OTT는 글로벌 OTT 플랫폼과 경쟁해 왔지만, 한국 온라인 동영상 서비스는 주로 한국 OTT 플랫폼의 콘텐츠 부족으로 가입자 감소에 시달리고 있다(Yeo, J.S., 2019a). 넷플릭스는 한국에서 성장할 수 있는 동력을 확보했고, 한국 정부부터 콘텐츠 제작자, 그리고 이용자들까지 모두 넷플릭스의 영향력을 재고할 만큼 넷플릭스는 절대 무시할 수 없는 서비스로 자리매김했다. 엘킨스(Elkins, 2021)는 넷플릭스가 정치 조직이라고 주장했는데, 이는 넷플릭스가 이념과 기술력을 둘러싼 세계 곳곳의 분쟁에 직접적으로 가담하기 때문이라고 설명한다. 넷플릭스는 프로그래밍, 브랜딩 전략, 글로벌 미디어 콘텐츠, 무역, 인프라 정책에 영향을 미치려는 시도에서 글로벌 브랜딩, 국제 자유무역, 경제 규제완화를 지향하는 세계화된 문화 및 경제 자유주의의 광범위한 비전을 홍보한다.

흥미롭게도 넷플릭스는 최근 코로나19 시대에 강한 성장세를 보인 반면, 대다수의 기업은 큰 어려움을 겪었다. 코로나바이러스가 기승을 부리기 시작한 2020년 1분기 미국 다우존스 산업평균지수는 무려 24%나 하락했다. 그러나 넷플릭스의 주가는 같은 기간 10% 상승하면서 실적을 앞질렀다. 넷플릭스 주가는 2020년 1월 2일부터 8월 31일까지 무려 60.5%나 급등한 반면, 다우지수는 여전히 마이너스 상승을 기록했다. 사람들은 집에 있어야 했기 때문에 디지털 게임과 OTT 플랫폼을 포함한 홈 엔터테인먼트에 크게 의존했고, 넷플릭스는 팬데믹의 가장 훌륭한 수혜자 중 하나가 되었다. 코로나19 시대에는 코로나 위기 대응으로 사회적 거리두기를 실천해야 했는데, 이는 인간이 대면적 사회 관계를 피하고 소셜미디어와 OTT 플랫폼의 도움을 받아 소통이 조직되는 매개적 사회 관계로 대체한다는 것을 의미한다(Fuchs, 2020). 사회적 거리두기는 사람들이 의사소통을 피하는 것이 아니라 "감염의 위험이 있는 얼굴을 보며 하는 의사소통 대신 매개적 의사소통으로 대체하는 것이다. 매개는 회피와 생존의 전략이 된다"(Fuchs, 2020: 378). 콘(Cohn, 2019: 2)은 "이러한 기술과 가치는 자동화를 통해 삶의 모든 영역에서 효율성과 단순성을 창출하려는 우리의 현재 신자유주의(또는 단순히 자본주의) 매력에 잘 들어맞는다"라고 주장한다.

코로나바이러스가 현대 자본주의 사회를 크게 변화시키면서 넷플릭스 그리고 일반적으로 AI와 빅데이터를 탑재한 OTT 플랫폼은 가장 강력한 매개체 중 하나가 되어 메가 디지털 플랫폼의 손에 막대한 이익을 가져다주었다. 잘 알려진 대로 넷플릭스는 구독 기반 동영상 스트리밍 비즈니스 모델(제6장 참조)을 개척했고, 코로나19 시대에 넷플릭스는 적절하게 구독자를 추가했다. 전 세계의 많은 사람들이 넷플릭스를 구독하기 시작했는데, 이는 코로나19로 인한 봉쇄 상황에서 다양한 콘텐츠 찾아볼 수 있고, 또 한 번에 몰아서 보기를 원했기 때문이다. 넷플릭스는 AI 지원 OTT 플랫폼으로서 코로나19 범유행을 순간적으로 활용했다.

AI가 재편한 문화 유통의 규범

넷플릭스가 글로벌 영역을 크게 확장하면서 현지 시청각 산업을 크게 재편했다. 넷플릭스의 엄청난 침투는 유통, 제작, 전시 그리고 플랫폼 산업 그 자체에 영향을 미쳤다. 넷플릭스는 AI를 서비스 곳곳에 적용하여 문화 생산과 유통의 흐름에 영향을 준다. TV 연구에서도 넷플릭스를 다루기는 하지만, 제1장에서 이야기했듯이 이 책에서는 넷플릭스를 상업 기관이나 기업뿐만 아니라 디지털 플랫폼(컴퓨터 소프트웨어를 기반한 시스템으로 텔레비전과 유사한 경험을 제공하기도 하는 애플리케이션)으로 보고 있다. 넷플릭스는 제2장에서 논의한 주요 차원으로 인해 구글과 페이스북에서도 볼 수 있는 AI와 알고리즘 추천에 의존하는 플랫폼으로 분석하는 것이 중요하다.

무엇보다 넷플릭스가 세계적으로 영향을 미치는 가장 뚜렷한 분야 중 하나는 유통이다. 넷플릭스가 밝힌 바와 같이(Netflix, 2019c) 모델 및 알고리즘 설계, 구현, 평가 및 제작 등의 많은 분야에서 머신러닝을 사용하는 혁신을 특히 주도하고 있다. 머신러닝은 여러 분야에 영향을 미친다. 예를 들어, 제7장에서 주로 논의할 개인화personalization는 머신러닝이 넷플릭스의 추천 알고리즘을 강화하는 가장 잘 알려진 분야이다. 또한 넷플릭스는 큰 성공을 거둔 콘텐츠에 관한 특징들을 머신러닝을 통해 학습시킨 알고리즘을 활용하여, 향후 선보일 영화와 TV쇼의 목록을 만들어 추리기도 한다. 이 알고리즘은 주로 넷플릭스가 오리지널 시리즈를 제작하기 위해 적극 활용하고 있다. 이 머신러닝은 북미 인터넷 트래픽의 3분의 1 이상을 차지하는 비디오·오디오 인코딩 및 데이터 전송률을 최적화하는 데 특화되어 있다. 동시에 넷플릭스는 광고 지출이나 편성에 힘을 싣기도 하고, 광고를 위한 창의력을 발휘하면서 넷플릭스 콘텐츠를 온전히 즐길 새로운 구독자들을 찾을 수도 있다(Netflix, 2019c).

넷플릭스의 머신러닝 디렉터 토니 제바라Tony Jebara는 실제로 2018년 10월 스탠퍼드대학에서 열린 프레젠테이션에서 개인화된 스트리밍 서비스에서 머신러닝의 역할을 강조했다(Foreman, 2018). 토니 제바라는 프레젠테이션에서 글과 영상으로 "[이야기]를 전달하는 사람은 청중과 직접 소통하지 못하기 때문에 어떤 게 공감을 얻는지, 어떤 것은 왜 공감을 얻지 못하는지, 또 어떻게 스토리텔링을 개선해야 하는지 모른다"라고 언급했다. 그러나 제바라는 사용자로부터 요청받은 데이터에 머신러닝을 적용하면 넷플릭스가 적극적으로 시청자들에게 다가갈 수 있다고 했다. 그는 단호하게 말했다.

> 이제 우리는 각 계정들이 무엇에 관심이 있는지, 어떤 쇼를 보고 있는지, 무엇을 빠르게 전달하고 있는지, 무엇을 맴돌고 있는지, 무엇을 향해 엄지손가락을 치켜세우고 있는지 볼 수 있습니다. 이렇게 하면 우리가 수백만, 수십억으로 확장하면서 잃었던 피드백 고리가 닫힙니다(Foreman, 2018).

넷플릭스의 증언과 머신러닝 디렉터의 주장을 바탕으로 넷플릭스는 단순한 알고리즘 시스템을 넘어 머신러닝의 기능에 주력해 온 것이 주요 비즈니스 모델로, 가장 진보한 AI 디지털 플랫폼 중 하나로 자리매김하고 있다.

더 최근에는 AI를 탑재한 넷플릭스의 유통력이 현지 문화시장의 기존 제작 방식을 바꿔놓았다. 방송산업이 엄청난 유통 변화를 겪었기 때문에 몇 가지 주요한 영향이 현지 방송 분야를 재편했다. 엘리엇(Elliott, 2019)이 언급했듯이,

세계 어느 곳이든 지정학적 관점에서 AI의 핵심 내러티브는 권력(AI가 이끄는 문화적·경제적 성장에서 세계질서를 주도적으로 재편하는 힘)에 관한 것이었다. 따라서 미국산 플랫폼의 영향력을 현지의 맥락에서 다각도로 따져보는 것이야말로 글로벌 노스와 사우스 간 권력관계를 더 잘 이해할 수 있는 방법이나 다름없다. 넷플릭스는 특히 잘 만든 현지 콘텐츠의 배급권을 구입해 넷플릭스에서 보여주었다.

넷플릭스는 전 세계 많은 현지 시장을 뚫었지만, 다양한 면에서 주요 타깃 지역 문화시장 중 하나는 한국이다. 따라서 넷플릭스 연구에서 한국을 예로 들어볼 필요가 있다. 넷플릭스는 실제로 한국에서 시장점유율을 확대하기 위해 몇 가지 전략을 개발했다. 우선 넷플릭스는 2018년 방영된 〈미스터 션샤인〉에 무려 4,300만 달러를 지원했다. 넷플릭스는 또한 넷플릭스에서 방송하기 위해 한국 TV 드라마인 〈비밀의 숲〉과 〈맨투맨〉(2017년에 방영한 또 다른 드라마)을 샀다. 넷플릭스는 2019년 5월 한국의 최대 공중파 채널 중 하나인 MBC가 제작한 미니시리즈 〈봄밤〉을 방영하기 시작했다(Jung, S.M., 2019). 그 전까지는 케이블 채널에서 제작한 일부 프로그램만 넷플릭스가 방송했는데, 공중파 채널은 한국 방송시장에 넷플릭스가 침투한 데 대해 깊은 우려를 표명했다. 하지만 케이블 채널과 공중파 채널을 모두 갖춘 국내 방송사들은 넷플릭스의 도전에 직면했고, 따라서 자체 OTT 플랫폼을 발전시키면서 자사 프로그램의 새로운 유통 및 전시 창구로 넷플릭스와 협력할 수밖에 없다. 2019년 11월 넷플릭스는 한국 드라마에 대한 관심의 지속으로 한국의 케이블 TV 방송사인 JTBC와의 3년 라이선스 계약을 공개했다. 이 제휴로 넷플릭스는 JTBC가 제작·방영하는 한국 드라마 시리즈 타이틀 약 20개에 대한 전 세계 스트리밍 권리를 확보하게 된다. "넷플릭스는 장르적으로도 전 세계적으로 수요와 인기가 높은 한국 드라마가 반드시 가야 할 목적지로 순식간에 자리를 잡은 것처럼 보인다"(Brzeski, 2019). 그 결과 넷플릭스의 한국 사업은 코로나19 시대에 회사가 성장하는 데 큰 역할을 했다(Li and Yang, 2020).

넷플릭스는 콘텐츠 공개 규범도 바꿨다. 한국 방송 시스템에서, 공중파 채널과 케이블 채널은 2~3개월에 걸쳐 매주 2회씩 방영되는 드라마 시리즈를 제작하는 데 익숙하다. 하지만 넷플릭스는 모든 에피소드를 동시에 제작해 고객들이 다음 에피소드를 기다리지 않고 언제든 함께 볼 수 있도록 하고 있다. 넷플릭스가 배급 시기를 통제하면서 한국 방송사들은 자체 프로그램 방영 일정을 결정할 수 없게 되었다. 예를 들어, SBS는 새로운 드라마 시리즈 〈배가본드〉를 2019년 9월 20일부터 11월 23일까지 방영했다. 하지만 〈배가본드〉는 2018년에 방송될 예정이었다. 이 블록버스터 스타일의 TV 시리즈의 방영 날짜는 넷플릭스와의 보류된 계약 때문에 연기되었다(Rapir, 2019). 250억 대작인 〈배가본드〉는 격렬한 총격 장면 때문에 할리우드 액션이나 스릴러, 범죄 장르 영화처럼 보이기도 했는데, 이는 한국 드라마에서는 전례 없던 장면이기도 했다. 이처럼 한국의 방송사들은 이제 넷플릭스를 통해 프로그램을 편성하는 일이 보편화되었다.

한편, 영화의 배급과 상영에 있어서 넷플릭스의 콘텐츠 공개 방식은 전통적인 극장 개봉 형식과는 거리가 있다. 봉준호의 액션, 코미디, 모험 영화 〈옥자〉는 극장 상영이 아닌 넷플릭스 공개를 택하면서 "극장 시대가 서서히 저물고 있음"을 증명했다(Song, S.J., 2016). 집이든, 거리든, 버스든, 지하철이든 어디에나 스크린이 있는 요즘, 영화가 극장 대신 모니터와 모바일 기기를 통해 빠르게 확산되고 있다. 넷플릭스가 만든 주요 영향 중 하나가 영화 배급 방식인 셈이다. 일부 대기업들이 영화의 배급 및 상영을 독과점한 한국 영화계에서 "한국의 저예산 예술영화, 독립영화 등이 온라인과 모바일을 통해 관객들과 만나는 기회를 점차 늘리면서" 넷플릭스에서 영화를 공개할 수 있도록 하고 있다(Song, S.J., 2016).

넷플릭스는 국내 드라마의 스토리텔링에도 영향을 미쳤다. 그동안 한국 드라마 제작자들은 매회가 끝날 때마다 관객들이 다음 회까지 기대를 갖고 기다릴 수 있도록 중요한 전환점을 마련하곤 했다. 그러나 프로그램 제작자들은 넷플릭스는 물론 현지 채널에서 동시에 프로그램을 제작하고 출시하기 때문에 이러한 전통적인 유통 규범을 고수할 수 없다(You, S.M., 2019). OTT 플랫폼을 이용하는 시청자들 입장에서는 다양한 프로그램을 원하는 시간대에 자유롭게 시청할 수 있다는 점이 OTT 이용의 절대적인 동기로 작용했다.

앞서 논의한 바와 같이, 신기술에 빨리 반응하고, 광범위하게 받아들여 활용하는 젊은 세대로 잘 알려져 있는 한국은 스마트폰 기술과 앱 산업 성장의 최전선에 서 있다. 넷플릭스 모바일 앱 이용자가 급증했다. 많은 한국인들이 일상 속에서 스마트폰에 의존하고, 문화 콘텐츠 소비에 있어서도 스마트폰을 빼놓을 수 없기 때문에 넷플릭스에 영감을 받은 한국의 문화산업계와 기업들은 스마트폰에 최적화된 콘텐츠를 빨리 만들어서 이용자들이 스마트폰으로 볼 수 있게끔 했다. 예를 들어 2016년 한국에서 서비스를 시작한 왓챠플레이는 데이터를 기반으로 한 모바일 애플리케이션으로 즉시 출발하여 기존 플랫폼을 국내 온라인 콘텐츠 스트리밍 서비스로 구축했다(Song, S.J., 2016).

문화산업에서 유통은 생산과 전시를 연결하는 핵심으로, 넷플릭스는 기존 유통 방식과 차별화되는 새로운 유통 시스템을 개발했다는 점에서 현지 문화산업에 큰 영향을 미쳤다. 넷플릭스는 문화산업을 근본적으로 재편했으며, 그 역할은 문화상품의 보급이나 시청각 문화의 유통에 국한되지 않고 세계 문화산업의 윤곽을 바꿀 막대한 자본을 보유한 생산자로서의 기능을 수행하고 있다. 앞서 논의한 〈배가본드〉의 사례가 증명하듯이 넷플릭스는 글로벌 문화산업에서 단순한 중개자 대신 매개자mediator로서의 핵심적인 역할을 확실히 수행해 왔다(van Dijck, 2013; Jin, 2019). 넷플릭스가 글로벌 시장에서 입지를 다지고 있는 상황에서 글로벌 브랜드는 플랫폼 제국주의에 대한 우려에 암묵적인 대위점을 제공한다. 미국의 플랫폼은 미디어 실천을 위한 세계의 주요 통로 역할을 함으로써 권력과 자본을 축적한다(Jin, 2015; Elkins, 2019). 넷플릭스의 파격적인 시도는 한국 등지에서 플랫폼 제국주의를 완벽하게 대변하고 있다.

한국 시청각 문화의 변화

배급력에 힘입어 넷플릭스는 영화와 방송을 아울러 문화 콘텐츠 제작에 투자했다. 간단히 설명했듯이, 넷플릭스는 여러 현지 문화상품에 자금을 지원했다. 중남미의 경우, 넷플릭스가 2020년 멕시코에서 콘텐츠를 만들기 위해 2억 달러를 투자하겠다는 계획을 밝혔다. 넷플릭스는 2020년 동안 멕시코에서 50편의 시리즈와 영화를 출시할 것이라고 확정했다(Bertran, 2019). 아시아에서는 넷플릭스가 인도에 대한 큰 계획을 가지고 있다. 2019년, CEO 리드 헤이스팅스는 넷플릭스가 2019년과 2020년 인도 콘텐츠에 4억 달러를 지출할 것이라고 설명했는데, 이는 원본 콘텐츠와 라이선스 콘텐츠를 모두 포함한 것이다. 리드 헤이스팅스는 발리우드 영화의 세계적인 수용을 이해하고 있으며, 그는 플랫폼에 있는 인도 콘텐츠 중 일부가 인도를 넘어 더 넓은 수용처를 찾고 있음을 분명히 나타냈다. 예를 들어, 그는 인도의 어린이 애니메이션 쇼 〈아기 장사 빔Mighty Little Bheem〉을 인용했는데, 그는 인도 밖에서 2,700만 가구가 시청했다고 말했다. 넷플릭스는 2016년 인도에서 론칭한 이후 첫 인도 오리지널 〈신성한 게임Sacred Games〉(Bhushan, 2019; Jin, 2021)을 시작으로 현지 제작 환경을 구축하고 있다.

　무엇보다 한국에서는 2017년 7월 개봉한 봉준호 감독의 영화 〈옥자〉를 위해 넷플릭스가 전체 예산 5,000만 달러를 지원했다. 190개국의 사람들이 넷플릭스를 통해 〈옥자〉를 볼 수 있었다. 넷플릭스는 이 영화의 개봉으로 한국 시장에서 두각을 나타내기를 희망했는데, 침투 초기에 현지에서 입지를 다지기 위해 고군분투하고 있었기 때문이다(Kim, J.H., 2017). 이 투자는 많은 금액처럼 보이는데, "회사가 미국 밖에서 성장하는 데 도움이 될 수 있는 국제적 도박에 지나지 않는다"(Sims, 2015).

이후 넷플릭스는 한국발 콘텐츠를 제작하기 위해 일련의 프로그램에 자금을 지원했다. 2017년 1월, 2014년부터 연재한 삼각관계 코미디·판타지·로맨스·스쿨 드라마인 한국의 인기 웹툰 〈좋아하면 울리는〉을 12부작 드라마로 만들 계획을 밝혔다. 넷플릭스는 2019년 8월부터 이 드라마를 방영하기 시작했다. 2017년 3월, 넷플릭스는 '킹덤'이라는 이름의 8부작 드라마를 제작하기 위한 또 다른 계획을 공개했다(Kim, J.H., 2017). 넷플릭스는 2018년 5월과 6월 넷플릭스를 통해 공개된 한국 버라이어티쇼 〈범인은 바로 너〉에 투자했다. 넷플릭스는 〈첫사랑은 처음이라서〉(드라마, 2019), 〈YG전자〉(버라이어티쇼, 2018), 〈유병재: B의 농담〉(스탠드업 코미디, 2018), 〈보건교사 안은영〉(드라마, 2019) 등 여러 드라마와 버라이어티쇼에의 투자, 제작, 출시를 지속해 왔다. 한 보고서(Hwang, Y.S., 2018)에 따르면, 2018년 초까지 넷플릭스가 유통한 한국 작품은 60개에 불과했다. 그러나 2018년 7월까지 140개의 TV 프로그램과 400개의 영화가 있었다. 이는 주로 한국 구독자 때문이 아니라 한국 문화 콘텐츠를 사랑하는 아시아 관객들을 위한 것이다. 더 중요한 것은, 2019년에 넷플릭스가 첫 번째 오리지널 한국 드라마 시리즈인 〈킹덤〉을 공개했다는 것이다. 〈킹덤〉은 좀비 미스터리 스릴러라는 새로운 장르로서, 한국의 마지막 왕국인 조선을 배경으로 한 6부작 넷플릭스 오리지널 시리즈이다. 이 시리즈를 제작하는 데 약 8년이 걸렸으며, 제작비는 회당 20억 원(미화 170만 달러)에 달했다(Yonhap, 2019a; jin, 2021).

넷플릭스가 한국 문화산업이 특별하다고 느낀 것은 '코리안 웨이브', 즉 한류의 최근의 성장 때문인데, 한류로 드라마, 예능, 영화, 케이팝 등 한국의 문화 콘텐츠가 주변국을 넘어서 북미, 유럽 등에서 급속한 성장을 이루었다(Lee and Nornes, 2015; Jin, 2016; Yoon, T.J. and Jin, 2017). 넷플릭스는 한국 문화시장이 특별히 중요하다고 보고 있으며, 이 특정 현지 시장을 뚫을 뿐만 아니라 한국 크리에이터들과도 협력할 것을 요구하고 있다. 한국에는 재능 있는 콘텐츠 크리에이터가 있고, 한류 현상 속에서, 드라마에서 케이팝에 이르기까지 문화상품이 세계적으로 인기를 끌면서 넷플릭스는 한국 문화시장에 대한 투자를 지속하고 있다. 한마디로 넷플릭스가 의도적으로 한류를 타고 있다는 얘기다.

물론 넷플릭스가 한국에 진출하고 〈킹덤〉을 비롯한 여러 현지 프로그램에 투자하는 주요 이유 중 하나는 "한국에서 OTT 파이를 확대하려 하지 않고 중국에서 영향력을 행사하려는 시도로 보인다".

> 그래서 그들은 중국에서 인기를 끌 것 같은 〈킹덤〉과 같은 한국 오리지널 시리즈에 투자한 것이다. 국내 경쟁사들의 등장으로 넷플릭스가 오리지널 콘텐츠를 방영하기 어려워져 한류가 통하는 아시아 시장에서 존재감을 높이려는 계획에 차질이 빚어질 수도 있다(Jin, M.J., 2019).

넷플릭스의 다음 주요 타깃이 중국인 만큼 한국을 작전 전진기지로 활용하는 동시에 중국 쪽으로 밀고 나가려는 모양새다. 결과적으로, 넷플릭스는 한국 연예계에 깊은 영향을 끼쳤다. 지금까지 해외에 알려진 한국 드라마는 대부분 로맨틱 코미디 장르였다. 그러나 넷플릭스가 스릴러(예: 〈비밀의 숲〉), 좀비물(예: 〈킹덤〉), 스탠드업 코미디(예: 〈유병재: B의 농담〉) 등 다양한 장르에 투자하고 관심을 갖고 있는 만큼 국내 크리에이터들도 이러한 장르를 개발하고 있는 것은 전례가 없는 일이다. 넷플릭스는 기존 시스템으로는 전 세계를 여행하지 않았을 콘텐츠를 유통시킬 수 있는 기능을 가지고 있다. 따라서 넷플릭스는 한국 크리에이터들로 하여금 전통적인 미디어 콘텐츠 제공의 경계를 넘어서도록 추진하고 있다(Sohn, 2018). 이러한 장르에 대한 넷플릭스의 강한 관심으로 인해, 한국 엔터테인먼트 회사들은 이례적으로 이러한 새로운 형태의 문화 콘텐츠를 개발해 왔다. 문화 창작자들에게는 더 이상 현지 시장이 유일한 대상이 아니다. 이들에게 콘텐츠의 글로벌 범위는 새로운 기준이며, 글로벌 문화시장에서 도약하는 데 넷플릭스가 도움이 되기를 바라고 있다. 트로이 스탠가론(Stangarone, 2019)은 "넷플릭스의 성공은 콘텐츠 목록이 다한 것이나 다름 없지만, 현지 제작자나 창작자들이 매력을 느낄 만한 무언가, 즉 한국의 오리지널 콘텐츠와 같은 것들의 발굴에 의해 견인된 것"이라며 날카롭게 지적했다. 즉 "넷플릭스는 해외시장을 겨냥해서 콘텐츠를 만들어야 하는데, 이게 현지에서도 진정성이 있다고 느껴져야 함과 동시에 해외에서도 잘 팔리는 것이어야 한다".

한편으로는 현지의 제작자나 창작자들이 넷플릭스의 이러한 영향력을 심사숙고해야 한다는 말이 나오기도 하는데, 그 이유는 넷플릭스가 추구하는 것이 현지의 엔터 분야나 시청자들로 하여금 "서구의 근대성만을 좇아 진정성과 전통을 잊게끔" 할 수도 있기 때문이다(Kraidy, 2010: 138). 넷플릭스의 "제작 문화와 제작 작업 자체가 어떻게 참신함과 매력을 수용하고, 도전하고, 극복하는 방향으로 재편되는가"를 이해함으로써, 그들은 현지 제작자들이 글로벌 디지털 플랫폼의 힘을 어떻게 중재하고, 그것이 지역 문화시장에서 시청각 문화의 측면에서 무엇을 의미하는지 이해할 수 있을 것이다(Ganguly, 2019: 33).

2019년 한국의 SBS에서 제작한 미니시리즈 〈배가본드〉도 전 세계 시청자에게 어필하기 위해 할리우드 액션 스타일을 적극 활용했다. 이 드라마는 211명 이상의 민간인을 죽인 의문의 비행기 추락에 관한 이야기인데, 한 스턴트맨이 그 과정에서 국가 부패 스캔들을 목격하게 된다. 같은 해 11월 방영된 12화에서는 스턴트맨 차달건(이승기 분)이 비행기 추락 사고의 핵심 증인을 법정에 세웠으나 사고의 배후에 있던 부패한 국가정보원과 경찰이 차달건과 핵심 증인이 법정에 들어가지 못하게 막았다. 이 장면에서는 10여 명의 경찰이 자동소

총 등 총기를 난사했는데, 이는 한국 드라마로서는 전례가 없는 일이었다. 이 장면은 사람들에게 〈배트맨 대 슈퍼맨: 저스티스의 시작〉(2016)과 같은, 할리우드가 제작한 많은 범죄 액션영화들을 떠올리게 한다. 한국적 정서에도 불구하고 이런 비현실적인 장면이 나올 수 있었던 가장 큰 이유는 한국 시청자뿐만 아니라 넷플릭스를 통해 이 드라마를 보는 전 세계의 시청자들 때문이었다.

또 다른 최근 드라마인 〈아스달 연대기〉는 2019년 넷플릭스를 통해 국제적으로 방영되었고, 한국 케이블 방송국 tvN과 스튜디오드래곤이 제작했다. 이 드라마에서 장동건은 전사가 되고 싶어 하는 반면, 송중기는 영감을 주는 영웅과 악마의 왕자라는 이중 역할을 연기했다. 이전에 방영된 사극과는 달리, 〈아스달 연대기〉는 탐욕으로 가득 차 주변 민족을 지배하려 했던 청동기 시대 신화 속 왕국인 아스달을 배경으로 한다. 특이한 역사적 배경 때문에, 방영되었을 때, 미국의 인기 있는 제작물인 〈왕좌의 게임〉과 비교되었다. 처음에는 줄거리와 설정이 비슷했지만, 〈아스달 연대기〉는 자신만의 뚜렷한 방향으로 나아가 "여러 캐릭터가 있는 복잡한 스토리라인"을 만들었다(MacDonald, 2019). 제작진이 글로벌 시청자를 공략하기 위해 넷플릭스가 제작한 블록버스터급 드라마에 버금가는 프로그램 개발을 계획한 것은 확실하다. 이처럼 스튜디오드래곤, JTBC 등 일부 한국 방송사들은 넷플릭스 모델의 영향을 받는 주요 수익을 광고하는 대신 프로그램 제작에 집중하는 스튜디오 시스템을 추구해 왔다(You, G.S., 2019).

한국을 포함한 글로벌 사우스에 있어서, 모든 외국 기반의 디지털 플랫폼에 도전할 필요는 없다. 〈별에서 온 그대〉(1,320억 원, 2013~2014년)와 〈태양의 후예〉(1,300억 원, 2016년)에 비해 최근 한국 문화산업의 제작비는 〈아스달 연대기〉(5,400억 원, 2019년), 〈미스터 션샤인〉(4,500억 원, 2018년), 〈배가본드〉(2,500억 원, 2019년)에서 볼 수 있듯 계속 치솟고 있다. 한국 지상파 방송사의 수익은 감소하고 있다. 넷플릭스 시대의 세련된 시청자들에게 어필하는 대형 예산 드라마를 제작하기 위해서는 방송사와 영화사가 대체 수익원을 확보해야 하므로, 넷플릭스(Lee, S. M., 2019; Kim, J.H., 2020)를 비롯한 OTT 서비스 제공 업체들과 협력하고 있다. 넷플릭스는 주요 수익원으로 광고 의존도가 높았던 현지 엔터테인먼트 산업을 콘텐츠 중심 시장으로 탈바꿈시켰다(You, S.M., 2019). 제4장에서 상세히 기술한 바와 같이, 현지 문화기업들과 창작자들은 제작에 있어 AI와 빅데이터에 깊이 관여하고 있다. 그러나 넷플릭스가 전 세계적으로 콘텐츠 제작 환경을 변화시키고 있음에도 현지의 창작자들과 기업들은 현지의 정서와 정체성을 살리면서 현지 제작 규범을 준수하는 콘텐츠를 적극 개발하려 애쓰고 있다. 이러한 노력에도 넷플릭스의 영향력은 무시할 수 없을 만큼 커짐에 따라 현지 문화 콘텐츠 제작이 점차 지역의 문화적 가치를 충분히 반영하지 못하고, 넷플릭스 주도의 제작 규범을 따라야 하는 상황들이 속출하고 있다.

그러나 비판적인 관점에서 볼 때 현지 문화 창작자들에게 중요한 것은 지역 지향적인 문화 콘텐츠를 유지하고 발전시키는 것이다. 예를 들어, 봉준호 감독의 〈기생충〉은 2019년 칸 영화제에서 황금종려상을 받았고, 2020년 오스카에서 네 개의 트로피를 받아 세계적인 인기를 얻었는데, 흥행 요인은 외국적 요소가 아닌 한국성에 중점을 두었기 때문이다. 이 영화는 "가진 자와 못 가진 자 사이의 갈등"을 묘사하는 보편적인 주제인 부유한 가정과 가난한 가족에 대한 이야기이다. 그러나 "그 건축물을 포함하여 영화의 특정 요소들은 특히 한국적이다"(Ulaby, 2019). 이는 지역 가치를 대표하는 문화 콘텐츠가 국가적으로나 세계적으로 여전히 잘 작동한다는 것을 의미한다. 문제는 문화 창작자들이 이제 AI 주도 추천 시스템의 중요한 역할을 이해하고 있다는 점이다. 비슷한 주제와 트렌드, 장르를 보여주는 문화상품을 만들면 OTT 서비스가 적극 추천하는 문화상품으로 가장 빠른 트랙을 밟게 된다. 문화 창작자들은 넷플릭스와 넷플릭스가 주도하는 장르, 테마, 특수효과 측면에서 서구화된 문화 콘텐츠에 크게 의존한다.

글로벌 플랫폼은 문화적으로나 구조적으로 지역적 특수성과 정체성을 계속 파괴하고 있다. 많은 나라의 현지 OTT 플랫폼은 주로 서구 세력에 의해 구동되는 글로벌 규범을 조정하고 약간 수정한다. 1980년대와 1990년대에는 서구의 문화기업들이 대중문화 상품으로만 전 세계 문화시장을 장악했다면, 21세기에는 자본, AI와 같은 신기술 그리고 문화 콘텐츠를 모두 갖춘 디지털 플랫폼들의 시장 지배력이 더욱 커지고 있으며, 이들 플랫폼 역시 서구가 장악하고 있다. 넷플릭스 시대에 이러한 서구 플랫폼들의 장악력은 수십 년 전보다 훨씬 넓고 깊게 퍼지고 있다. 현지 문화산업과 협업하는 대신 "모 아니면 도"나 "죽기 아니면 살기"식으로 현지 문화산업을 지배하려 하고 있다.

넷플릭스 효과와 한국의 OTT 플랫폼 산업

넷플릭스의 영향력은 한국 OTT 플랫폼 업계 자체에서 확인할 수 있다. 넷플릭스의 역할이 커지면서 세계 각지의 통신·문화 기업들은 OTT 서비스와 글로벌 OTT 플랫폼과의 협업 등 자체 현지 유통·전시 시스템을 개발했고, 이는 문화 유통·전시라는 전통적인 규범을 근본적으로 바꿔놓았다. 넷플릭스가 한국을 포함한 현지 시장에서 도약하기 시작하면서 현지의 엔터테인먼트 기업들은 경쟁 심화에 대응하기 위한 조치를 취하고 있다(Stangarone, 2019).

현지 OTT 서비스들은 넷플릭스가 알고리즘으로 구동되는 추천의 전면에 나섰다는 점에 주목하고 있다. 〈하우스 오브 카드〉 이후, OTT 거대 기업 넷플릭스는 시스템 추천을 강화하기 위해 오픈소스 도구를 포함하여 점점 더 복잡한 머신러닝 알고리즘 스택stack을 개발했다. 문화산업 내에서 가장 성공한 스타트업들이 초창기부터 넷플릭스처럼 소프트웨어 구조를 잘 갖춘 알고리즘 프로그램으로 시작한다는 것에 문제가 없다는 이야기이다. AI가 DNA에서부터 존재한다는 이야기나 다름없다(Tercek, 2019). 넷플릭스는 동영상 전달에서 응용 AI의 선두에 있다. 넷플릭스는 네트워크 대역폭을 모니터링하기 위해 AI를 활용한다. 또한 AI를 사용하여 특정 가입자가 친구나 친척과 같은 다른 사람들과 비밀번호를 공유하는지 여부를 모니터링한다. 또한 AI는 광고를 위한 환경을 개선함으로써 영상의 수익화를 도울 수 있다(Tercek, 2019).

한국의 OTT 시장에서는 〈옥자〉(2017)와 〈킹덤〉(2019) 등 넷플릭스가 출자한 문화상품이 눈에 띄는 분명한 성공을 달성하면서 현지 OTT 업계는 넷플릭스와 치열한 접전을 벌이고 있다. 한국에서는 최근까지 POOQ(지상파 3사 KBS, MBC, SBS), 티빙(CJ ENM 소유), 옥수수(SK 브로드밴드 소유) 등 소수 기업이 주축이었다(Lee and Song, 2019). 그러나 넷플릭스는 한국 시장에서 빠르게 그 영역을 넓혀갔고, 한국 정부는 자국에서 넷플릭스에 대항할 더 큰 OTT 플랫폼이 나오길 기대했다. 그 결과의 하나로 SK 브로드밴드의 옥수수와 지상파 3사의 POOQ이 합병했다.

공정위는 시장 독과점 우려와 무관하게 2019년 8월 이들 현지 OTT 두 곳의 합병을 허용했다. 새로운 서비스 '웨이브Wavve'의 이름은 부분적으로 한류를 상징한다. 웨이브는 2019년 기준 옥수수와의 합병으로 기존 옥수수 가입자 1,000만 명과 웨이브 가입자 수 400만 명을 합쳐 1,400만 명의 유료 가입자를 보유하게 되었다(Kim, M.G., 2019).[2] 이 새로운 OTT 플랫폼은 AI 기반 서비스에 초점을 맞추는 한편, 넷플릭스와 경쟁하기 위해 문화 콘텐츠 확보에 많은 돈을 투자한다. 웨이브는 5G, AI, 빅데이터 등 새로운 디지털 기술을 접목했다고 밝혔다. 예를 들어 웨이브는 여러 장면을 끊김 없이 볼 수 있는 멀티뷰 기능을 제공하는데, 이는 AI와 알고리즘의 도움을 받아 시각적 이미지의

---

2   [옮긴이 주] 2025년 1월 기준 웨이브의 월간 활성 이용자 수는 약 429만 명이다(https://www.newsworks. co.kr/news/articleView.html?idxno=783208)

품질과 시청자 중심 추천 서비스를 개발한다는 것을 의미한다(Lim, J.H., 2019). 웨이브의 주요 이해관계자 중 하나인 SK 브로드밴드는 여러 AI 관련 신기술을 개발해 왔기 때문에, 웨이브는 SK 텔레콤의 첨단 VR 및 AI 기술을 기반으로 한 몰입형 미디어 서비스를 고객에게 제공할 것으로 기대된다(Choi, M.H., 2019). 넷플릭스의 영향을 받은 현지 기반 OTT 플랫폼은 "고객이 즐겨 보는 영화와 TV 쇼를 보다 쉽게 찾을 수 있도록 첨단 컴퓨터과학으로 눈을 돌린다". 따라서 "고급 사용자 인터페이스는 AI와 머신러닝의 힘을 필요로 하며, 시스템에 AI를 적용하여 시스템을 구체적으로 프로그래밍하지 않고도 경험으로부터 학습하고 개선할 수 있는 능력을 제공한다"(Frankel, 2018: 10).

넷플릭스가 한국에서 급성장한 이후 가장 큰 변화는 몇몇 대형 콘텐츠 회사들이 연합하여 넷플릭스에 연합전선을 구축하려는 시도이다. 넷플릭스에 대항하기 위해서는 한국 현지의 제작자들이 더 좋은 품질의 콘텐츠를 지속적으로 출시해야 한다. 옥수수는 합병 이전에 가장 규모가 컸음에도 불구하고 오리지널 콘텐츠에 투자한 금액은 약 147억 원에 불과했다. 새로운 합작법인을 통해 콘텐츠에 대한 투자를 약 2,640억 원 정도의 규모로 높이길 기대하고 있다. 결과적으로 한국 현지의 이러한 연합전선이 넷플릭스의 기세를 무너뜨릴 수도 있겠지만 장기적으로 한국 콘텐츠 확산이 주춤할 수도 있다(Stangarone, 2019).

CJ ENM은 2019년 9월 방송사 JTBC와 손잡고 OTT 미디어 서비스를 선보였다. 국내 OTT 플랫폼 웨이브가 정식 출시되기 하루 전 내린 결정이다. CJ가 대주주가 되고, JTBC가 합작법인의 2대 주주가 된다. 2020년 초 출시 예정인 이 서비스는 두 회사(Jin, M.J., 2019)의 콘텐츠를 제공할 예정이다. 이에 2020년 9월 현지 한국 문화시장에서는 왓챠, 웨이브, CJ ENM의 티빙, 한국통신KT의 씨즌 등 여러 국내 OTT 플랫폼이 서로 경쟁하고 있다. 앞에서 설명한 새로운 움직임은 콘텐츠 제작자와 배급사가 필요로 하기 때문에 중요하다.

다양한 플랫폼에서 얻은 수익을 새로운 콘텐츠에 재투자하는 선순환 구조를 형성한다. 최근 일련의 협업은 넷플릭스와 같은 글로벌 미디어 대기업의 영향력 증대에 힘입어 온라인 스트리밍 서비스에 대한 국내 기업들의 인식이 커지고 있음을 반영한다(Jin, M.J., 2019).

물론 이 글로벌 OTT 플랫폼 재벌이 지속적으로 가입자를 늘려왔기 때문에 한국 정부가 지원한 국내 OTT 플랫폼의 통합은 넷플릭스를 이기지 못했다.

이런 상황에서 한국 정부는 국내 OTT 서비스 플랫폼이 힘을 합쳐 글로벌 동영상 플랫폼과 맞서기 위해 최대한 협력하기를 바라고 있다. 이 계획의 일환으로 2020년 8월 한상혁 방송통신위원장은 현지 플랫폼 네 곳과 간담회를 갖고, "외국 OTT 플랫폼이 국내시장에서 강력한 입지를 구축하고 있는 현시점에서 국내 기업 간 협력이 강하게 필요하다. 정부의 강력한 지원이 뒷받침되는 K-OTT에 함께 힘을 모아야 한다"라고 말했다. 한국 정부는 한국 내 플랫폼들의 합병을 강요하지는 않았으나 넷플릭스에 대항하여 더 나은 입지를 확보하기 위해서는 합병이 그 방법일 수 있음을 분명히 했다(Kim, J.M., 2020).

그러나 최근 한국 내 OTT의 합병은 한국 문화산업에 새로운 우려를 가져왔는데, 그러한 추세는 다양한 목소리의 부족이라는 결과를 낳기 때문이다. 기존 OTT는 KBS, MBC, SBS 등 세 개 방송채널이 소유한 POOQ, CJ ENM이 소유한 티빙, SK 브로드밴드가 소유한 옥수수와 마찬가지로 한국 방송통신의 최대 사업자들이 소유하고 운영했기 때문에 이미 큰 거물이었다. 옥수수와 POOQ의 합병 등으로 한국의 OTT 시장은 결과적으로는 콘텐츠 다양성에 영향을 끼치는 방식으로 소수의 OTT가 시장 전체를 독점하는 모양세가 되었다. 그렇기 때문에 신생이지만 규모가 큰 OTT는 상업성이 높은 일부 장르의 생산과 유통에만 집중할 것이고, 결과적으로는 현지의 문화나 역사, 현지인들의 삶이 녹아든 콘텐츠의 생산과 유통은 뒷전이 될 수도 있는 것이다. 쿨레스

(Kulesz, 2018b: 83)가 지적한 바와 같이,

> 대형 플랫폼의 등장은 다양성에 대한 위험을 나타내는 동시에 창조 생태계
> 에서 증가하는 데이터 가뭄을 야기할 수 있으며, 이는 공공 정책에 대한 의
> 사결정에 심각한 영향을 미치고 지역 창조 행위자들을 무방비 상태로 만들
> 수 있다. 무엇보다도 그들의 손이 닿지 않는 도구인 AI의 발전 때문이다.

 이런 점에서 넷플릭스의 한국 문화산업 진출이 현지의 많은 문화 제작자들에게 양날의 검으로 작용하고 있다고 해도 과언이 아니다. 글로벌 디지털 플랫폼에서 필요한 자금을 찾을 수 있기 때문에 국내 엔터테인먼트 회사들에게는 확실히 좋은 소식이다. 다만 한국 문화산업이 넷플릭스에 종속될 가능성을 내포하고 있기 때문에 항상 긍정적인 것은 아니다. 아마존프라임, 디즈니플러스, 애플TV플러스 등 다른 디지털 플랫폼들이 한국 시장을 겨냥하고 있기 때문에 OTT 산업에 대한 미국의 침략은 계속될 것이다. 미국의 경우 2009년 4.3명이었던 1인당 영화 관객 수가 2018년 3.7명으로 줄어든 것도 넷플릭스를 비롯한 OTT 서비스 때문이다(Motion Picture Association of America, 2019). 한국 전시업계는 미국처럼 멀티플렉스 영화관을 만드는 쪽으로 구도를 바꿨다. 하지만, 미국의 멀티플렉스 영화관들이 계속해서 관객들을 잃었기 때문에, 한국 시장도 가까운 미래에 비슷한 경향을 보일 것 같다.
 이처럼 넷플릭스는 비서구 국가의 문화산업에 있어 가장 크고 중요한 OTT 중 하나가 되었다. 미국의 플랫폼은 시청각 산업 전반에 영향을 미치며, 현지 문화산업의 운명은 21세기 초에 심하게 변동했다. 넷플릭스로 인해 한국의 문화산업이 취약해지고 흔들리고 있다. 넷플릭스는 중남미와 아시아에서 출시한 지 불과 몇 년 만에 이미 글로벌 OTT 플랫폼으로서 만만치 않은 세력으로 자리를 잡으면서 현지 문화산업이 휘청거리고 있다. 넷플릭스는 TV에서 방영

된 프로그램을 모바일 기반으로 옮겨와 언제든지 시청이 가능하도록 만들면서 대중들의 영상 콘텐츠 소비 방식을 완전히 바꾸어놓았다. 그러나 이는 동시에 현지 문화산업이 고수해 온 정통성과 규범을 무너뜨리고 있는 셈이다. 에번스와 돈더스(Evens and Donders, 2018: 1)의 주장처럼 플랫폼은 "미디어, 전자통신 및 정보통신 및 정보통신기술ICT 분야의 지배적인 인프라이자 경제 모델"이 되었으며, 넷플릭스는 이러한 플랫폼화에 주도적인 역할을 확실히 수행했다. 넷플릭스는 글로벌 제국으로서의 위상을 실현하기 위해 제작부터 유통, 전시까지 문화산업 전반을 대대적으로 통제해 현지 문화산업을 근본적으로 변화시켰다.

결론

제5장에서는 글로벌 문화시장에서 AI와 알고리즘을 활용한 넷플릭스의 역할 증대에 대해 논의했다. OTT는 글로벌 엔터테인먼트 시장과 디지털 플랫폼 산업에서 엄청난 영향력을 발휘해 왔으며, 21세기 초 현지 시장에서 넷플릭스의 영향력이 커지고 있다. 글로벌 플랫폼으로서의 넷플릭스는 글로벌 노스는 물론 글로벌 사우스에서도 지난 몇 년간 자체 브랜드를 구축해 왔으며, 풍부한 자본과 인력을 활용한 독특한 비즈니스 모델 때문에 그 영향력은 계속 커지고 있다. 3대 기술과 출처를 갖춘 넷플릭스 — AI, 알고리즘, 빅데이터 — 는 대중문화 전반을 변화시켰다. 넷플릭스는 OTT 플랫폼 부문에서 3관왕을 차지해 3대 디지털 기술을 크게 활용하고 있다. AI, 알고리즘 및 빅데이터는 대중문화의 규범을 재구성했다. AI가 미디어와 문화를 재창조하면서 넷플릭스가 추진하는 결과는 예상보다 훨씬 넓다. 넷플릭스 모델은 "한편으로는 알고리즘 정렬과 빅데이터, 다른 한편으로는 문화 생산과 유통 사이에 확립된 새로운 관계"

를 보여준다(Flew, 2018a: 10).

넷플릭스와 같은 OTT 플랫폼은 문화 현장을 둘러싼 미디어 환경을 변화시키는 새로운 주체가 되었을 뿐만 아니라 거대 미디어 거물로 변모했다. 주로 AI와 알고리즘이 지원하는 새로운 비즈니스 모델을 기반으로 이용자 수와 수익이 급증하면서 시청률이나 수익 면에서 공중파 방송, 영화 등 오래된 미디어와 쉽게 경쟁하고 심지어 능가하는 동시에 글로벌 문화산업을 변화시키고 있다.

엔터 산업 전반에 걸친 넷플릭스 효과는 유의미한 방식으로 현지에 깊게 뿌리내렸다. 넷플릭스가 달성한 것은 영상 콘텐츠 소비가 인터넷을 기반으로 우리네 거실과 스마트폰을 포함한 전자기기를 통해 이루어지도록 현대인에게 보다 효율적인 영상물 소비의 새로운 파이프라인을 구축한 것이다. 즉 넷플릭스는 시청자에게 콘텐츠를 직접 유통하는 모델을 택했기 때문에 콘텐츠가 어떻게 생산되고 시청자에게 닿는지를 치열하게 고민해야 한다. 또한 넷플릭스는 AI를 기반으로 하여 방송 편성 및 거래뿐만 아니라 영상 콘텐츠 공개 일정 및 마케팅 전략에 이르기까지 모든 규범을 다시 썼다(Littleton, 2018)는 것을 인지해야 한다. "넷플릭스처럼 하기Being Netflix"나 "내가 넷플릭스다I am Netflix"와 같은 비즈니스 모델은 전 세계 문화산업의 규범과 콘텐츠 제작 방식을 획일화하면서 넷플릭스 표준화를 만들고 있다.

넷플릭스를 비롯해 아마존프라임과 같은 다른 스트리밍 플랫폼들이 최첨단 기술과 문화상품으로 전 세계 시청자에게 적합한 글로벌 디지털 플랫폼으로서의 역할을 계속하면서 넷플릭스는 현지 문화산업에 막대한 영향을 미치고 있다. 넷플릭스는 결과적으로 관객들의 행동도 변화시켰다. 기존 TV가 여전히 우세하지만, 점점 더 많은 시청자들이 모바일 기기를 사용하여 비동기적이고 자율적으로 영화와 텔레비전 프로그램을 시청한다. VOD 구매가 증가하고, 드라마를 몰아 보는 등의 문화는 영상 콘텐츠의 소비가 초개인화되고 있음을 여실히 보여주는 사례이다(Bolin, 2014, Mikos, 2016에서 인용). "플랫폼의 대규모 제공으로 소비자는 소비 관행을 개별화할 수 있다. 사용자들은 새로운 관행을 일상생활에 통합하고, TV 프로그램과 영화의 소비를 사회적 사건으로 기념한다"(Mikos, 2016).

요약하면, 넷플릭스는 엔터테인먼트 산업에 기름을 붓는 혁신의 기준과 문화의 질을 높이고, 여기에 엔터테인먼트 유통의 왕이라는 이름을 정당하게 부여했다. 그러나 이러한 경향은 "우리가 보는 방식의 스타일을 없애고 우리가 보는 것의 실체의 순수성을 위해 직행하는 비용"이라는 대가를 치르게 되었다(Herberg, 2017). 반 코버링(van Couvering, 2017: 1817)이 주장한 바와 같이 넷플릭스와 같은 디지털 플랫폼은 영향력을 확대시키면서,

> 플랫폼 비즈니스는 플랫폼 내에 저장된 콘텐츠와 플랫폼에 관한 정보의 접근을 통제하면서 수익을 증대시킨다. 프라이버시, 지식 재산 및 형평성과 같은 사회적 문제는 모두 플랫폼의 정보 및 미디어 콘텐츠에 접근할 수 있는 사람과 접근할 수 없는 사람에 대한 AI 지원 결정에 직접적이고 즉각적으로 관련된다.

넷플릭스는 대부분의 문화기업의 비즈니스 모델이 되었지만, 소수의 미디어 대기업만이 현대 플랫폼 자본주의에서 유사한 비즈니스 모델을 개발할 수 있다. 비서구 국가에서 넷플릭스의 영향은 심각했고, 문화 생산과 유통에서 전통적인 규범을 파괴했다.

제**6**장

AI 시대
문화의 개인화

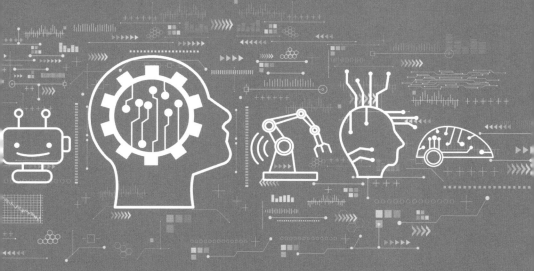

서론

지난 20년간 문화 생태계에 영향을 주는 변혁의 과정은 깊고 광범위했다. 시간이 흐르면서, 다양한 기술혁신은 문화 창작자들과 문화산업들이 그들의 역할을 수행하고 발전시킬 수 있는 새로운 기회를 제공했다. AI를 포함한 새로운 디지털 기술이 실제로 등장했고 현재의 미디어를 변화시켰다. 이러한 변화의 원동력은 다양한데, 텍스트, 음성, 이미지, 소리 등 모든 형태의 디지털화, 새로운 미디어와 대중문화의 융합, 디지털 네트워크의 보편성 증대 그리고 사람들의 문화 습관 변화를 포함한다. 이러한 과정을 통해 문화 콘텐츠와 서비스 제공자와 소비자 간의 관계는 근본적으로 변화했다(Sparviero, 2019).

일반 대중들은 문화 생산, 그 과정의 선두에 있는 반면, 각국 정부, 디지털 플랫폼 및 기업들은 문화 생산 전반을 이끄는 주역들이다. 하지만 AI 기반 도구들은 대중문화의 생산에서 유통까지 전 과정을 바꿀 수 있는 잠재력이 있기 때문에 미디어 수용자를 포함한 일반 대중들의 미디어 문화 콘텐츠 소비 방식을 바꿔 놓을 수도 있다. 이는 다양한 분야의 창작자를 포함한 콘텐츠 제작자들뿐 아니라 콘텐츠를 즐기는 사람들 간의 관계나 빠르게 변화하는 문화 생산의 생태계를 광범위하게 통제하는 조건들도 달라짐을 의미한다(Helberger et al., 2019).

앞서 살펴본 바와 같이, 이 책은 AI가 주도하는 도구를 기술로서뿐만 아니라 사회경제적 구성으로서도 다루고 있는데, 그 이유는 기술이 자신의 목표,

가치, 기본적 자유를 가진 조직에 내재되어 있고, 그들이 기능하고 있는 인간/경제/사회 환경과의 상호작용을 매개하며 영향을 미치기 때문이다. AI는 문화적 "생산과 유통, 개인 뉴스 사용자, 그리고 보다 일반적으로 더 넓은 미디어 생태와 사회"(Helberger et al., 2019: 4)의 세 가지 수준에서 문화 생태계에 영향을 미칠 수 있으며, 제6장에서는 개인 사용자들을 주로 다룬다. 이들 개인 사용자들은 스마트폰, 노트북, 애플리케이션(앱) 등 새로운 개인용 디지털 기술을 갖추고 있으며, 이러한 기술을 활용해 AI 지원 디지털 플랫폼이 제공하는 문화 콘텐츠를 즐긴다. 따라서 현대 미디어 사용자들은 디지털 기술을 보유하지 않은 관객들과 많이 다르다.

이 장에서는 소셜미디어 플랫폼(예: 페이스북, 유튜브), OTT 서비스 플랫폼(예: 넷플릭스, 아마존프라임), 음악 스트리밍 서비스 플랫폼(예: 스포티파이, 애플TV플러스), 연결 및 소비 등 AI가 지원하는 여러 디지털 플랫폼들이 고객을 변모시킨 방법에 대해 논의한다. 이러한 디지털 플랫폼과 문화산업은 사람들의 소비 습관에 깊은 영향을 끼쳤기 때문에 그 과정에 대한 연구가 필요하다. 21세기 초, 새로운 디지털 미디어를 갖춘 글로벌 청년들은 물리적으로 극장에 가거나 문화 자료를 구매하고 소유하는 대신 디지털 플랫폼에서 대중문화와 뉴스를 즐긴다. 따라서 디지털 플랫폼 분야의 사용자들이 AI와 AI를 탑재한 디지털 플랫폼의 성장에 의해 힘을 얻고 있는지 검토하는 것이 중요하다. 이어 AI 시대의 가장 중요한 특징 중 하나로 대중문화의 개인화를 다룬다. 마지막으로 현대 디지털 사회에서 AI의 영향을 더 잘 이해하기 위해 소비에서 AI의 변혁적 추동력transformational force에 대해 논의한다.

AI, 디지털 플랫폼, 사용자

검색엔진, 소셜미디어 및 OTT 서비스를 포함한 여러 유형의 디지털 플랫폼은 현대사회에서 다르게 기능한다. 이러한 플랫폼은 사람들의 일상 활동을 형성하고 변화시키는 데 핵심적인 역할을 하지만, 각각의 주요 특성은 동일하지 않다. 로바토(Lobato, 2019: 31~32)는 페이스북이나 트위터와 같은 SNS와 비교할 때 넷플릭스와 같은 OTT 플랫폼이 콘텐츠를 선별하여 플랫폼에 선보이기까지의 과정은 상당히 까다롭다고 지적했다. 다시 말해, OTT 플랫폼은 이용자가 도서관에서 원하는 책을 찾는 행위에 빗댈 수 있는데, 로바토는 이처럼 OTT 플랫폼이 "선별한 정보를 한데 모아두고 이용자로 하여금 찾도록 하기 때문에 개방적인 구조라고 볼 수는 없지만 그만큼 전문성이 강조되기도 한다"라고 언급했다. 이렇듯 서로 다른 유형의 플랫폼이 각자 특성에 맞게 이용자를 이해하는 방식을 택할 수 있다. 그중에서도 가장 효과적으로 플랫폼을 비교할 수 있는 방법은 각각의 비즈니스 모델을 살펴보는 것이다. AI 도구, 주로 머신러닝은 그러한 시스템의 사용자를 계산적으로 모델링하는 데 사용될 수 있다. 특히 사용자의 입력(예: 행동 및 대화형 패턴)에 따라 사용자의 특성, 상태, 기술 및 선호도에 대한 모델을 구축할 수 있다. 그런 다음 이 모델을 사용하여 사용자에게 개인화된 콘텐츠와 각 사용자에 맞게 조정된 경험을 제공할 수 있다. 예를 들면,

> 음악이나 영화 소비의 경우, 먼저 음악/영화 장르에 대한 사용자의 선호 모델을 사용자가 이전에 선택한 음악/영화를 기반으로 구축할 수 있다. 그런 다음 추천 시스템을 기반으로 이 사용자의 취향에 맞는 새로운 음악/영화를 제공할 수 있다(Vital Media, 2018: 7).

마찬가지로, 디지털 게임과 교육을 포함한 다른 문화 분야에서도,

> 사용자의 기술 모델은 다양한 게임 난이도(게임용) 또는 연습(교육용)에서 과
> 거의 성과를 사용하여 구축될 수 있다. 그런 다음 각 사용자에게 최적의 난
> 이도를 제공하기 위해 각 사용자에게 최적의 도전 또는 연습 시퀀스를 제공
> 하여 즐거움 또는 학습 효율성을 최적화할 수 있다. 마찬가지로, 사용자의
> 정서적·인지적 상태는 사용자의 행동 및/또는 생리학적 신호(예: 기록된 얼굴
> 표정, 심박수, 뇌 활동)에 따라 모델링되어 사용자의 경험과 즐거움을 극대화
> 하는 훈련 연습을 제공할 수 있다. 전반적으로 AI는 ① 숨겨진 사용자 상태
> (기술, 정서 상태, 인지 상태 등)를 추정하는 것과 ② 이러한 상태에 따라 이 사
> 용자에게 최적의 콘텐츠를 제공하는 방법을 배우는 두 가지 수준에서 사용
> 자를 모델링하는 데 사용될 수 있다(Vital Media, 2018: 7).

AI 및 디지털 플랫폼과 연계하여 소비자에 대한 몇 가지 다른 접근 방식이
있다. 다양한 차원이 존재한다는 것을 인정하면서, 특히 사람들이 소비자의
중요성을 이해할 수 있도록 두 가지 주요 접근 방식, 즉 페이스북 모델과 OTT
플랫폼의 사용자인 넷플릭스 모델을 개발하고 논의한다. 제5장에서 충분히 논
의했듯이, 많은 경우, "플랫폼 기업이 생산보다 통합과 유통에 초점을 맞추면
빠르게 규모를 확대할 수 있고, 그에 따라 시장을 지배할 수 있다"(Nieborg et al.,
2020: 4). 그러나 가장 중요한 부분 중 하나는 그들의 기본적인 사업 활동이며,
따라서 제6장에서는 기업 통합이 아닌 그들의 주요 수익원에 초점을 맞춘다.
그들의 다른 비즈니스 모델은 확실히 다양한 디지털 플랫폼들의 주요 특징을
나타내고 있다. 미디어 및 문화 소비와 관련된 이 두 가지 다른 모델을 비교·논
의함으로써, AI 기반 디지털 플랫폼과 소비자로서의 사람들 사이의 전력 관계
뿐만 아니라 이 두 모델 자체의 주요 특성도 파악할 수 있는데, 이는 현대에서

가장 중요하고 효과적인 자본주의 사회의 메커니즘 중 일부다.

페이스북 모델에서 사용자를 이해하는 방법

소셜미디어 이용자에 대한 관점은 다양하며, 몇몇 학자들은 자유 노동free labor (Terranova, 2000; Fuchs, 2010; 2014; Jin, 2015) 또는 정동 노동affective labor(Hardt and Negri, 2004; Mansson and Myers, 2011; Schiller and McMahon, 2019)으로서 이용자의 역할을 강조했다. 한편, 사용자는 때때로 자유 노동(디지털 플랫폼을 사용하는 대가로 자유 노동자로 일하는 것)의 기능을 수행하는데, 이는 플랫폼 소유자와 플랫폼 사용자 간의 심각한 격차를 유발한다. 테라노바(Terranova, 2000: 37)가 특히 지적하듯이, "자유 노동은 문화적 활동이 잉여 생산 활동으로 치부되는 순간에 발생하는데, 이러한 잉여 활동은 기꺼이 수용될 수 있으면서 한편으로는 상당히 자주 거리낌 없이 착취"된다.

반면, 하르트와 네그리(Hardt and Negri, 2004: 108)는 "노동으로서의 비물질 노동immaterial labor은 지식, 정보, 의사소통, 관계 또는 감정적 반응과 같은 비물질적 생산물을 만든다"라고 지적한다. 이러한 정동 노동은 인간의 접촉과 상호작용을 수반하며, 이들 학자(Hardt and Negri, 2004: 110~111)는 "정동 노동의 한 형태인 비물질 노동은 여러 가지 감정을 만들고 조정하는 육체와 정신 노동 모두를 포함한다"라고 주장한다. 한편 맨슨과 마이어스(Mansson and Myers, 2011: 155)는 "온라인 활동은 애정의 한 형태"라며, "애정 표현은 관계를 유지하고 발전시키기 위해 사용된다"라고 주장한다. 그들의 초점은 다르지만, 그들이 일반적으로 믿는 것은 사용자를 자유 노동이나 정동 노동 중 하나의 노동력으로 파악할 수 있다는 것인데, 이는 사람들의 에너지, 시간, 노력이 소셜미디어와 검색엔진 플랫폼에서 활용된다는 것을 의미한다. 다우니(Downey, 2014: 147)가 지적한 바와 같이, 두 가지 주요 쟁점 — "어떻게 사회가 정보를 중시하는지, 그리고 어떻게 정보가 사회를 통해 순환하는지" ─ 은 잘 연결되지 않았다. 그러나 앞에서 언급한 비판적인 관점의 학자들은 AI 지원 디지털 플랫폼이 수익화 과정에서 개인 사용자가 제공하는 정보를 활용하는 방식을 이해하기 위해 이 두 영역을 연결하는 관점을 지속적으로 발전시켜 왔다.

더 중요한 것은 페이스북과 같은 소셜미디어 플랫폼이 사용자의 데이터에 의존하는 자체 수익화 전략을 통해 광고주를 위한 가치를 확실히 발전시킨다는 점이다. 페이스북(Facebook, 2012)은 AI 기반 알고리즘을 활용하여 사용자 활동을 분류할 때 '도달reach', '연관성relevance', '사회적 맥락social context', '참여' 등 네 가지 주요 접근 방식을 개발하여 결과적으로 금전적 가치를 창출한다. 다시 말해, 페이스북 사용자의 증가에 따라 페이스북은 데이터 수집 관행을 강화할 뿐만 아니라 이전에는 정량화되지 않았던 사용자의 활동, 교환 및 관계를 상품화한다. 디지털 플랫폼 시대에는 "친목하고, 좋아하고, 공유하고, 평가하고, 추천하는 표준 데이터 만족 관행을 통해 개인적인 상호작용과 일상적인 경제 교류가 포착된다"(van Dijck et al., 2018: 33). 디지털 플랫폼은 시세차익의 대가로 사용자의 데이터를 사용하지 않는다고 계속 주장해 왔지만, 그들의 약속은 보장되지도, 유망하지도 않다.

먼저 '도달'은 광고주가 페이스북의 월간 활성 사용자들과 소통할 수 있음을 일컫는 마케팅 용어로, 페이스북의 광고 솔루션을 통해 광고주가 페이스북 이용자(잠재적 고객들)에게 선보이기로 한 정보를 기반으로 이루어진다. '연관성'은 페이스북 이용자들이 가입할 때 개인정보 수집에 동의한 인구통계학적 데이터와 '좋아요'를 누른 게시물 정보를 수집하여 광고주가 자신들의 광고를 보게 될 이용자를 특정할 수 있다는 것을 말한다(Facebook, 2012). 알고리즘이 결정할 수 있는 기준에는 "무슨 연관이 있고, 어떤 것이 은폐되는지, 그래서 무엇을 만들어내는지"가 있는데, 알고리즘이 결정하는 그 '무엇'은 적합한 지식에 관한 개별 사용자들의 선별이라고 할 수 있다(Gillespie, 2014: 168).

'사회적 맥락'은 친구들의 추천이 소비자의 관심과 구매 결정에 강력한 영향을 미친다는 것을 의미한다. 페이스북은 광고주들에게 그들의 마케팅 메시지에 사회적 맥락을 포함할 수 있는 능력을 제공한다. 사회적 맥락은 특정 브랜드 또는 비즈니스와 친구의 관계를 표시하는 정보다. 예를 들어, 친구가 제품을 '좋아'하거나 레스토랑에 체크인하는 경우이다. 페이스북은 사용자들이 사회적 맥락을 포함할 때 마케팅 메시지를 더 매력적으로 느낀다고 믿는다. 마지막으로, 페이스북은 '참여'를 강조한다. 이는 페이스북이 소셜 웹으로의 전환이 기업이 관심 있는 고객들과 소통할 수 있는 새로운 기회를 창출한다고 믿는다는 것을 암시한다. 어떤 브랜드나 기업도 사용자와의 지속적인 대화를 자극하기 위해 페이스북 페이지를 만들 수 있다(Facebook, 2012). 페이스북의 도달 범위, 연관성, 사회적 맥락, 참여의 조합은 광고주들에게 브랜드 인지도와 제휴를 창출할 수 있는 기회를 증가시키는 동시에 구매 의도를 가질 가능성이 있는 소비자로부터 제품에 대한 단기적인 수요를 창출할 수 있는 새로운 방법을 창출한다(Facebook, 2012; Jin, 2015).

페이스북은 AI와 빅데이터가 지원하는 정교한 수익화 전략을 바탕으로 지난 10년간 사용자 수와 광고 수익을 기하급수적으로 늘렸다. 페이스북의 전 세계 월 이용자는 2008년 1억 4,000만 명에서 2019년 24억 9,000만 명으로 17.8배 증가했고, 광고 수익은 2018년 3억 달러에서 2019년 696억 달러로 치솟아 무려 232배(Facebook, 2012; 2016; 2020) 증가했다(〈그림 6.1〉).

페이스북 모델은 사용자가 애정에 대한 대가로 플랫폼의 비즈니스 표준에 적극적으로 도전하지 않아 수익 급등을 초래하기 때문에 확실히 사용자를 수동적인 개인으로 전용한다. 스페르비에로(Sparviero, 2019: 76)는 지적한다.

사용자는 자신의 행동(사용, 피드백, 평가, 타인과의 토론 등)과 함께 자신의 미래 선택과 타인의 선택에 영향을 미치는 브랜드 이미지 생성에 기여하기 때

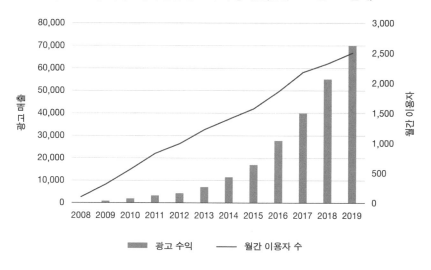

〈그림 6.1〉 페이스북의 연간 광고 수익 증가율(단위: 100만 US 달러)

자료: Facebook(2012; 2016; 2020)

문에 반드시 수동적이라고 여겨서는 안 된다.

하지만, 사용자들은 페이스북이 그들의 활동으로 무엇을 개발하고 무엇을 얻는지에 대해서는 크게 신경 쓰지 않는다. 사용자들은 페이스북 사용에 적극적이지만, 권리를 찾는 데는 소극적이다. 페이스북과 트위터를 포함한 소셜미디어는 결과적으로 수익을 증가시키는 동시에 그들의 제도적 힘을 크게 발전시켰다.

넷플릭스 모델에서의 사용자 활동 활용

넷플릭스와 같은 OTT 서비스 플랫폼은 페이스북 모델과 비교했을 때 다른 관점과 기업 전략을 보여준다. 사용자가 자유롭게 소셜미디어 플랫폼에 접속하는 페이스북과 달리 시청각 분야의 글로벌 시청자들은 대형 스크린(예: 극장, TV)에서 현재 가장 인기 있는 유료 서비스인 OTT 플랫폼으로 이동했다. 예를 들어, 온라인 스트리밍 서비스에 돈을 지불하는 소비자들은 다른 비디오 서비스보다 그것들을 더 자주 이용한다.

> 스마트폰 세대나 코드커터들만 스트리밍 플랫폼 이용에 적극적인 것은 아니다. 유료 TV 가입자들 역시 OTT를 통해서나 인터넷으로 영상을 시청하는 데 꽤 많은 시간을 할애하고 있었다. 이렇듯 방송 시청이 OTT로 너무도 활발히 옮겨가고 있음을 부인할 수 없다. 더 젊은 디지털 네이티브라 불리는 소비자들은 기존 방송 편성 체계나 하염없이 본방만을 기다리는 경험을 하지 않고도 성장한다. 편성 시간에 따라 프로그램을 보는 문화는 점차 사라질 것이다. 이에 힘입어 OTT 플랫폼은 실시간 방송이나 영상 콘텐츠 소비에서 압도적인 선택을 받을 것이다(grabyo, 2019: 9).

OTT 플랫폼의 고객들은 주로 독특한 비즈니스 모델과 고객과의 관계 때문에 구글과 페이스북과 같은 소셜미디어와 다른 디지털 플랫폼의 고객들과 동일하지 않다. 예를 들어 넷플릭스는 전 세계 사람들에게 현지 콘텐츠를 소개하는 채널이 되려고 시도했는데, 이는 사용자들이 확실히 OTT 시스템의 주요 구성 요소임을 의미한다. 제이슨 미텔(Mittell, 2019)이 지적한 바와 같이, 넷플릭스는 오래된 콘텐츠의 라이브러리와 함께 광고 없는 오리지널 프로그램을 매월 유료로 제공하는 독특한 비즈니스 모델을 개발했다. 무료 사용자 생성 콘텐츠로 막대한 광고 수익을 창출하는 페이스북과 유튜브 같은 소셜미디어 플랫폼과는 달리, 넷플릭스는 지금까지 광고 모델을 개발하지도 않았고, 온라인상의 사람들을 추적하거나, 시장에 패키지화하거나, 그들의 사적인 메시지를 상호 참조하기 위해 데이터를 사용하지도 않았다.

그렇다고 해서 넷플릭스가 개별 사용자 데이터 이용의 측면에서 페이스북과 완전히 다른 것은 아니다. 넷플릭스는 가입자가 본 모든 콘텐츠와 그들의 시청 방법 및 콘텐츠 시청이 일시 정지된 시점, 또한 이용자들이 보려고 했으나 결국 보지 않은 프로그램, 〈프렌즈〉를 몰아서 볼 가능성이 가장 높은 시간대 등 모든 데이터를 기록한다. 따라서 넷플릭스는 마케팅 회사와 제휴하거나 그들을 인수하여 "모든 가입자의 온라인 경험 데이터를 보다 세부적으로 파고들어 개별 가입자의 입맛에 맞는 제품을 광고할 가능성이 더 높다". 이러한 시청 데이터의 잠재적 활용은 아직 추측에 불과하나, 넷플릭스의 새로운 비즈니스 모델이 될 가능성이 있다(Mittell, 2019).

넷플릭스도 페이스북과 마찬가지로 문화 콘텐츠의 글로벌 인구학적 범위를 높이기 위해 자체 AI 지원 알고리즘을 개발해 사용자를 활용할 수 있다. 즉, 넷플릭스가 맞춤형 콘텐츠 추천을 적극적으로 이용하고 있는 전 세계 시청자들로 하여금 영화나 TV 드라마에 대한 접근성을 더욱 높임으로써 콘텐츠 소비를 진작할 수 있다는 얘기다. 이렇듯 넷플릭스의 맞춤형 콘텐츠 추천 알고리즘은 전 세계에 퍼져 있는 새로운 가입자를 발굴하는 데 확실한 견인차 역할을 한다(Stangarone, 2019). 넷플릭스는 사람들이 좋아할 것 같은 영화와 TV 프로그램을 사용자에게 추천하도록 하는 추천 알고리즘을 사용하고 있으며, 이 알고리즘은 전체 매출의 최대 80%를 산출한다(Kim, J.W., 2019).

넷플릭스는 비슷한 시청 습관과 선호도를 가진 모든 가입자를 이른바 취향 클러스터로 분류하여 특정 가입자가 좋아할 만한 콘텐츠를 찾아 추천한다고 밝힌 바 있다(Plummer, 2017; Sohn, 2018). 넷플릭스가 AI와 데이터를 활용하는 것은 문화 콘텐츠 추천의 개인화와 분명한 관련이 있다. 특정 영화를 보는 사용자들은 비슷한 영화를 또 볼 가능성이 높다.

이것은 아마도 넷플릭스의 가장 잘 알려진 기능일 것이다. 넷플릭스는 비슷한 취향을 가진 다른 이용자들의 시청 이력을 활용해 다음에 사람들이 가장 관심 있게 볼 수 있는 것을 추천함으로써 이들이 계속 참여하며 더 많은 월 구독을 이어갈 수 있도록 한다(Yu, 2019).

넷플릭스에서만 볼 수 있는 머신러닝 사례는 확장 가능한 영향력이 있는데, 이는 "수백만 명의 디지털 환경과 사용자 경험을 완전히 뒤집어 놓았고, 앞으로도 계속 막대한 영향을 미칠 것이다. AI로 문제를 해결하는 방식은 시간이 지나면서 더욱 공고해질 것"으로 보인다(Yu, 2019).

엘킨스(Elkins, 2019: 381)가 적절하게 표현했듯이, "넷플릭스가 거듭 시사하는 바는 공통된 취향이 전 세계의 시청자를 잇는 가교가 될 수 있다는 점"이다. 넷플릭스는 사용자를 2,000개 이상의 '취향 클러스터' 또는 '취향 커뮤니티'로 그룹화한다(Adalian, 2018, Elkins, 2019에서 인용). 넷플릭스는 이러한 취향 클러스터가 지리적으로 확장된다고 제안하는데, 이는 다음과 같은 의미이다. "취향 공동체가 국경을 초월하고, 당신 자신의 '취향 도플갱어'가 지구 반대편에 살 수 있다는 것을 발견했다"(Laporte, 2017). 넷플릭스를 독특하게 만드는 것은 전 세계적으로 하나의 예측 알고리즘을 사용하고, 인구통계 데이터를 거의 무관한 것으로 취급한다는 것이다. 부사장 토드 옐린Todd Yellin은 말한다.

우리는 성별이나 나이, 위치 정보와 같은 것들은 쓰레기통에 던져버린 지 오래다. 대신 우리는 이용자들이 홈페이지에 접속하면 자신이 선호하는 콘텐츠를 퍼즐처럼 조각 맞추기를 하여 프로필을 만들 수 있도록 해놓았다. 취향과 선호도로 이용자를 분류하는 것이다. 이렇게 자신의 취향을 바탕으로 생성된 프로필을 가진 이용자는 인도에도 있을 수 있고, 미국에도 있을 수 있는 것이다(Morris, 2016).

2016년 뉴스 발표(Gomez-Uribe, 2016)에서 분명히 알 수 있듯이, 넷플릭스는 훌륭한 이야기가 국경을 초월하고 전 세계 넷플릭스 사용자들이 실제로 인식하는 것보다 더 많은 공통점을 가지고 있다고 보았기 때문에 클러스터링에서 독특한 접근 방식을 개발했다. 넷플릭스가 개별 시청자를 위해 개인화된 추천을 생성하는 한 가지 방법은 유사한 TV 드라마와 영화 선호도를 가진 다른 시청자의 커뮤니티를 식별한 다음 해당 커뮤니티 내에서 인기 있는 것을 기반으로 추천하는 것이다. 넷플릭스의 글로벌 추천 시스템은 단일 국가의 렌즈를 통해 시청자를 보는 것이 아니라, 거주지에 관계없이 회원 개인의 취향에 따라 가장 관련성이 높은 글로벌 시청자 커뮤니티를 찾아준다(Gomez-Uribe, 2016).

넷플릭스의 시청자 취향에 따른 맞춤형 콘텐츠 분류 전략은 "시청자의 취향이 단순히 시청자 개인의 인구통계학적 정체성으로만 구성되는 것이 아니라 국경을 초월하여 초국가적 취향 공동체를 구성할 수 있다는 점을 시사한다"(Elkins, 2019: 383). 넷플릭스를 비롯한 OTT 플랫폼은 사용자의 데이터를 수집하여 〈하우스 오브 카드〉와 같은 인기 시리즈를 제작하고, 동시에 사용자에게 개인화된 문화 콘텐츠 선택권을 제공하는 데 사용한다(Mikos, 2016). 프랭크 외(Frank et al., 2018)가 지적한 바와 같이 "넷플릭스 데이터 웨어하우스는 약 10페타바이트의 정보를 저장한다". 그렇게 저장된 데이터가 AI 엔진을 통해 흐르면서 넷플릭스가 이용자 데이터를 식별할 수 있는 것이다. 이용자들이 어떤 콘텐츠를 보는지, 무엇을 검색했고, 또 콘텐츠를 어떻게 평가하는지, 시청한 시간, 시청한 장소, 시청한 기기 등 이 모든 정보를 넷플릭스는 수집한다. 기기 데이터를 포함해서, "넷플릭스 알고리즘은 데이터 라벨링과 유사한 방식을 통해 방대한 양의 콘텐츠 데이터를 넘나들며 데이터를 수집하고 분류한다"(Frank et al., 2018).

이렇듯 페이스북과 넷플릭스가 각각 이용자들에게 접근하는 방식은 같을 수 없지만, 두 플랫폼의 이용자들은 애정의 대가로 자신의 정보, 에너지, 시간을 제공하는 디지털 노동을 하고 있다. 넷플릭스를 비롯하여 일반적으로 OTT 플랫폼 이용자들은 디지털 플랫폼에 의해 착취되는데, 이러한 OTT 플랫폼들이 취향이라는 이름으로 수익성 있는 추천 시스템을 만들기 위해 사용자들을 이용하기 때문이다. 페이스북의 경우 사용자가 구독료를 지불하지 않는 대신 자유 노동을 제공하는 반면, 넷플릭스의 경우 가입자가 구독료도 지불하고, 자유 노동을 제공한다. 소셜미디어 플랫폼보다 OTT 플랫폼의 이용자 전용 정도가 훨씬 높다. 페이스북 모델과 넷플릭스 모델이 다른 듯 보이지만, 기본 아이디어는 비슷하다고 볼 수 있는 이유는 유사한 배경의 사용자를 몇 가지 클러스터로 구분하여 비슷한 정체성을 사업에 활용하기 때문인데, 이에 페이스북은 높은 광고 매출을 올릴 수 있고, 넷플릭스는 구독료를 받을 수 있다.

AI 시대 사용자 권한의 축소

페이스북과 넷플릭스는 AI가 지원하는 디지털 플랫폼이라는 공통점이 있는 반면, 서로 다른 비즈니스 모델을 통해 각자의 플랫폼 사용자를 서로 다른 방식으로 활용한다. 특히 플랫폼 사용자를 활용하는 방식에 있어서 AI는 다소 상반된 역할을 수행했는데, 바로 사용자의 권한을 확대empowerment하고 또 축소disempowerment하는 것이다. 여타 디지털 기술과 다름없이, AI나 디지털 플랫폼은 이중적인 면모를 발전시켜 양면성이 있는 기술이라는 점을 보여주었다.

우선, 사용자 권한 확대는 AI가 최첨단 기술로서 사용자가 업무 처리에 보다 효율적으로 이용할 수 있도록 하는 것을 내포한다. AI 기술을 구현하여 복잡한 예측에서 일상적인 작업에 이르기까지 모든 것을 처리함으로써, 크리에이터와 문화기업들은 직원들이 더 높은 수준의 작업에 더 잘 집중할 수 있다는 것을 발견하고, 이를 통해 효율성, 창의성 및 더 강력한 투자수익률을 달성할 수 있다(Butler, 2019). 일부 우려에도 불구하고, 어떤 사람들은 AI가 사람들이 직장에서 그들의 일을 더 잘하도록 돕는다고 믿는다. AI 기술과 디지털 플랫폼은 시청자들에게 더 많은 통제력을 부여한다(Asia-Pacific Broadcasting, 2018). 지난 10년 동안 연구소 안에서 연구되던 AI 기술이 주류로 전환되면서 거의 모든 업계의 노동자들은 자신들의 지위의 미래에 대해 우려를 표명했다. AI가 인간의 창의성과 독창성을 대체하여 콘텐츠 제작, 배포 및 마케팅을 기계 주도 작업으로 바꿀 것이라는 잘못된 인식이 있다. AI가 엔터테인먼트 업계의 역량을 강화하는 몇 가지 방법은 다음과 같다(Butler, 2019). ① 자유롭게 창의력을 발휘하면서 전략적 사고를 가능하게 하고, ② 가장 강력한 결과를 이끌어낼 수 있는 콘텐츠에 지식을 제공하고, ③ 새로운 성장과 혁신적인 비즈니스 기회를 창출하고, ④ 시청자에게 새로우면서 특별한 경험을 제공하고, ⑤ 틈새시장을 콘텐츠 시장으로 활용하는 것이 도움이 되는 방법이다. AI와 디지털 플랫폼은 시청자가 자신의 힘을 발휘할 수 있도록 하는데, 이는 시청자가 "자신의 선택과 콘텐츠 선호도를 맞춤화할 수 있다"(Asia-Pacific Broadcasting, 2018)라는 의미다.

AI의 낙관적인 측면을 강조하는 이 관점에 따르면, AI는 콘텐츠의 범위와 다양성을 제한하지 않는다.

> 실제로는 그 반대다. AI는 새롭고 다양한 목소리가 시청자를 찾도록 도울 수 있다. 틈새 콘텐츠 장르를 실현 가능한 시장으로 탈바꿈시키고 사회의 다양한 관심과 취향을 반영한 신세대 크리에이터를 탄생시킬 수도 있다(Butler, 2019).

우리는 이제 겨우 AI의 엔터테인먼트 응용프로그램과 기술이 어떻게 산업 노동력에 힘을 실어줄 수 있는지 이해하기 시작했다. AI가 새로운 엔터테인먼트 시대를 돕고, 알리고, 가능하게 할 수 있는 방법을 수용하는 사람들은 AI가 더 진화함에 따라 번영할 수 있는 최적의 위치에 있을 것이다. 유튜브, 인스타그램, 트위치와 같은 인기 소셜 플랫폼은 게이머와 같이 TV가 주의를 기울이지 않거나 완전히 사라졌던 콘텐츠를 시청자들에게 가져왔다(Butler, 2019). 즉, AI는 "수많은 창작자들에게 힘을 실어주고, 문화산업을 더욱 효율적으로 만들고, 예술 작품의 수를 늘리는 데 도움을 줄 수 있다"(Kulesz, 2018a: 2). 빈센트(Vincent, 2019a)가 지적한 바와 같이,

> 머신러닝은 큰 데이터 포트에서 패턴을 발견할 수 있기 때문에 이러한 종류의 작업에 특히 적합하다. 더 놀라운 사실은 그 패턴들이 계속해서 진화한다는 점이다. 사람들이 무엇을 보고 어떻게 하는지는 지난 몇 년 동안 크게 달라졌다. 수동으로 업데이트해야 하는 하드 코딩된 알고리즘보다는 이러한 변화에 적응할 수 있는 머신러닝으로 구축된 시스템을 갖추는 것이 낫다 (Vincent, 2019a).

다시 말해,

> 데이터마이닝 경제는 단순히 사용자가 어디에 관심을 두었는지에 초점을 맞추는 것이 아니라 사용자들의 '일상'에 자연스럽게 녹아듦과 동시에 광고주들이 기정사실화한 가치를 기반으로 상업적 규범에 의해 일상이 재창조되고, 결국 권력관계를 변화시킨다(Langlois and Elmer, 2013: 4).

그러나 이러한 장점과 관련된 여러 가지 주의 사항도 있다. 가장 중요한 과제 중 일부는 AI가 대중문화에서 "사용자가 노출되는 것, 모든 사용자에 대한 광범위한 데이터를 수집하고 저장해야 하는 필요성, 표적 조작의 위험성 그리고 AI 주도 도구와 상호작용하면서 사용자가 경험하는 제한된 기관"이라는 것

이다(Helberger et al., 2019: 11). 이러한 관점은 AI가 사용자의 권한을 축소하는 것이나 다름없다고 주장한다. 반 데이크 외(van Dijck et al., 2018: 33)가 지적한 바와 같이, 데이터화는 플랫폼 소유자가 구축한 기술-상업 전략으로 이해될 수 있지만, 동시에 사용자 관행으로 간주할 수 있다. 디지털 플랫폼은 체계적으로 사용자 데이터를 수집하고 분석한다. 동시에 애플리케이션 프로그래밍 인터페이스를 통해 제3자에게, 사용자 인터페이스를 통해 최종 사용자에게 데이터를 배포하여 친구 및 동료의 활동을 추적하고 공공 이벤트를 추적하며 온라인 경제에 참여할 수 있다. 이 학자들은 또한 사용자 데이터의 상품화 메커니즘을 강조한다. 그들에 따르면, "온라인 플랫폼에 의해 수집되고 처리되는 방대한 양의 사용자 데이터가 특정 순간에 사용자의 관심, 선호도 및 요구에 대한 통찰력을 제공하기 때문에 데이터화 메커니즘에 의해 상품화가 강화된다"(van Dijck et al., 2018: 37).

상품화 메커니즘은 "사용자 권한을 확대하기도 하면서 동시에 축소하기도 한다"(van Dijck et al., 2018: 37). 사용자 권한이 확대될 수 있는 이유는 사용자들, 예를 들어 OTT 플랫폼 시청자들은 어떤 콘텐츠가 보고싶은지를 결정할 권한이 있고, OTT 플랫폼은 그 수요를 충족시켜야만 하기 때문이다.

> 넷플릭스와 같은 대형 OTT 서비스들이 잇따라 출시되면서 이제 TV 편성표는 시청자 대부분의 인구통계학적 특성과 점점 멀어지고 있다. 이는 전통적인 TV 모델에 분명한 압박으로 작용할 것이다. OTT 서비스는 보다 나은 방식으로 시청자들이 원하는 콘텐츠의 선택과 선택에 있어서의 유연함까지 모두 갖추었다. 우리는 OTT 서비스들이 계속해서 성장할 것이라 믿어 의심치 않는다(Roxborough, 2019).

플랫폼은 문화 노동과 이용자들의 비물질 노동을 착취하고, 플랫폼 노동자들의 불안정한 고용 상태는 지속되고 있기 때문에 플랫폼 이용자들의 목소리가 힘을 잃고 있다. 반 도른(van Doorn, 2017: 904)은 이러한 플랫폼 노동의 구조적 문제를 다음과 같이 지적했다.

> 이 문제는 노동의 유용함과 무용함을 저울질하는 것과 다름없다. 기업들은 플랫폼 노동으로 높은 고용률을 유지하되 인건비는 최소화할 수 있는 것이다. 즉, 고용이 불안정한 플랫폼 노동자를 착취함으로써 최종적으로는 기업의 수지 타산을 맞추는 구조인 셈이다.

또한, 이러한 메커니즘은 "전략적으로 스스로를 집계자 혹은 게이트키핑 중재자로 포지셔닝하기 때문에 소수의 플랫폼 소유자와 운영자의 손에 경제력이 집중된다"(Fuchs, 2014; van Dijck et al., 2018: 37). AI가 문화 분야에 미칠 영향에 대한 우려가 커지고 있다.

좀 더 구체적으로, 몇 가지 고려 사항을 살펴보면, AI가 사용자의 권한을 박탈한다는 것을 알 수 있다. AI 기반 추천 기술은 사용자의 정보 다이어트와 관련하여 상당한 게이트키핑 파워를 생성할 수 있기 때문에 이것은 특히 중요하다. 구글, 페이스북, 넷플릭스와 같은 플랫폼의 게이트키핑 파워는 피드의 우선순위를 정의하는 능력을 능가한다. 이러한 플랫폼은 또한 특정 유형의 콘텐츠를 필터링하기 위해 AI 기반 도구를 점점 더 많이 사용하고 있다(Helberger et al., 2019). AI 기반 도구는 소비자가 문화 콘텐츠를 즐기는 방식을 바꾼다. 디지털화와 데이터화는 또한 문화 지형의 전반적인 구조와 다양성에 영향을 미친다. 소셜미디어 플랫폼, OTT 서비스 플랫폼 등 새로운 플레이어가 현장에 도착해 문화의 생산, 유통, 전시 과정에 영향을 미치고 있다. 사회에서 문화의 역할에 대한 즉각적인 부작용은 문화상품의 세분화와 가격 분리를 비롯하여 잘못된 정보의 증폭과 대중문화의 악의적인 조작 가능성이다. 빅데이터에 대한 의존은 또한 새로운 규모의 경제를 창출하며, 데이터에 가장 많이 접근하는 플레이어가 사용자에게 개인화된 뉴스를 더 잘 제공할 수 있다(Stone, 2014; Helberger et al., 2019).

송신자가 문화와 정보를 정체불명의 대중들에게 전달한다는 개념에서 벗어나는 전통 미디어 및 문화 산업과 달리, 문화 분야에서 AI 기반 도구 사용의 한 가지 중요한 시사점은 청중이 훨씬 더 정확한 그룹 또는 심지어 개인 수준에서 표적이 될 수 있다는 것이다.

> 자동화된 필터링과 분류 메커니즘은 개인의 특성과 선호도에 따라 문화와 정보를 받아들이는 개인의 권리를 행사하는 데 영향을 미칠 수 있다. AI 기반 도구의 사용이 인구의 특정 부분이나 특정 특성을 가진 사용자가 정보 접근에서 구조적으로 배제되거나 사회가 새로운 디지털 격차를 경험하는 상황을 초래해서는 안 된다(Helberger et al., 2019: 28).

AI가 주도하는 디지털 환경에서 "청중은 익명의 수용자 그 이상"이다. 사용자들의 "영향력은 온라인 정보의 확산"에서뿐만 아니라 문화의 확산에서도 상당하다. 따라서 문화의 생산과 유통 과정에서 구성원 개개인이 보다 적극적인 역할을 하는 것이 중요하다(Helberger et al., 2019: 29). AI 시대에 우리가 주목해야 할 것은 우리 사회에서 가장 힘 없고 소외된 사람들에게 미치는 영향이다(Bacciarelli, 2019).

AI 알고리즘은 디지털 시대의 연금술이자, "쌓여 있는 데이터 더미를 황금으로 바꾸길 원하는 사람들을 안내하는 마법 같고 신비로운 과정임과 동시에 전례 없는 속도와 규모로 새로운 통찰력과 전문적인 결정을 증진할 수 있는 마법 같은 해결책으로 보인다"(Taylor, 2019). AI는 다음과 같이 분류할 수 있다.

AI는 억압받고 소외된 사람들을 비롯하여 우리 사회의 다양한 공동체가 모두 편리하게 하드웨어 및 소프트웨어를 이용하고, 인터넷을 이용함에 있어서도 또다시 소외되지 않을 기회를 제공하는 원천이다. 디지털상의 정보에 동등하게 접근할 수 있는 권리의 보호와 같은 정치적인 부분들 역시 디지털 정보 격차라는 개념을 두고 이론화된 것이다(Noble, 2018: 160).

디지털 정보 격차라는 개념이 내포하는 내러티브는 이렇다. 컴퓨터에 대한 접근을 포함해, 정보기술이나 관련 능력을 발전시키고 훈련하는 것, 그리고 인터넷 접속에 대하여 기술적으로 차별을 두어서는 안 된다는 것이다(Wilhelm, 2006; Noble, 2018).

새로운 디지털 기술이 권한 부여와 권한 박탈을 모두 발전시키는 모습을 목격하는 것은 드문 일이 아니다. 그러나 AI의 경우, 일반 대중은 대부분 이 디지털 기술을 이해할 수 없기 때문에 이러한 반대 측면을 신중하게 이해하는 것이 중요하다. 다시 말하지만, AI는 문화 창작자와 소비자를 아울러 모든 사용자에게 권한을 부여하고 또 권한을 박탈할 수 있다. 그것의 약속과 상관없이, AI는 사용자들의 힘을 약화시키기 때문에 몇 가지 부정적인 측면을 가져왔다. AI는 진화하고 있으며, 일부 문제는 해결될 것이다. 그러나 논의한 바와 같이, AI 자체는 현대사회에 몇 가지 사회경제적·문화적 문제를 더한다. 사용자를 돕는 대신, 이 새로운 디지털 기술은 계속해서 부정적인 기능을 해왔다. 사용자들의 무력화는 증가하고 있으며, AI는 또한 편향적이고 차별적인 재현과 연결되어 있다.

문화의 개인화: 플랫폼과 사용자의 관계

AI와 디지털 플랫폼 시대에 사용자와 함께 가장 중요한 측면 중 하나는 대중문화와 뉴스의 개인화다. 소셜미디어 플랫폼이든 OTT 서비스 플랫폼이든 서로 다른 플랫폼을 막론하고 개개인들이 디지털 플랫폼과 문화산업에서 중요한 존재로 부상하면서 개인화 또한 그 중요성이 부각되었다. 몇 가지 다른 해석이 가능할 수 있지만, 나는 대중문화의 개인화를 크게 두 가지 다른 시각으로 나눈다. 하나는 주요 플랫폼의 역할을 강조하는 것, 다른 하나는 고객에게 초점을 맞추는 것, 두 가지 모두 밀접하게 연결되어 있다.

　디지털 플랫폼은 문화와 정보의 개인화를 주도하면서 수익을 극대화한다. 예를 들어 페이스북의 광고 모델을 간단히 살펴보면, 페이스북은 이용자들이 수집에 동의한 정보를 몇 가지로 분류하여 광고주들에게 판매한다. 개인화는 페이스북이 나이, 성별, 민족성, 선호도와 같은 특정 특징에 따라 사용자를 구분하는 데 도움이 된다. 특히 페이스북의 '좋아요'는 개인의 추천으로 작용한다. 사람들이 '누군가의 게시물'을 클릭하거나 그들의 개별적인 이야기와 댓글을 '게시'할 때마다, 그들의 페이스북 친구들은 그것들을 볼 수 있다. 또한 페이스북은 2016년 10월에 사람들이 일상생활에서 더욱 활발히 유용할 수 있는 SNS상의 새로운 기능들을 잇따라 출시했다. 페이스북은 사람들이 그들의 친구를 이용하여 새로운 장소, 이벤트, 할 일 그리고 사람들 주변의 서비스를 발견하도록 돕는 추천 도구를 추가했다. 사람들이 주변에 참석하고 싶은 이벤트가 있을 경우를 대비하여 페이스북은 티켓 구입 절차를 원활하게 했다. 또한 비즈니스와 상호작용할 때 사용할 수 있는 새로운 영업 활용 버튼이 있다. 페이스북의 경우, 모든 것이 "가족, 친구, 사업, 광고비의 하나의 선순환"이다(*Wired*, 2016). 간단히 말해서, 개인화는 많은 사람들이 AI가 탑재된 디지털 플랫폼에 매력을 느끼는 이유이다. 반 데이크 외(van Dijck et al., 2018: 42)가

지적하듯이, "맞춤화와 개인화는 또한 소비자와 시민으로서 사용자에게 힘을 실어주어, 그들이 가장 매력적인 제안과 그들이 관심 있는 정보를 빠르게 찾을 수 있게 한다". 한 동전의 이면에서 개인화는 이익을 얻기 위한 주요 비즈니스 모델 중 하나로, 디지털 플랫폼의 주요 비즈니스 전략이다.

한국에서도 페이스북 모델과 유사하게 한국 최대 인터넷 포털인 네이버가 2018년 초부터 자체 AI 기반 개인화 서비스를 뉴스와 검색에 활용하기 시작했다. 네이버의 콘텐츠 소비가 급증한 것은 자사 AI 콘텐츠 추천 알고리즘인 에어스AI Recommender System: AiRS를 네이버와 라인 뉴스 서비스에 적용했기 때문이다. 네이버에 따르면, 네이버 뉴스에 노출된 AI 콘텐츠의 일평균 페이지뷰는 1년 새 69% 증가했다. 소수의 외국에서의 일일 사용자 수는 176% 증가했다. 네이버는 개인화 검색을 일부 사용자까지 확대할 계획이다(Korea Tech Today, 2019).

더 중요한 것은 네이버 뉴스 서비스가 2018년 4월부터 AI 소프트웨어에 의해 조직되었다는 점이다. 네이버의 뉴스 서비스는 자체적으로 뉴스의 우선순위를 결정하여 선보였다. 네이버 홈페이지 전체에서 뉴스가 차지하는 비중은 일부에 불과했으나 네이버는 이용자가 홈페이지에서 뉴스 서비스를 선택해서 들어가기만 하면 새롭게 보여지는 페이지에서는 뉴스와 관련된 기능만 이용할 수 있도록 설계해 놓았다. 뉴스 서비스는 네이버의 AI 알고리즘인 AiRS가 추천한 인기 있는 뉴스 기사들을 보여준다. 사용자는 사용자의 뉴스 소비 패턴을 추적하는 알고리즘을 기반으로 다양한 기사를 볼 수 있다. 같은 주제를 다루는 많은 기사 중 어떤 기사는 AiRS에 의해 결정되기도 한다. 네이버의 메인 뉴스 서비스는 이용자가 구독하는 뉴스 매체가 선정한 기사를 볼 수 있는 코너와 AiRS가 개인화된 기사를 보여주는 코너(Song, K.S., 2018)의 두 개 코너로 구성되어 있다. 페이스북과 네이버가 추진하는 것은 사용자가 자신의 취향에 따라 필수 정보와 뉴스를 소비할 수 있도록 디지털 콘텐츠를 개인화하는 것이다. 험프리스(Humphreys, 2018: 29)는 "소셜미디어 사용에 대한 주요 비판 중 하나는 사람들이 일상적이고 무의미한 정보를 공유하고 있다는 것이다"라고 지적한다. AI 기반 디지털 플랫폼을 통해 형성되는 문화 및 정보의 개인화는 이용자들이 이미 보고 읽은 것들을 바탕으로 하여 이용자가 선호할 만한 정보와 뉴스만이 제공된다. 이는 사람들이 계속해서 플랫폼이 선별한 정보만을 받아들일 수 밖에 없도록 플랫폼 이용 방식을 완전히 바꿔놓는 셈이다.

한편, 넷플릭스 모델의 경우 취향에 따라 사용자를 분류할 수 있어 넷플릭스가 개별 사용자에게 유사한 문화 콘텐츠를 추천할 수 있다. 코페넨(Kopenen, 2018)은 다음과 같이 주장한다.

> 개인 맞춤형 알림을 보내는 지능형 알림 시스템을 활용하면 문화 콘텐츠가 사람들의 모바일 기기의 잠금 화면에 실시간으로 미치는 영향을 파악해 콘텐츠와 콘텐츠 유통을 즉석에서 최적화할 수 있다. 이 시스템은 사용자의 선호와 상황에 따라 음성, 비디오, 사진, 증강현실 자료 또는 시각화를 제공하는 등 콘텐츠가 표시되는 방식을 개인화할 수 있다(Kopenen, 2018).

AI는 사용자들이 정보와 문화 콘텐츠를 찾는 방식에 다양한 이점을 제공할 수 있다. AI 기반 추천 시스템은 문화 소비의 맥락을 고려하여 사용자에게 가장 적절한 문화 콘텐츠를 식별할 수 있다. 예를 들어, 사용자는 일요일 아침이 아닌 통근 중에는 다른 TV 드라마를 보고 싶어 할 수 있다. 개인화된 권장 사항과 프로그램은 "직원, 가족, 시민으로서 서로 다른 사회적 역할과 관련된 다양한 소비 습관을 충족시킬 수 있다"(Helberger et al., 2019: 11). 새로운 AI 기반 도구들은 문화 콘텐츠에도 적용이 가능한데, "이용자나 이용의 맥락에 따라 자유롭게 적용이 가능하여 뉴스 이용자들의 경우, 뉴스의 정보를 보다 유용하고 효과적인 방식으로 처리할 수 있다"(Helberger et al., 2019: 11). 이것은 머신러닝 알고리즘을 포함한 새로운 디지털 기술이 권력관계를 변화시켰음을 의미한다. 빅데이터를 기반으로 하는 머신러닝 알고리즘은 "개별 행동을 정상화하는 데에만 사용되는 것이 아니라 주어진 집단이나 집단의 패턴을 예측하는 데 사용된다"(Bueno, 2020: 80). 즉, "머신러닝 알고리즘은 얼굴 이미지를 구체적인 정체성과 연결하는 것과 같은 미리 주어진 템플릿을 기반으로 작동하지 않는다. 대신 머신러닝 알고리즘은 훈련 데이터세트에서 패턴을 추출하기 위해 통계적 계산을 사용한다"(Bueno, 2020: 80). AI가 탑재된 디지털 플랫폼이 플랫폼 이용자보다 플랫폼 자체가 더 많은 결정권을 갖도록 문화 생산 전반의 순환고리를 통제한 결과, 디지털 기술뿐만 아니라 플랫폼 이용자들까지 수익의 원천으로 삼는 전례 없는 디지털 자본주의의 면면을 보여주고 있다.

앞에서 논의한 바와 같이, AI는 디지털 플랫폼과 함께 문화의 개인화를 발전시킨다. 흥미로운 점은 이런 AI가 탑재된 디지털 플랫폼이 대중문화에 비해 '개인 문화'가 발달했다는 점이다. 소비자 입장에서 극장이나 거실에서 함께 문화 콘텐츠를 즐기는 대신 개인적으로 미디어와 대중문화를 소비한다는 의미다. AI가 지원하는 페이스북, 넷플릭스 등 디지털 플랫폼과 알고리즘이 개별 사용자에게 특정 문화 콘텐츠를 추천하기 때문에 이들 관객들이 개인적이고 선별적으로 대중문화를 소비하는 것이 현대 문화 선호의 특징이다. AI 시대에 소셜미디어 플랫폼에서 OTT 플랫폼에 이르기까지 많은 디지털 플랫폼이 "개인화 수준 증가를 목표로 한다"(Pangrazio, 2018: 12). 예를 들어 "넷플릭스는 가입자가 다음에는 어떤 콘텐츠를 시청할지를 보다 정확하게 예측하기 위해 데이터를 분석한다. 이러한 의미에서 넷플릭스는 콘텐츠 개인화 사업에 종사하고 있다"(Tercek, 2019). 다른 플랫폼들도 문화의 개인화를 발전시켰다. 예를 들어, 구글은 가장 영향력 있는 링크뿐만 아니라 사람들이 이전에 클릭했던 기록을 기반으로 개인적으로 찾고 있는 링크를 학습함으로써 개인에게 다양한 검색 데이터를 제공한다. 스마트폰은 역시나 가장 강력한 디지털 플랫폼 중 하나인데, "스마트폰을 통해서만 개인화된 인터페이스를 만들 수 있기도 하고, 사용자가 직접 원하는 앱을 선택해서 이용하기 때문이다". 이렇듯 사람들은 계속해서 "스마트폰의 스크린 속에 개인화된 경험으로 존재하는 모든 것들과 함께한다"(Mawdsely, 2016). AI가 탑재된 디지털 플랫폼 시대에 사람들의 문화 소비는 점점 더 많은 개인화된 경험과 마주하게 된다.

현대 문화의 가장 두드러지는 특징 중 하나인 개인 문화는 AI를 탑재한 문화 생산자와 디지털 플랫폼이 생산하고 추천하는 대중문화와 미디어뿐만 아니라 유튜브와 페이스북 같은 소셜미디어 플랫폼과 넷플릭스와 같은 OTT 서비스 플랫폼을 포함한 디지털 플랫폼을 통해 개별적으로 이루어지는 문화 소비를 의미한다. 대중문화와 미디어 영역의 AI와 알고리즘을 넷플릭스와 페이스북에서 볼 수 있듯이, 개인 맞춤형 추천 시스템을 개발했기 때문에 개인 문화는 디지털 플랫폼 시대에 문화 생산·유통·소비의 전 과정을 함축하고 있다. 홈시어터보다는 넷플릭스를 선호하고, 집 전화보다는 스마트폰을 좋아하면서 21세기 초반 사람들은 소비에서 문화의 개인화를 깊이 발전시켰다.

물론 관객들의 관행은 대부분 AI가 탑재된 디지털 플랫폼에 의해 주도된다. 문화의 개인화를 통해 시청자들이 만족할 수 있도록 관련 문화 콘텐츠를 제작하기 때문에 디지털 플랫폼이 현지 시장과 관객에게 다가갈 수 있도록 하는 데 문화의 개인화는 매우 중요하다. AI가 시청자들에게 힘을 실어주지만, 콘텐츠 개인화는 기술적으로 디지털 플랫폼에 엄청난 통제력을 부여한다. 아널드(Arnold, 2018: 49)가 적절하게 표현했듯이, "이는 수용자 측정과 해석에서 파편화된 대중의 개념에서 개인화되면서 개별적이고 자율적인 개념으로의 전환을 보여준다". 이와 관련하여, 앙(Ang, 1991, Arnold, 2018에서 인용)은 수용자는 결국 "전체의 일부", 즉 "비개인화depersonalized"되긴 하지만, 비교적 자유로운 선택권(한정된 선택 사항 중에서)을 행사하기도 하는 강력한 대중으로서 표집과 분석 대상이 되기도 한다고 주장했다. 그럼에도, 이와 같은 관점과는 달리, AI와 디지털 플랫폼이 융합된 세상에 살고 있는 수용자들은 권한 행사를 제대로 할 수 없는 상황을 겪게 되고, 결국 개인의 참여가 거대 플랫폼에 의해 이용되고 착취되는 상황을 마주하고 있다.

개인화 대 네트워크 사회

AI 시대에 문화의 개인화에 대한 또 다른 중요한 관점은 디지털 시대에 가장 두드러지는 현상 중 하나인 소위 네트워크 사회와의 모순된 성격이다. 인터넷의 발달과 함께, 사람들 모두가 디지털 기술을 통해 연결되기 때문에 네트워크 사회에서 살아왔다(Castells, 2009). 옥스퍼드 사전에 따르면, 네트워크 효과는 "더 많은 사람들이 그것을 사용할수록 제품이나 서비스가 추가적인 가치를 얻는 현상"을 의미한다. 네트워크 효과의 전형적인 예는 인터넷 그 자체이며, 소수의 사람들만 인터넷을 사용한다면 매우 적은 가치를 제공할 것이다. 페이스북과 같은 소셜 네트워크 플랫폼도 고전적인 예이다(Breakstone, 2019). AI 시대에 지능형 네트워크 효과는 AI에 의해 부가가치가 촉진되거나 증강되는 네트워크 효과다. 즉, 지능형 네트워크 효과는 주로 AI의 매개를 통해 제품이나 서비스를 이용하는 사람이 많아질수록 부가적인 가치를 얻는 현상이다. AI의 확산과 함께, 전 세계의 많은 사람들은 전통적인 네트워크에서 지능형 네트워크로의 이동을 목격한다. 예를 들어, 소셜미디어 플랫폼은 더 이상 사용자 수만으로 가치를 얻는 것이 아니라 AI를 사용하여 관련 뉴스, 프로필 및 이벤트를 표면화함으로써 가치를 얻고 있다. 마찬가지로 시장의 경우, 더 이상 공급과 수요의 풍부함뿐만 아니라 알고리즘이 데이터를 정밀하게 조정하고 사용자를 프로파일링하여 잠재적 구매자에게 정확한 맞춤형 제품이나 서비스를 적시에 제공하여 만족스러운 거래의 기회를 극대화하는 것이 중요하다.

여기서 흥미로운 점은 이러한 소셜미디어 플랫폼과 OTT 플랫폼이 지능형 네트워크로서 문화 공동체를 촉진한 것이 아니라 문화의 개인화를 앞당겼다는 점이다. 플랫폼 이용자들은 각자 대중문화를 즐기기 위해 플랫폼을 이용하므로 디지털 네트워크 경제는 분명히 개인문화를 촉진하고 또 개개인의 자율성을 향상시키기도 한다. 벤클러(Benkler, 2006)는 미디어 문화의 역할에 관해 다음과 같이 언급했다.

> 미디어 문화는 사회문화적 역할을 수행하고, 통제의 구조를 맡기도 하며, 기술적으로 가능성이 있는 것들이나 제한적인 부분들을 사회문화 비즈니스의 맥락에서 어떻게 선보일 것인지, 무엇을 발전시킬지를 정하기도 한다. 즉, 우리가 어떻게 미디어를 사회와 역사적 맥락 속에서 다룰 수 있을지 정하는 모든 특징들이 바로 미디어 문화이다. 그 특징들은 미디어를 다른 것들과 구별 짓도록 하는데, 예를 들면 서로 다른 용도를 가진 플랫폼이 각각의 미디어가 된다거나 각각의 이용자를 강조하는 방식으로 그 특징들이 구분된다(369~370).

우리가 살고 있는 세상은 네트워크화된 개개인이 느슨하지만 얼기설기 짜인 그물망처럼 연결된 지능화된 네트워크 사회이다.

> 우리는 20세기에 실현할 수 없었던 소통 방식을 AI를 통해 목도하고 있다. AI는 새롭고 안정적이면서 풍부한 맥락을 제공하고 과거에 우리가 사회적 관계를 맺었던 방식과는 다르지만 인간 본성에 근본적인 변화를 일으키지는 않는 방식으로 관계를 맺도록 도와준다. 인간은 여전히 복잡한 존재다. 개인적이고 이기적인 면이 있지만 혼자 살아갈 수 없는 존재다(Benkler, 2006: 376~377).

그러나 AI가 지원하는 디지털 플랫폼은 사람들을 서로 분리시켰다. AI 시대에 디지털 플랫폼은 사람들에게 개인 문화를 즐기도록 강요하는데, 이는 네트워크에 반대되는 것이다. AI를 탑재한 디지털 플랫폼은 우리 정보사회의 기본 주제인 네트워크의 주요 규범을 변화시켰다. AI와 알고리즘으로 사람들은 고도로 세분화된 문화 세계에 살고 있으며, 개인 문화를 추구한다.

그렇다고 AI와 디지털 플랫폼의 고객인 사람들이 전통 미디어와 문화 기업이 생산하는 대중문화를 기피하는 것은 아니다. 대신 자체 디지털 플랫폼에서 AI 알고리즘이 추천하는 전통 미디어와 디지털 플랫폼이 만들어내는 대중문화를 즐긴다. 문화생활의 개인화를 촉진하는 유튜브와 페이스북 같은 디지털 플랫폼은 '아미ARMY'로 알려진 BTS 팬들의 사례가 확실히 증명하듯, 사람들이 서로 연결될 수 있는 장소를 제공한다. 아미들은 BTS의 음악을 개별적으로 즐기지만 트위터를 비롯한 소셜미디어 네트워크를 통해 소통하고 감정을 공유한다. "정확히는 새로운 커뮤니케이션 시스템은 그 형태가 매우 다양하면서 개방적이기 때문에 네트워크상에 존재하는 거의 모든 메시지와 코드를 통합한다"(Castells, 2009: 417). 우리가 살고 있는 이 네트워크 사회, 그렇지만 때론 개인화되기도 하고 문화적이기도 한 세상에서 AI와 디지털 플랫폼이 양날의 검임은 분명하다. AI와 디지털 플랫폼이 가져온 플랫폼 이용자들의 개인화는 취향에 따라 또다시 개인을 나누는 듯 보이지만, 플랫폼 이용자들 역시 자신의 감정을 나누고자 커뮤니티나 모임을 만들면서 플랫폼을 이용하기 때문에 여전히 우리는 네트워크 속에서 연결되어 있다. 다시 말해 분리된 듯 연결된 AI와 디지털 플랫폼의 융합을 바라보는 관점은 현대사회에서 새로운 표준으로 자리 잡았다.

결론

제6장에서는 AI와 플랫폼의 사용자에 대해 논의했다. 새로운 디지털 기술은 문화 생산뿐만 아니라 문화 소비에서 사용자의 행동에 깊은 영향을 미친다. 주요 플랫폼의 AI, 기업 논리 및 정보 아키텍처는 사람들의 문화 활동에서 중심적인 역할을 한다. 소셜미디어 플랫폼, OTT 서비스, 음악 스트리밍 서비스 플랫폼 등 AI가 지원하는 여러 디지털 플랫폼이 생산과 소비를 연결하면서 AI가 고객을 어떻게 변화시켰는지 논의했다. 대중문화 개인화의 결정적 성격을 다루면서 AI 지원 디지털 플랫폼 분야의 이용자들이 AI와 AI 탑재 디지털 플랫폼의 성장으로 힘을 얻는지 분석했다. "이러한 결합 요소들은 사용자 활동에 특정한 가능성과 한계를 부여함으로써 대중의 '커밍아웃'을 규제한다"(Langlois et al., 2009: 417). AI는 특히 사람들의 작업환경을 발전시키고 사용자에게 권한을 부여하는 새로운 디지털 기술로서 기능한다. AI 기술에 대한 열의가 분명히 있고, 이것이 흡수를 촉진하는 것으로 보인다.

> AI와 같은 신기술 및 새로운 기기 개발에 대한 가치는 그 평가가 쉽지 않다. 이러한 디지털 기기 및 기술들이 사회적으로 어떻게 이용되는지에 대한 규범은 우리 모두가 만들어가고 있으므로 AI를 기반한 서비스의 채택 역시 사회적인 합의가 어느정도 필요해 보인다(Consumers International, 2019: 16).

그러나 중요한 것은 AI가 문화 소비에서 사용자의 행복을 보장하지 않는다는 것이다. 나는 신기술의 급속한 성장으로 인한 잠재적인 일자리 손실을 말하는 것이 아니라, AI가 사람들의 문화 활동에 미치는 비판적인 의미에 대해 말하는 것이다. AI, 알고리즘, 빅데이터를 탑재한 디지털 플랫폼은 사용자를 재원으로 활용한다. 소셜미디어 플랫폼과 OTT 서비스 플랫폼 모두 애정과 정보에 대한 대가로 개인정보를 수집한다.

　AI는 문화 현장을 포함해 현대사회를 지속적으로 변화시켰다. 우리는 AI가 디지털 플랫폼의 사용자에게 힘을 실어주면서 문화 콘텐츠 제작에 기여한다는 것을 부정할 수 없다. 그러나 AI는 사회문화적 위험도 가져왔고, 사용자들이 문화 생산, 유통 그리고 소비에서 AI의 확산으로부터 이익을 얻지 못하기 때문에 대중문화에서 AI의 결정적인 역할에 대한 의구심이 있었다. AI는 사용자에게 권한을 부여했지만, 문화의 개인화를 실현하는 동시에 사용자의 권한을 박탈하고 있다. 디지털 플랫폼에 좋은 기회를 제공함으로써 사회문화적 불평등과 편견을 심화시키기 때문에 AI의 사회에 대한 기여는 불균형하고 심지어 왜곡된다. 머신러닝 알고리즘은 널리 채택되었고 우리의 일상생활에서 널리 사용된다. 그들은 인간 의사결정자를 대체하기 시작했다. 그러나 알고리즘이 항상 공정하고 형평성 있게 작동하는 것은 아니다(Shin, D., 2019b). 페이스북이나 넷플릭스와 같은 AI 기반의 디지털 플랫폼 기업들은 이용자들이 마우스 한 번 클릭하는 것과 같이 금전적 보상이 이루어지지 않는 작은 것들을 통해 이윤을 창출함으로써 점차 플랫폼과 이용자 간의 비대칭적 관계를 초래하고 있다. 게다가, 그들은 겉보기에 선진화된 현대사회에서 불공평하고 불평등하며 부적절하게 AI가 장착된 디지털 플랫폼에 의해 공격적으로 이용된다.

　문화의 무력화와 개인화는 AI 시대에 가장 중요한 사회문화적 문제 중 일부이다. AI와 디지털 플랫폼은 이용자들의 문화 활동에 큰 영향을 미쳤다. 그러나 문화 분야를 포함한 현대사회를 변화시킬 수 있는 잠재력과 상관없이 AI는 기존의 사회적 편견을 해소하는 해결책이 되지 못했다. AI가 주로 디지털 플랫폼 기업이나 미디어 대기업을 중심으로 서비스를 확대하고 개발되었기 때문에 디지털 플랫폼이 AI를 기능을 선보인다고 하더라도 플랫폼 이용자 입장에서는 플랫폼과 AI의 융합에 따른 혜택을 보기는 어렵다.

제**7**장

AI 저널리즘,
소셜미디어 플랫폼,
가짜 뉴스

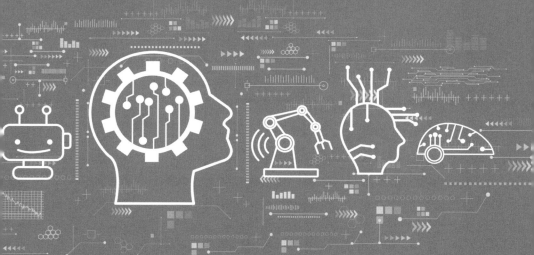

서론

21세기 초, 저널리즘은 점점 더 기술에 의존해 왔다. 신문과 방송을 포함한 전통 저널리즘에서 페이스북과 같은 소셜미디어에 이르기까지, 디지털 기술, 특히 AI와 빅데이터는 뉴스와 정보를 생산하고 유통하는 데 사용된다. 지난 수십 년 동안 컴퓨터, 인터넷, 휴대전화가 저널리즘을 재구성했기 때문에 저널리즘과 디지털 기술의 융합은 새로운 것이 아니다. 다시 말해, 저널리즘은 새로운 기술의 물결마다 비즈니스와 편집 규범을 계속 바꿔왔다. 수기手記가 대량 인쇄를 가능하게 했고, 전보는 장거리 뉴스 수집을 가속화했다. 전화와 라디오는 저널리즘을 더욱 가속화시켰다. 그리고 지난 30년 동안, 저널리즘은 라디오에서 TV로, 케이블에서 인터넷으로 이동했고, 각각의 반복에서 저널리즘의 본질은 크게 바뀌었다(Briggs and Burke, 2009; Carey, 2009; Schmelzer, 2019). 마찬가지로, 언론인들도 다양한 디지털 기술로 작업하는 데 적응했고, 그들 중 다수는 자발적이거나 혹은 강제로 AI와 함께 작업한다(Diakopoulos, 2019b).

새로운 디지털 기술 중에서, AI는 특히 저널리즘 산업을 변화시켰다.

자동화는 많은 양의 데이터를 분석하는 것에서 정보가 배포되는 방식에 이르기까지 저널리스트의 작업 방식을 변화시켰다. 기계로 작성된 뉴스의 도입으로, 컴퓨터 저널리즘은 새로운 단계로 접어들었다. 이제 뉴스 제작 프로세스의 각 단계를 자동화할 수 있게 되었다. "로봇 저널리스트"는 사실상 변동 비용 없이 수천 개의 기사를 제작할 수 있다(van Dalen, 2012: 649).

저널리즘에 AI가 등장하기 전까지 저널리즘과 디지털 기술의 결합은 주로 인간을 지원하는 디지털 기술 한 방향으로 향했다. AI의 등장으로 인해, 기자들은 AI의 역할이 점점 커지면서 자신들을 완전히 대체할 수 있다고 깊은 우려의 목소리를 내고 있다. 사실, AI는 저널리즘 산업에서 인간 작가, 편집자 및 제작자를 대체하거나 지원했다. 완전히는 아니더라도 적어도 부분적으로 말이다. AI가 현대사회를 재구성하는 새로운 도구가 되면서, 전 세계 뉴스 기관들은 점점 더 AI를 활용하여 뉴스를 생성하고 생산하고 공유하는 방식을 바꾸고 있다. AI는 전통적인 저널리즘을 더욱 변화시킬 수 있으며, "뉴스가 생성, 생산, 관리, 발행 및 공유"하는 방식을 계속해서 변화시킬 것으로 예상된다. 비록 AI가 아직 초기 단계에 있지만, 가까운 미래에는 AI가 사람들이 현재 읽는 것과 똑같은 뉴스 기사를 작성할지도 모른다(Schmelzer, 2019).

물론 국내적으로나 전 세계적으로 거대 미디어 조직과 소규모 미디어 회사 간의 AI 분열을 포함한 몇 가지 주의 사항이 있다. AI 기술이 발달함에 따라 가짜 뉴스뿐만 아니라 가짜 뉴스가 야기하는 문제도 페이스북이나 트위터, 틱톡 등과 같은 SNS를 통해 급속히 퍼지고 있다. 디지털 시대의 가장 실존적인 질문 중 하나는 소셜미디어 플랫폼이 가짜 뉴스, 허위 정보, 잘못된 정보 및 온라인상의 속임수의 증가에 그렇게 준비되지 않은 상태로 포착되어 결국 "민주주의를 파괴하는 궁극적인 도구"로 작용하는 방식에 관한 것이다(Leetaru, 2019). 따라서 반 데이크 외(van Dijck et al., 2018: 51)는 "뉴스 영역에서 중심 행위자로서 소셜미디어 플랫폼의 성장은 플랫폼화의 진화에 비추어 보아야 한다"라고 적절하게 언급했으며, 현대 저널리즘에서 AI가 지원하는 플랫폼의 역할이 점차 확대되고 있음을 인지하고 있는 것은 중요하다.

AI 저널리즘 분야의 몇몇 선행 연구들(Montal and Reich, 2017; Linden, 2017)은 AI가 저널리즘의 직업에 미치는 영향을 분석하면서 AI가 지원하는 자동화 저널리즘과 인간 저널리스트 간의 관계에 초점을 맞추었다. 제7장에서는 선행 연구와는 다르게 AI와 알고리즘을 저널리즘의 관점에서 조명하고자 한다. 이 논의는 반드시 보다 광의한 범주의 디지털 미디어, 즉 SNS와 알고리즘으로 바뀌고 있는 변혁의 중심에서 이루어져야 하기 때문이다. 따라서 이 장에서는 AI와 빅데이터가 제도로서의 저널리즘을 어떻게 재편하는지를 살펴보고자 한다(Lewis, 2019). 이 장은 AI가 저널리즘에 어떤 의미를 갖는가에 대해 의문을 제기함으로써 지금까지 우리가 알고 있던 AI와 빅데이터가 저널리즘 지형을 어떻게 변화시켰는지에 대해 논의하는 것을 목표로 한다. 이 장에서는 또한 페이스북, 트위터, 틱톡과 같은 소셜미디어 플랫폼이 가장 중요한 소셜미디어 및 뉴스 플랫폼 중 일부로서 가짜 뉴스를 생산하고 유포하는 방법을 조사한다. 그렇게 함으로써, 뉴스 문화를 생산하는 데 있어 AI의 역할 증대와 저널리즘에 미치는 영향을 비판적으로 검토한다.

AI와 저널리즘의 플랫폼화

디지털 플랫폼은 제2장에서 논의한 바와 같이 AI와 밀접한 관련이 있으며, 따라서 문화 생산 및 소비와 관련이 있다. 소셜미디어 플랫폼(예: 페이스북, 트위터), 검색엔진(예: 구글), OTT 서비스 플랫폼(예: 넷플릭스, 아마존프라임)과 같은 디지털 플랫폼은 "데이터에 의해 연료를 공급받고, 알고리즘과 인터페이스를 통해 자동화 및 구성되며, 비즈니스 모델에 의해 주도되는 소유 관계를 통해 공식화되고, 사용자 동의서로 통제된다". 이러한 플랫폼은 "콘텐츠 데이터와 사용자 데이터 모두" 대량의 데이터를 자동으로 수집한다(van Dijck et al., 2018: 9). 또한 알고리즘은 입력된 데이터를 원하는 결과로 출력할 수 있는 자동화 과정으로 이루어지기 때문에 "플랫폼의 연결 구조를 정의하는 또 다른 중요한 기술적 요소"라고 할 수 있다(Gillespie, 2014; Pasquale, 2015; van Dijck et al., 2018: 9 참조). 즉, 알고리즘은 "우리와 가장 관련이 있다고 여겨지는 정보를 선택하는 데" 중추적인 역할을 한다(Gillespie, 2014: 167). 이러한 기술적 관계는 디지털 플랫폼의 소유 현황 및 비즈니스 모델과 관련이 있다.

다시 말하지만, 디지털 플랫폼은 기술적 측면뿐만 아니라 상업적·문화적 측면에서도 이해해야 한다. 미디어 대기업이자 첨단 디지털 기술을 보유한 디지털 플랫폼 기업들은 플랫폼 이용자들의 일상적 이용을 이윤으로의 전환을 위해 이용자가 플랫폼을 더 많이, 더 자주 이용하는 것을 목적으로 발전에 발전을 거듭해 왔다.

이 과정에서 플랫폼은 대규모로 콘텐츠를 선별하고 정리하기도 하지만, 전통 미디어라면 상상할 수 없을 정도의 수준으로 현 상황에 맞게 플랫폼 이용자가 직접 만든 콘텐츠를 플랫폼을 통해 유통할 수 있도록 계속해서 그 창구를 열어놓아야 한다. 용납할 수 없을 정도로 사용자 생성 콘텐츠의 유통에 열려 있어야 한다(Flew, 2018b). 의도적이든 의도적이지 않든 간에 이러한 감독 부족은 부분적으로 가짜 뉴스를 포함한 여러 사회문화적 문제의 증대에 근거를 제공한다.

이것이 새로운 것은 아니지만, 소수의 플랫폼만이 세계시장을 장악하고 있기 때문에 플랫폼 사용자의 대규모 상용화 및 상품화는 더욱 우려를 낳고 있다(Jin, 2015). 이와 관련하여 헬몬드(Helmond, 2015: 5)의 주장처럼, "웹 기반의 인프라가 견고한 비즈니스 모델로 자리함에 따라 소셜미디어 플랫폼 역시 네트워크 전반에 걸친 인프라 구축 및 새로운 비즈니스 모델 개발"을 통해 '플랫폼화platformization'를 계속해서 실현하고 있다. 예를 들면,

페이스북은 자사 플랫폼 인프라 구축을 모델 삼아 네트워크 전반으로 그 영역을 확장하면서 페이스북 이용자들의 활동 및 콘텐츠 데이터를 상품화하여 이윤 추구에 더욱 부합하도록 활용하고 있다(Helmond, 2015: 8).

저널리즘 영역에서는 참여형 웹(Jenkins, 2006)의 등장과 함께 사용자 생성 콘텐츠가 저널리즘에 눈에 띄는 변화를 가져왔기 때문에 디지털 문화뿐만 아니라 저널리즘의 중요한 부분이 되었다. SNS는 모든 사람들에게 뉴스가 보고되고 공유되는 방식과 연결형 소셜미디어 플랫폼을 통해 뉴스와 정보가 확장되는 방식에 영향을 미쳤다(Pangrazio, 2018: 8). 글로벌 노스에서 유래한 페이스북, 트위터와 같은 디지털 플랫폼은 중국의 틱톡, 글로벌 사우스에서 한국의 네이버와 같이 대중 매개형 공공영역에서 플랫폼 주도형 공공영역으로 근본적인 전환을 가능하게 한다는 점에서 의미가 크다(Benkler, 2006). 디지털 플랫폼을 통한 뉴스의 빠른 유통은,

광범위하고 효과적인 형태의 미디어 조작으로 이어졌다. 디지털 플랫폼은 뉴스의 생성과 유통을 민주화할 수 있지만, 그렇게 함으로써 뉴스가 무엇인지, 온라인 맥락에서 어떻게 만들어지고 공유되고 읽히는지에 대한 질문도 제기된다(Pangrazio, 2018: 8).

실제로 이러한 플랫폼은 사람들이 사회 변화를 위해 효과적으로 자신을 동원할 수 있는 기회를 제공할 것으로 기대된다(Jin, 2015). 디지털 플랫폼의 등장으로, 특히 저널리즘을 포함한 커뮤니케이션에서는 디지털 사회의 더욱 중요한 요소가 되었으며(Fuchs, 2008), 소셜미디어는 사실상 뉴스 집합체로서, 그 역할을 톡톡히 했다. 전통적인 뉴스 매체는 전문 기자나 알고리즘을 고용하여 비교적 제한된 전문 뉴스 출판물 집합에서 콘텐츠를 선택하는 반면, 소셜미디

어에서는 누구나, 누구로부터든 그리고 어디에서든 뉴스나 다른 콘텐츠를 공유할 수 있다. 이는 주류 언론사의 뉴스부터 다양한 종류의 콘텐츠까지 훨씬 더 다채롭고 좋은 기회로 콘텐츠가 뒤섞이고 공유되는 경향이 있음을 시사한다(van Dijck et al., 2018: 52~53). 소셜미디어 플랫폼은 대체 미디어로서 공공영역을 개발할 수 있는 기회를 제공했다. 그러나 또한 뉴스나 정보의 심각한 상품화와 상업화뿐만 아니라 가짜 뉴스를 만들고 퍼뜨리는 그들의 역할 때문에 부정적인 차원을 가져온다.

보다 구체적으로, 소셜 디지털 플랫폼으로 (민주적 향상 대신) 두 가지 유형의 민주적 혼란이 발생했다. 페이스북과 트위터를 포함한 몇몇 소셜미디어 플랫폼은 그들의 AI 알고리즘을 기반으로 가짜 뉴스를 생산한다. 반면에, 틱톡과 같은 몇몇 소셜미디어 플랫폼은 정부와 기업에 피해를 줄 수 있는 특정 정보를 제거하여 진실을 왜곡한다. 틱톡은 몇 가지 좋은 기능을 가지고 있지만, 전 세계의 많은 젊은이들이 사용하는 이 특별한 비디오 플랫폼은 많은 사람들에게 새로운 우려를 불러일으킨다. 틱톡은 AI를 활용해 콘텐츠와의 상호작용을 통해 사용자의 관심사와 선호도를 분석하고, 사용자별로 맞춤형 콘텐츠 피드를 보여준다.[1] 틱톡은 상대적으로 새로운 소셜미디어 플랫폼으로서의 인기와는 관계없이 "입헌군주제, 군주제, 의회제도, 권력분립, 사회주의 체제와 같은 모든 국가의 정책이나 사회 규칙에 대한 비판/공격"을 금지할 수 있다(Deloire, 2019; Hern, 2019).

여러 디지털 플랫폼이 저널리즘의 새로운 형태로 기능하면서 AI는 저널리즘의 플랫폼화를 강화했다. 저널리즘의 주요 기능 중 하나는 공공영역의 가치를 높이는 것이지만(Habermas, 1991), 플랫폼은 기업 영역 내에 기반을 두고 있

---

1   틱톡을 개발한 바이트댄스는 이용자 빅데이터 분석을 통해 머신러닝 알고리즘 등 AI를 개발하는 기업이다(BeautyTech.jp, 2018). 중국 앱 더우인의 국제 버전이지만 틱톡 자체는 중국 앱스토어에서 사용할 수 없다.

으며, 이는 AI가 지원하는 디지털 플랫폼이 기업 및 경제적 가치를 제공한다는 것을 의미한다. 다시 루이스(Lewis, 2019: 673)의 주장처럼,

> AI가 저널리즘에 미치는 영향은 미디어와 공적인 삶이 디지털화되는 보다 큰 맥락에서 따져보아야 한다. 스마트폰 앱이나 알고리즘, SNS 등으로의 전환은 기존 사업 모델을 무용하게 만들고, 업무 관행을 바꿀 뿐만 아니라, 무분별한 정보의 홍수를 초래하는 등 제도로서의 저널리즘을 바꾸어놓았다.

AI는 변혁적이며, 그 역할은 디지털 기술과 관련하여 저널리즘의 재구성이라는 더 넓은 맥락의 일부로 이해되어야 한다.

AI 시대 저널리즘의 변화

디지털 시대에 저널리즘은 지속적으로 발전했다. 방송사와 신문사 같은 전통 미디어 조직의 뉴스룸은 소셜미디어 플랫폼의 상당한 영향을 수용해야 하며, 그들은 이미 새로운 보도 형식과 모바일 친화적인 뉴스 기사 등 실용적인 방식을 변화시켰다. 가장 최근의 디지털 기술 중 하나인 AI는 특히 신문과 방송의 저널리즘을 변화시키는 동시에 뉴스 에이전시로서의 소셜미디어 플랫폼의 성장을 가속화했다. 뉴스룸이 AI 시대를 수용하면서 뉴스와 저널리즘의 규범이 다시 한 번 크게 바뀌었다.

글로벌 노스와 글로벌 사우스 모두에서 미디어 조직이 개발하고 사용하는 몇 가지 첨단 AI 시스템이 있다. 제2장에서 주로 논의한 바와 같이, 여러 AI 시스템의 중심에는 AI의 하위 도메인인 ML이 있다.

머신러닝은 결국 지정된 엔드포인트로 이어지는 일련의 더 작고 접근 가능한 작업으로 복잡한 아이디어를 분해하는 방법인 딥러닝이라는 프로세스에 의존한다. 하지만 기계가 배우기 위해서는 가르쳐야 한다(Marconi et al., 2017: 7).

미디어 조직에서도 AI 저널리즘을 개발하고 유지할 수 있는 소수의 거대 미디어 기업만이 저널리즘을 위한 자체 AI 시스템을 발전시켰다. 여기서 AI 저널리즘은 AI에 의해 처리되는 대규모 데이터세트에서 생성되는 저널리즘을 의미하며, 이를 '자동화 저널리즘automated journalism'(Green, 2019)이라고도 한다.

언론 분야에서는 이미 수년 전부터 언론사들이 로봇을 이용해 주식시장이나 야구 같은 스포츠에 대해 아주 간단한 글을 써왔다. 예를 들어, ≪월스트리트저널≫은 매일 투자자들에게 주식, 채권, 뮤추얼펀드를 사고팔도록 격려하는 수백만 단어를 만들어낸다. 미래에는 인간이 아닌 로봇이 더 많은 단어를 쓸 것으로 예상된다(Yang, 2015). 로봇 저널리즘robot journalism이라고도 알려진 자동화 저널리즘은 비교적 새로운 현상이다(Montal and Reich, 2017). 그러나 로봇 저널리즘은 한정된 작업 범위에 따라 일부만 인간 저널리스트를 제한적으로 대체하는 것을 의미하기 때문에 AI 저널리즘의 일부에 불과하다. 보다 구체적으로 그라페(Graefe, 2016)가 적절하게 표현하듯이 자동화 저널리즘은,

알고리즘의 초기 프로그래밍 후, 소프트웨어나 알고리즘을 사용하여 인간의 개입 없이 자동으로 뉴스 기사를 생성하는 과정을 가리킨다. 알고리즘이 개발되면 데이터 수집 및 분석에서 실제 뉴스 생성 및 발행에 이르기까지 뉴스 제작 과정의 각 단계를 자동화할 수 있다.

우리가 명심해야 할 것은 자동화 저널리즘이 구조화된 데이터를 이용할 수

있는 사실에 기반한 이야기에 적용된다는 것이며, 이는 이러한 유형의 뉴스 저널리즘이 프로세스를 위해 깨끗하고 신뢰할 수 있는 데이터가 필요하다는 것을 의미한다. 이러한 조건에서만 알고리즘은 콘텐츠를 생성하여 개별 독자의 필요에 맞게 콘텐츠를 개인화하며, 이는 인간 저널리스트가 달성할 수 있는 것보다 더 빠르고, 잠재적인 오류가 적을 수 있다.

AI 저널리즘은 또한 뉴스와 정보의 개인화를 제공한다. AI 저널리즘은 매우 적은 청중에게 관련 정보를 제공할 수 있게 한다.

> 스토리를 개인화하고 다양한 각도에서 데이터를 분석할 수 있는 능력도 주문형 뉴스를 생성할 수 있는 기회를 제공한다. 예를 들어, 알고리즘은 다른 야구선수들의 역사적 성과를 비교함으로써 특정한 질문에 답하는 이야기를 생성할 수 있다. 알고리즘은 또한 거래자가 주식 Y와 비교하여 주식 X를 샀다면 포트폴리오가 얼마나 잘 수행되었을지와 같은 what-if 시나리오에 대답할 수 있다. 온디맨드 뉴스 생성 알고리즘은 현재 아직 이용할 수 없지만, 자동화 저널리즘의 미래가 될 가능성이 높다(Graefe, 2016).

그러나 자동화 저널리즘은 빠르게 성장하여 선거를 포함하여 여러 복잡한 분야를 다루게 되었기 때문에 인간 저널리스트에 대한 도전은 이제 시작일 뿐이다.

글로벌 노스의 AP, 워싱턴포스트WP, 뉴욕타임스NYT, 포브스Forbes 등 주요 언론사들은 AI 저널리즘에 크게 투자했다. 그들의 초점과 자동화 저널리즘 수준은 동일하지 않지만, 그들은 일반적으로 AI가 지원하는 저널리즘 관행을 추구한다. 이 중 AP는 통신사로서 몇 가지 AI 저널리즘 프로젝트를 진행했다. AP가 2013년부터 스포츠나 주가 보고서 등을 출판할 명목으로 뉴스 콘텐츠 제작에 AI를 사용하기 시작했다. 당시 AP는 뉴스휩NewsWhip이라는 AI를 사용했는데, 이는 트위터, 페이스북, 링크드인과 같은 SNS에 뉴스 트렌딩을 미리 알 수 있도록 하는 것이었다(Underwood, 2019). AP는 계속해서 AI 시스템 개발에 박차를 가했고, 보도 범위 역시 상당 부분 확장해 나갔다. 일례로 AP 선거 보도 팀은 경선 결과를 예측할 수 있는 머신러닝 알고리즘을 개발했다. 이러한 AP의 업적이 중요한 이유는 투표 집계가 엄청난 양의 노동력을 요하기 때문인데, AP의 머신러닝 알고리즘은 "집계의 정확성과 속도, 두 마리 토끼를 모두 잡았다"(Marconi et al., 2017: 8)

미국의 워싱턴포스트도 양적 데이터에서 전체 기사를 생성할 수 있는 헬리오그래프Heliograf를 개발해 공개했다. 간략하게 논의한 바와 같이, 신문사들은 AI 시스템을 사용하여 비교적 간단한 스포츠 경기를 다루었다. 워싱턴포스트도 예외는 아니다. 워싱턴포스트는 AI 기술을 활용하여 자체 개발한 헬리오그래프를 사용하여 자동으로 독자를 위한 짧은 다중 문장 업데이트를 생성하여 메달 종목 결과를 포함한 2016년 리우올림픽의 주요 정보를 보도했다(WashPostPR, 2016a).

워싱턴포스트는 헬리오그래프를 통해 선거일에 50개 주 모두의 하원, 상원, 주지사 경선에 AI를 활용하겠다고 밝히면서 비스포츠 분야에서 AI의 활용을 급속히 확대했다. 워싱턴포스트 전략기획실의 제레미 길버트는 이 전례 없는 수준의 선거 보도가 지역을 기반으로 한 독자들의 경쟁을 부추기면서 신문사가 그 경험을 사유화하도록 둘 것이라고 언급했다. 또한 워싱턴포스트의 편집진은 헬리오그래프의 편집 도구를 사용하면서 봇이 작성한 글에 덧붙이는 식으로 활용이 가능하다고 보았다. 즉 편집자들은 필요할 때마다 봇이 쓴 내용을 덮어쓸 수 있는 셈이다(WashPostPR, 2016b). 이 기사는 "살아 있는 이야기"가 될 것이며, 처음에는 선거를 앞둔 시기의 경선에 대한 예고편으로 시작할 것이다. 선거일에, 이야기는 실시간으로 결과를 업데이트하고, 경선 당일에는 실시간으로 경선에 관한 뉴스를 제공하고, 결과가 발표되는 즉시 스토리를 업데이트하면서 최종 결과에 대한 분석을 제공할 것이다. 위치 기반 콘텐츠는 워싱턴포스트의 실시간 블로그와 뉴스레터를 통해 독자들에게 노출될 것이고, 각 지역에 따라 경선 결과를 업데이트할 것이다. 워싱턴포스트의 AI는 "다양한 출처를 통합하여 헬리오그래프를 지원하여 기자들과 독자들에게 맞춤형 뉴스의 제공을 가능하게 했다"(WashPostPR, 2016b). 최근 AI의 적용과 활용으로 워싱턴포스트(Moses, 2017)는 AI 시스템을 활용한 기사 작성 용량을 높였다. 도입 첫해에, 워싱턴포스트는 헬리오그래프를 사용하여 약 850개의 기사를 제작했다. 여기에는 50만 건 이상의 클릭 수를 발생시킨 선거 관련 기사 500개가 포함되었다.

워싱턴포스트는 AI 지원 시스템을 지속적으로 개발해 왔다. 2017년, 워싱턴포스트는 품질 기준을 충족하는지, 아니면 줄여야 하는지를 결정하기 위해 웹사이트에 있는 댓글을 자동으로 읽는 모드봇ModBot이라는 시스템을 개시했다. 온라인 댓글 섹션의 품질을 유지하는 것은 많은 온라인 뉴스 사이트들이 어려움을 겪고 있는 주요 과제이다(Park et al., 2016). 모드봇은 댓글을 검토하는 수작업 시간을 절약할 수 있다. 남아 있어도 되는 댓글인지 삭제해야 할 댓글인지를 결정할 때, AI가 포착하는 신호 중 하나는 모욕적인 언어의 사용이다(Jiang and Han, 2019). 그런데 흥미로운 지점은,

> 이 제도는 사회적 중요 이슈에 대한 숙의적 대화를 촉진하기 위한 포럼에서 공인에 대한 비판이 허용되어야 한다는 인식과 함께 공인에 대한 욕설 기준을 더 높게 설정하기 위해 명시적으로 고안되었다. 따라서 댓글을 관리하기 위한 자체 시스템을 개발함으로써, 워싱턴포스트는 AI의 운영 행동을 전문적인 윤리적·규범적 기대와 더 잘 일치시킬 수 있었다(Diakopoulos, 2019a: 679).

몇몇 다른 주요 신문사와 방송사들도 AI를 채택하기 시작했고, 자체 AI 지원 뉴스 제작 및 유통 시스템을 개발했다. 일부 미디어 조직은 정보 수집 외에도 전체 기사를 처음부터 생성하는 AI 시스템을 도입하고 있다(Schmelzer, 2019). 그들은 AI 없이는 살아남을 수 없다고 믿는다. 워싱턴포스트처럼 뉴욕타임스도 선거 자금에 관한 보도에 총력을 가하고자 머신러닝을 적용하여 이를 활용할 수 있도록 했다. 엄청나게 많은 양의 선거 자금 데이터가 들어갔고, 하나하나 살펴보고 이해하는 것이 어려울 정도였다. 그런데 뉴욕타임스는 혼란을 일으킬 수도 있는 데이터 속의 패턴을 파악할 수 있는 알고리즘으로 독보적인 시스템을 선보였다(Marconi et al., 2017).

한편 USA투데이는 짧은 동영상을 만들기 위해 비디오 소프트웨어를 사용했고, 포브스는 콘텐츠와 제목을 제안하는 AI 기반 콘텐츠 관리 시스템 '버티Bertie'를 출시했다. 게다가, 블룸버그는 콘텐츠 제작과 관리를 위해 사이보그를 사용한다. 이러한 조직들 중 다수는 AI를 사용하여 주주 보고서, 법률 문서, 보도 자료, 일반 보고서 및 기사를 생성한다. 나중에 자세히 설명하겠지만, 자동화된 소프트웨어 봇은 가짜 뉴스와 심지어 가짜 댓글까지 만들어내며, 공유와 소셜미디어 지지는 가짜 이야기를 확대하는 데 도움을 준다(Schmelzer, 2019). 그러나 미디어 소유자들은 단순한 보도를 넘어서는 AI의 잠재력에 더 흥분하고 있다(Moses, 2017).

물론, 저널리즘에서 AI는 그렇게 간단하지 않다. 그것의 복잡성으로 인해 인력이 필요하기 때문에, 소수의 미디어 조직만이 그들 자신의 AI 시스템을 구축할 수 있다. AI에서의 이러한 선도적인 미디어 조직들조차도 필요한 모든 기술을 스스로 만드는 대신 다른 기술 회사들과 협력해야 한다. 실제로 AP는 그라피크Graphiq와 제휴를 맺었다. 그라피크는 AP와 같은 미디어 기업들이 다양한 그래픽을 통해 뉴스를 제공할 수 있도록 스포츠, 정치, 날씨 등에 관한 2,500억 개의 데이터를 보유한 기업으로, 정보 전달을 시각화하는 데 특화되어 있다(Marconi et al., 2017). 그라피크와 같은 여러 기업들은 AI의 특징을 잘 살려 기업을 대표하는 기술로 활용하고 있어서 AP와 같은 미디어 기업들이나 뉴스 출판업계 및 저널리스트 등과의 궁합이 잘 맞다. 구글의 출판 파트너십 책임자인 저스틴 팡은 실제로 미디어 매체와 AI 시스템 제공자 간의 협업 가능성을 상세히 설명했다. 그가 강조했듯이, 미디어 기업들과 유튜브와 같은 사용자 생성 콘텐츠는 매일 20억 개 이상의 디지털 이미지와 비디오 시청 시간을 창출하는 것으로 추정되며, 따라서 구조화되지 않은 데이터의 폭발적인 증가는 저장, 분석 및 활용이 필요하다. 이는 머신러닝과 같은 분야에서 독자적으로 인프라를 구축하고, 동시에 전문성도 갖춘 구글이나 페이스북과 같은 기업과의 협업이 중요하다는 점을 시사한다(Marconi et al., 2017: 7~8).

　　AI가 아직 초기 단계인 가운데, 디지털 플랫폼과 뉴스미디어 조직은 여러 출처의 데이터를 발굴해 자동으로 뉴스 기사나 보도로 요약하는 AI 시스템 활용을 늘렸다. 머신러닝 알고리즘은 내부 데이터를 정확하게 요약하는 유용한 정보와 데이터 패턴을 능숙하게 찾아냈다. 이러한 고급 알고리즘을 사용하여 보도 자료, 블로그 게시글이나 댓글, 소셜미디어 게시물, 이미지 및 영상 등 정형화되지 않은 모든 종류의 콘텐츠에서 방대한 양의 데이터를 처리함으로써, 언론사들은 급변하는 뉴스 상황을 파악하고. 사회정치적 사건과 관련된 환경 변화를 정확하게 요약하는 저널리즘 콘텐츠를 생성할 수 있다(Schmelzer, 2019). 뉴스와 AI의 플랫폼화는 마케팅 운영을 위한 정보 수집에 AI 도구가 활용된다는 의미이기도 하다. 머신러닝 시스템은 콘텐츠의 참여율을 나타내는 다양한 채널에서 수집된 패턴을 쉽게 식별하고 독자와 연결하며 광고주 및 콘텐츠 수익화에 더 나은 결과를 제공할 수 있는 숨겨진 패턴을 찾는다. "AI가 가능한 콘텐츠 개인화는 독자에게 관심사에 관한 콘텐츠를 안내하고 읽을 다른 기사를 제안하는 것이다. 이것은 독자들을 뉴스 사이트에 더 오래 머물게 하고 그들이 글과 내용에 더 몰입하게 한다"(Schmelzer, 2019).

〈그림 7.1〉 중국 신화뉴스의 AI 앵커 추하오

我就能像真人主播一样播出新闻

이에 비해 저널리즘 산업에서 뉴스 제작에 대한 AI의 적용은 몇 가지 예외
를 제외하고는 비서구 국가에서 눈에 띄지 않았다. 일례로 2018년 11월 중국
관영 신화통신은 하루 종일 "지치지 않고" 보도하는 남성 AI 앵커를 소개했다.
중국 시청자들은 '추하오Qiu Hao'라는 이름의 디지털 버전의 신화뉴스 앵커를
맞이했다(〈그림 7.1〉). 신화통신과 중국의 검색엔진인 소구Sogou가 개발한 앵커
는 머신러닝을 통해 실제 방송인의 목소리, 얼굴 움직임, 제스처 등을 시뮬레
이션해 "차가운 로봇 대신 실물과 같은 이미지"를 제시하기 위해 개발되었다
(Kuo, 2018). 신화통신은 2019년 2월 여성 AI 앵커를 소개하기도 했다. 아직
완벽하지 않지만, 이러한 사례들은 AI 시대에 방송계의 미래가 어떻게 될지
확실히 보여준다.

한편 한국의 경우, 신문사의 재무구조가 상대적으로 작아 AI 지원 기술을
개발하거나 활용하기가 쉽지 않다. 방송산업도 특정 AI 도구를 발전시키지 않
았다. 이전 장에서 논의했듯이, 네이버, 다음, 카카오와 같은 디지털 플랫폼에

필적하는 몇몇 인터넷 포털은 뉴스를 추천하기 위해 AI 기술을 개발하고 사용했다. 소셜미디어의 가짜 뉴스도 한국 사회의 주요 의제가 되었지만, 미디어, 특히 한국의 저널리즘에서 AI 사용은 눈에 띄지 않는다. 2018년 1월, 김광호 외(Kim et al., 2018)가 "4차 산업혁명과 미디어의 미래"라는 제목의 방송문화진흥총서를 세상에 내놓았을 때, AI 저널리즘을 다룬 분량은 얼마 되지 않았고, 심지어 해외의 일부 사례가 최신 동향처럼 소개되었다. AI 저널리즘은 다른 분야와 비교했을 때 한국의 맥락이나 글로벌 사우스의 맥락에서는 비교적 많이 다루어지지 않았다. 글로벌 노스와 글로벌 사우스는 물론 소수의 거대 미디어 기업들과 대다수의 중소 미디어 기관들 사이의 AI 격차는 심화되었고, AI 시대에 전 세계 미디어 기업 대다수를 근본적으로 타격을 주었다.

2000년대 후반부터 소셜미디어와 스마트폰 기술의 역할이 증대함에 따라 미디어 기관들은 변화를 겪었다(Jin, 2013). 그들은 주로 AI와 빅데이터 때문에 또 다른 돌파구를 경험하고 있다. 그러나 글로벌 노스와 글로벌 사우스에 있는 대부분의 미디어 기관은 자본과 인력의 부족으로 인해 새로운 발전을 따라잡을 수 없다. AI 격차는 글로벌 노스에 있는 소수의 부유한 미디어 기관과 글로벌 사우스는 물론 국가 내 대부분의 열악한 미디어 기업 간의 격차를 심화시켰다. 이러한 미디어 기관에 대한 소셜미디어의 영향은 그저 미풍에 불과했다. AI는 우리가 본 적 없는 다른 디지털 기술보다 미디어 기관에 훨씬 더 큰 타격을 줄 것이다.

가짜 뉴스, AI, 디지털 플랫폼

미디어 조직, 즉 신문사와 방송사 모두 AI 시스템을 지속적으로 개발하고 발전시켜 그들의 저널리즘 표준에 반향을 불러일으켰지만, 소셜미디어 플랫폼에서 AI를 사용하는 것은 매우 다른 방향을 보여주었다. 논의한 바와 같이, 신문사와 방송사의 자동화 저널리즘은 깨끗하고 구조적이며 신뢰할 수 있는 데이터를 사용할 수 있는 사실에 기반한 이야기에 대해 작동한다(Graefe, 2016). 그러나 디지털 플랫폼에서 AI를 사용하는 것은 사실에 기반한 이야기가 아닌 가짜 뉴스를 만들기 때문에 전통적인 저널리즘과 크게 다르다.

소셜미디어의 부상이 사람들이 뉴스와 정보를 소비하는 방식을 변화시켰다는 데에는 의심의 여지가 없다. 신문·방송 등 기존 미디어와 달리 소셜미디어 플랫폼은 사용자가 마우스 클릭 한 번으로 뉴스와 정보를 공유해 빠른 뉴스 전파를 촉진한다. 소셜미디어, 즉 SNS의 대표적인 특징인 정보의 신속한 전파는 자연재해 시 핵심적인 역할을 한다. 일반 대중은 또한 뉴스를 공유하면서 온라인과 오프라인 친구를 통해 모든 정보의 유통을 가속화한다. 예를 들어, 페이스북은 공유 기능을 갖추고 있으며, "사용자는 자신의 페이지에 기사를 공유하거나, 친구의 페이지에 글을 게시하거나, 특정 친구 또는 그룹에 개인 메시지를 보낼 수 있다"(Tandoc et al., 2019: 674).

대체 미디어로서 소셜미디어 플랫폼의 몇 가지 긍정적인 가능성과는 달리, 그것들은 대신 현대사회에 몇 가지 부정적인 영향을 가져왔다. 디지털 플랫폼을 통한 뉴스의 빠른 유통은 "광범위하고 효과적인 형태의 미디어 조작"으로 이어졌다(Pangrazio, 2018: 8). 이 가운데 가짜 뉴스는 사람들의 일상생활뿐만 아니라 뉴스 생태계 자체에 깊은 영향을 미쳤다. 가짜 뉴스는 새로운 것은 아니며, 2010년대 중반부터 급격히 성장했다. 〈그림 7.2〉에서 분명히 알 수 있듯이, 전 세계 가짜 뉴스에 대한 신문 기사는 2015년 2,010건에서 2018년 거의 6만 건으로 증가했다.[2] 렉시스유니 데이터베이스를 통해 접근할 수 있는 신문

---

2 최근 증가하고 있는 가짜 뉴스를 파악하기 위해 '가짜 뉴스'라는 키워드를 가진 렉시스유니 데이터 베이스를 이용했다. 블로그를 비롯한 여러 가지 형태의 뉴스 매체가 있지만, 신문에만 국한했기 때문에, 신문상의 가짜 뉴스 기사의 흐름을 파악하기에는 좋지만, 실제 가짜 뉴스 기사 수는 이보다 훨

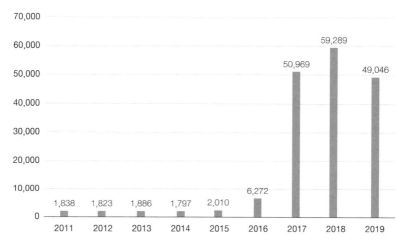

〈그림 7.2〉 2011~2019년 사이 가짜 뉴스를 언급한 신문 기사의 수

자료: Lexis Uni Database

기사에 국한된 이 자료는 최근 우리 사회에 급증하는 가짜 뉴스를 확실히 증명한다.

여기서 강조하는 것은 AI가 뉴스를 생산하고 유통하는 데 핵심적인 역할을 하기 때문에 가짜 뉴스와 AI의 중요한 연결고리이다. 그들의 엄청난 영향력 때문에, 뉴스 기관들이 가짜 뉴스의 부상을 심각한 문제로 생각하는 것은 옳다. "그것은 많은 사람들을 오도할 수 있는 잠재력이 있을 뿐만 아니라, 합법적인 뉴스 기관에서 생산되는 실제 뉴스에서 벗어나 시청자와 참여를 이끌 수 있다"(Tandoc et al., 2019: 673). 물론 현재 이 기능은 제한적이지만 AI 기술은 소셜미디어 플랫폼에서 가짜 뉴스를 차단하는 기능도 할 수 있다.

씬 많다.

글로벌 노스에서 증가하는 가짜 뉴스

가짜 뉴스의 선례는 여러 가지가 있지만, 주로 정치 때문에 사람들이 가짜 뉴스에 관심을 갖기 시작했다. 가짜 뉴스를 퍼뜨리는 소셜미디어 플랫폼으로서 페이스북의 역할은 2016년 미국 대선을 거치면서 넓은 범위에서 명확해졌다. 당시 페이스북은 '가짜 뉴스'로 알려진 후보자에 대한 허위·오도 정보를 러시아와 미국 내부에 퍼뜨리는 역할을 했다. 이후 가짜 뉴스의 유포는 계속 증가하고 있다. AP 통신(AP, 2019)의 보도에 따르면, 잘못된 정보를 추적하는 옹호단체 아바즈Avaaz는 2020년 대선을 앞두고 페이스북에서 공유되는 가짜 정치 뉴스가 증가하는 것을 발견했다고 밝혔다. 아바즈는 총 230만 회 이상 가짜 스토리가 올라왔는데, 890만 개의 좋아요, 댓글, 공유와 함께 약 1억 5,890만 개의 조회수를 기록했다고 밝혔다. 허위 뉴스 출처의 대부분은 개인 사용자나 비공식 정치 페이지였다. 아바즈는 보고서에서 이번 조사 결과가 2020년 선거를 앞두고 나온 '허위 정보의 빙산의 일각'이라고 밝혔다(*Associated Press*, 2019).

물론, 책임은 주로 소셜미디어 플랫폼에 있다. 잘 문서화되어 있듯(Pangrazio, 2018: 12~13),

> 플랫폼이 이용자들의 경험에 맞게 개인화된 서비스를 제공하는 것을 목표로 한다는 것은 개별 이용자들이 자신과 비슷한 뉴스와 정보에 접근하는 다른 이용자 그룹과 연결됨을 의미한다. 또한 잘못된 정보나 가짜 뉴스 등이 개별 이용자나 취향을 공유하는 커뮤니티를 통해 급속하게 번질 수 있음을 의미하기도 한다.

가짜 뉴스는 넓은 의미에서 이익을 취하려는 사용자(예를 들어 자본은 물론 영향력, 권력)와 소셜미디어 플랫폼을 통해 정보와 뉴스를 사실이라고 믿는 대로 공유하는 소비자가 결합해 생산될 수 있다. 이러한 의미에서 소셜미디어 플랫폼은 두 명의 다른 사용자를 매개하여 금전적 이익과 네트워크상의 힘을 얻는다.

대선 관련 가짜 뉴스와 사생활 침해 사건이 수차례 발생하자 저커버그는 2018년 4월 미국 상원에서 증언을 해야 했다. 저커버그는 증언 시작에 앞서 가짜 뉴스나 외국의 선거 개입, 혐오 발언, 데이터 사생활 문제 등을 예로 들며, 페이스북의 여러 기능이 잘못된 방식으로 사용될 수 있다는 점을 충분히 인지하지 못했다고 언급했다(CBC News, 2018). 저커버그는 지금까지는 성공이 제한적이었지만, 혐오 발언, 가짜 뉴스, 사이버 왕따를 감시함으로써 페이스북의 가장 큰 문제 중 일부를 해결하는 데 AI를 배치하겠다고 약속했다(Knight, 2019).

이에 따라 페이스북은 자체 플랫폼에서 가짜 뉴스를 억제하기 위해 팩트 체크 시스템을 고도화했다. 2019년 페이스북은 2018년 10월부터 2019년 3월까지 33억 9,000만 개의 가짜 계정을 제거했다고 발표했다. 페이스북은 거의 모든 가짜 계정들이 AI와 더 많은 사람의 모니터링에 의해 잡혔다고 말했다. 그들은 또한 한 번에 많은 양의 계정을 만들려고 시도하는 나쁜 행위자들에 의한 자동화된 공격 때문에 그 수가 급증했다고 말했다(Romo and Held, 2019).

가짜 뉴스를 만들든 차단하든 가짜 뉴스의 복잡성은 페이스북을 비롯한 소셜네트워크 배후에 있는 AI 알고리즘의 논리와 본질적으로 얽혀 있다.

> 개인화나 맞춤형 콘텐츠 메커니즘은 이용자가 보고 싶어 하는 정보만 제공하는 역할을 하기도 하는데, 이는 알고리즘에 의한 확증편향적 사고를 초래하기도 한다(Borges and Cambarato, 2019: 610).

가짜 뉴스 문제가 심화되는 이유는 "SNS와 같은 여러 플랫폼이 서로 다른 이념을 가진 수용자들에게 정치 뉴스나 정보를 전달하고 생성하는 데 이용되기 때문이며, 뉴스나 정보가 전달되고 생성될 때 복잡한 위치 정보의 수집 및 보안 전략의 이용이 동반되기 때문이다"(Brummette et al., 2018: 498).

예를 들어, 페이스북은 2006년 9월에 뉴스피드를 만들었는데, 이는 개별 이용자가 하루 종일 자신이 원하는 뉴스만 볼 수 있도록 개인화된 목록을 제공하도록 되어 있었다. 초창기에는 플랫폼 스토리를 약간 내리고, 사진을 약간 올리면서 뉴스피드 순위를 보여주었다. 페이스북은 이 방식을 발전시켜서 에지랭크를 만들었는데, 이는 a)가 사용자의 뉴스피드에 표시할 수 있는 수천 개의 스토리(또는 페이스북이라고 부르는 에지) 중 어느 것을 결정하고 b)가 표시 목적으로 순위를 매기는 알고리즘이다. 에지랭크에는 세 가지 주요 요소가 있다. ① 친화력(즉, 사용자와 콘텐츠/소스 간의 관계가 얼마나 가까운가?), ② 가중치(즉, 콘텐츠에 대해 어떤 유형의 작업이 수행되었는가?)이다. 그리고 ③ 붕괴(즉, 내용물이 얼마나 최근/현재 상태인가?)이다. 에지랭크는 페이스북이 사용자에게 보다 개인화된 뉴스피드를 제공하는 것을 가능하게 했다(McGee, 2013). 예를 들어, 페이스북에서 많은 게임을 했던 사용자들은 뉴스피드에서 더 많은 게임 관련 콘텐츠를 볼 수 있었다. 하지만 지금 그 일은 그 어느 때보다도 훨씬 복잡하다. 실제로 2013년 페이스북은 뉴스피드를 제작할 때 10만 개 이상의 가중치 요인을 고려하는 머신러닝 알고리즘으로 변경했다(McGee, 2013). 2018년에 페이스북은 장기 계획을 다시 한 번 정비했는데, 이는 "친구와 가족의 게시물이 브랜드와 출판사의 콘텐츠에 점점 더 많이 빠져들어 사람들이 그들이 아끼는 사람들과 더 많이 교류하는 것을 방해하고 있다는 피드백에 자극받은 것이었다"(Chaykowski, 2018). AI를 탑재한 페이스북은 더 많은 사용자를 끌어들이기 위해 새로운 기능을 지속적으로 개발해 왔는데, 이는 섬세한 AI 시스템을 통해 아이템의 개인화가 강화되었음을 의미한다.

글로벌 사우스의 가짜 뉴스와 규제

가짜 뉴스는 서구 국가에만 국한된 것이 아니라 비서구 국가에서도 흔하다. 소셜미디어 플랫폼 자체가 글로벌한 만큼 곳곳에서 가짜 뉴스가 발생하고 있다. 한국과 싱가포르 같은 몇몇 아시아 국가들은 가짜 뉴스의 증가를 경험했고 다양한 조치를 통해 가짜 뉴스를 규제할 계획을 세웠는데, 이러한 규제 메커니즘은 민주주의에 해를 끼칠 수 있기 때문에 때때로 논란이 되고 있다. 예를 들어, 한국은 2010년대 중반 이후 소셜미디어 플랫폼에서 가짜 뉴스가 급증했다. 소재는 다양하지만 정치와 관련된 가짜 뉴스는 계속 늘어나고 있어 한국 정부의 조치를 요구하고 있다. 한국 정부는 가짜 뉴스를,

> 민주주의의 파괴자라고 부르며 단속할 계획을 세웠다. 국무회의에서 이낙연 전 국무총리는 가짜 뉴스가 한국에 너무 널리 퍼져서 시민들의 사생활뿐만 아니라 북한과의 관계를 포함한 국가안보와 외교정책에 방해가 되고 있다고 말했다.

이 전 총리는 이어, "가짜 뉴스는 언론의 자유라는 덮개 뒤에 숨어 있는 공공의 적이고, 따라서 더 이상 외면할 수 없다"라고 말했다(Chae, S.H., 2018). 이 전 총리는 정부 규제 기관인 방송통신위원회에 가짜 뉴스의 통로 역할을 하는 온라인 미디어 소스에 대응할 것을 지시했다.

이에 따라 방통위는 한국 내 가짜 뉴스의 확산을 막기 위해 특정 정보가 사실에 근거하는지 여부를 확인하는 전담 기관을 더 만들 것을 요구했다. 2019년 9월 방통위원장에 취임한 한상혁 위원장은 기자들과의 첫 오찬에서 "국민은 물론 여야 모두 가짜 뉴스의 문제점을 인식하고 있어 적절한 대응책 마련이 반드시 필요하다"라고 말했다. 그는 "국민들이 신뢰하는 사실확인기관을 활성화

하는 것도 하나의 방안이 될 수 있다고 본다"라며, "그러나 방통위 내에 이런 기관을 설립하는 것은 정부의 언론 자유 침해 우려를 불러일으킬 수 있어 부적절하다"라고 말했다(Jun, J.H., 2019c).

가짜 뉴스에 대한 단속은 언론의 자유를 억압할 수 있다는 가능성 때문에 매우 논란이 되고 있다. 이효성 전 방통위원장은 가짜 뉴스 정책에 관한 논쟁으로 인해 사의를 표명하기도 했다. 정부는 가짜 뉴스를 억제하기 위한 매우 강력한 정책 조치를 요구했지만, 방통위 이 전 위원장은 자발적인 규제 조치를 강조했다. 취임 전 비판적 언론학자로 활동했던 이 위원장은 "가짜 뉴스가 국민에게 부정적인 영향을 미치는 것은 분명하다. 그러나 규제법 대신 시민활동에 의해 개발된 자발적 조치에 의해 통제되어야 한다"라고 밝혔다(Kim, J.H., 2019).

싱가포르는 가짜 뉴스를 규제하는 가짜 뉴스 방지법을 제정했다. 2019년 11월에 과도한 규제라는 논란이 많았던 가짜 뉴스 방지 법안을 통과시켰고, 온라인 커뮤니티나 채팅방 등도 규제의 대상이 되었다. 싱가포르 정부는 플랫폼에서 잘못된 정보라고 판단되는 것들을 삭제하거나 올바르게 고치도록 명령할 수 있게 되었다. 이는 공공의 이익에 반하는 내용이더라도 예외가 아니다. 싱가포르 정부는 가짜 뉴스 방지법의 목적은 표현의 자유를 침해하고자 함이 아니라 잘못된 것을 바로잡고자 함이라고 강조했다. "언론의 자유는 이 법안에 의해 영향을 받아서는 안 된다"라고 K. 샨무감K. Shanmugam 법무장관이 말했다. K. 샨무감은 의회에서 이 법이 "거짓말, 봇, 트롤, 가짜 계정"을 다루기 위한 것이라고 덧붙였다(Wong, 2019). 하지만 비평가들은 그것이 시민의 자유에 대한 심각한 위협이라고 주장한다.

흥미롭게도 싱가포르 정부는 새 법을 근거로 2019년 11월 페이스북에 시정 발령을 요청했고, 실제로 시행되었다. 페이스북은 싱가포르 정부가 허위 사실을 담고 있다고 밝힌 게시물에 정정 공지를 추가했다. 페이스북이 도시국가

City-State의 가짜 뉴스법에 따라 이 같은 공지를 낸 것은 이번이 처음이다(Butcher, 2019). 싱가포르는 비주류fringe 뉴스 사이트인 스테이트 타임스 리뷰States Times Review: STR의 이 게시물에 비열한 비난이 담겨 있다고 주장했다. 페이스북이 제공한 문구에는 "싱가포르에서는 정부 지침에 따라 허위 정보가 포함된 게시물을 표시한다"라고 적혀 있었다. 페이스북의 이 문구는 게시물의 하단에 위치했고, 추후 문구에 대한 수정은 없었다. 싱가포르 페이스북 이용자들에게만 노출되는 문구였기 때문이다(*BBC News*, 2019).

　지금까지 논의한 바와 같이, 저널리즘에서 AI의 사용은 크게 두 가지 유형이 있다. 하나는 뉴스 기관 자체에서 채택되는 것이고, 다른 하나는 디지털 플랫폼, 특히 소셜미디어 플랫폼에서 사용된다. 이러한 미디어 조직과 소셜미디어 플랫폼은 뉴스와 정보의 생산자이자 유통자로서 뉴스와 정보의 작성 및 유통에 AI를 채택하고 활용한 것이 확실하다. 언론 기관을 이야기하든 소셜미디어 플랫폼을 이야기하든 우리가 주목해야 할 것은 AI가 저널리즘의 본질을 근본적으로 변화시켰는지, 그 결과는 무엇인지다. AI를 탑재한 소셜미디어 플랫폼은 정치 뉴스를 포함한 가짜 뉴스의 생성자이자 유포자 역할을 한다. 이러한 비서구 국가들에서 소셜미디어 플랫폼의 가짜 뉴스는 서구 지역들과 마찬가지로 증가하고 있다. 이들 비서구 국가들은 저널리즘에서 AI가 성장하면서 이득을 보는 것이 아니라 현대사회와 민주주의를 교란하는 가짜 뉴스를 퍼뜨리는 소셜미디어 플랫폼의 역할이 커지고 있음을 크게 경험하고 있다.

AI 저널리즘 시대의 기자들

저널리즘에서 AI 사용의 증가와 관련하여 몇 가지 시급한 사회적 문제가 있다. 특히 소셜미디어 플랫폼에서 가짜 뉴스가 우후죽순처럼 생겨나면서 신문사와 방송사 등 언론사들은 가짜 뉴스를 사회문제로 분명히 인식하고 있다. 그들은 주로 가짜 뉴스를 "대부분 이념적인, 때로는 재정적인 동기에 의해 주도되는, 정치적 양극화를 낳는 소셜미디어 현상"으로 간주한다(Tandoc et al., 2019: 686). 신문사들은 디지털 플랫폼에 가짜 뉴스에 대한 책임을 계속해서 묻고, 심지어 뉴스 이용자들에게까지 가짜 뉴스가 정치적으로 퍼지는 것에 대해 질책했다.

가짜 뉴스를 다루는 몇 가지 혁신적인 방법이 있다. 예를 들어, 스타트업인 뉴스휩NewsWhip이 제공하는 전문 모니터링 시스템은 뉴스 조직에 더 많은 추세를 포착하고 보도 결정 시 보다 신속하게 대응할 수 있도록 지원하는 21세기 레이더 시스템을 제공하고 있다. 규모, 범위, 속도 외에도 이 기술들은 정확성의 바늘을 움직이고 있다. AP의 자동이윤 프로젝트에서는 출력량이 10배 이상 증가했음에도 복사본의 오류율이 감소했다(Marconi et al., 2017). "오류율이 낮은 이유는 알고리즘이 오타나 산술적 오산을 만들지 않기 때문이다. 오류는 일반적으로 데이터의 문제로 인해 발생한다. 데이터가 나쁘면 나쁜 이야기가 나온다"(Marconi et al., 2017: 17).

그러나 저널리즘에서 가짜 뉴스 문제를 다루는 중차대한 역할을 맡은 사람들은 기술도, 데이터도 아닌, 반드시 기자, 자신들이어야 한다. 기자들은 균형을 유지할 수 있도록 훈련받은 전문가들이기 때문이다. 탄도 외(Tandoc et al., 2019: 687)가 주장하는 바와 같이,

> 저널리즘은 그것이 어떤 특정한 개인이나 집단에 호의적이든 아니든 간에 진실에 기초한다. 실제 뉴스는 사실에 근거해 여론과 결정이 잘못되지 않도록 한다. 가짜 뉴스는 신뢰도뿐만 아니라 시청자의 관심을 끌기 위해 실제 뉴스와 경쟁하기 때문에, 저널리즘 분야는 항상 그리고 배타적으로 그것의 내부 문제에 대해 외부의 힘을 탓할 수 없다.

또한, 크리스천스(Christians, 2019)는 뉴스의 수집과 전파가 단순히 정보와 데이터를 구성하는 것만은 아니라고 지적한다.

> 뉴스 기사가 단순히 현실을 반영하거나 온라인 저널리즘이 기술 네트워크
> 에서 모듈 역할을 하지 않는다고 분명히 주장한다. 전문 뉴스 제작자의 직
> 업적 임무는 진실된 지식의 생산이다. 기자들이 고려해야 할 부분은 진실과
> 윤리이지, 잘못된 정보의 출처를 어떻게 처리할지, 가짜 뉴스로부터 뉴스
> 이용자의 피해를 최소화할 방안을 찾는 것이 아니다(Christians, 2019: 166).

저널리즘에서 가짜 뉴스를 다룰 때 사람이 중요한 이유는 저널리즘 역시 자동화되는 시대가 꾸준하고 성실한 관리나 새로운 기술을 실행에 옮기는 방식을 적극적으로 배우려는 기자들의 노력 없이는 완전한 자동화를 이루어낼 수 없기 때문이다(Marconi, 2017). 다시 말하지만, 저널리즘에서 AI는 문화 생산의 또 다른 형태이다. 미디어와 문화 산업에서 AI가 빠르게 성장하면서 미디어 조직과 디지털 플랫폼은 AI 알고리즘에 대한 투자를 빠르게 늘렸다. AI가 지원하는 저널리즘은 인간 대체에 대한 우려와 상관없이 미디어 조직과 기자/작가들에게 확실히 도움이 된다. 반 달렌(van Dalen, 2012)의 주장처럼 우리가 기술결정론에서 완전히 자유로울 수 없는 지점은 콘텐츠 자동 생성이 분명 저널리즘 관련 업무에 영향을 미치기 때문이다. 이는 AI 저널리즘의 플랫폼화가 점차 확대되고 있기 때문이기도 하다(Örnebring, 2010). 이런 상황에서 AI의 적용은 저널리즘의 상품화와 상업화에 반향을 일으킨다. 일상적인 저널리즘 작업의 자동화는 기술만으로는 결정될 수 없다는 것을 이해하는 것이 중요하다. 마조리뱅크스(Marjoribanks, 2000)가 이미 지적한 바와 같이, 사회문화적 요소와 미디어 조직과 시장의 제도적 맥락, 예를 들어 업무 문화, 언론사 노동조합의 입장 또는 미디어 소유자와 노동자의 관계는 AI를 포함한 새로운 기술이 적용

하는 방식을 함께 형성한다. AI는 확실히 저널리즘의 본질을 재구성했지만, 주변의 사회경제적 측면도 저널리스트를 포함한 저널리즘의 전환에 영향을 미쳤다.

디지털 기술이 "사회적 문제를 지우는 것이 아니라 단지 전환하고 모호하게 할 뿐"(Broussard, 2019: 678)인 만큼 AI는 큰 차이가 발생하지 않았다. 저널리즘은 AI 도구를 사용하여 "저널리즘 행위를 저지르는 것으로 이익을 얻을 수 있지만, 저널리즘의 핵심은 인간의 상태에 대한 이야기를 하는 것이다"(Broussard, 2019: 678). AI가 지원하는 인간은 저널리즘 영역에서 AI의 부상과 관련된 몇 가지 심각한 사회문화적 문제를 해결할 수 있다. 인간과 AI의 중요한 협력은 저널리즘뿐만 아니라 민주주의의 성장을 위해 저널리즘 산업이 발전해야 할 공간이 될 것이다. 궁극적으로, AI는 일상적인 상황에서 뉴스의 속도와 규모를 향상시키고, 저널리스트를 보완 및 증강하며, 그렇지 않으면 가능하지 않았을 최적화 및 개인화를 위한 새로운 기회를 창출하는 데 도움이 되지만, 여전히 대부분의 뉴스 작업을 수행할 수 없으며, 많은 경우 새로운 작업 및 형태를 창출한다. 요컨대, 저널리즘에서의 AI의 미래에는 주변에 많은 사람들이 있을 것이다(Diakopoulos, 2019a: 680).

> 이러한 기술들은 새로운 영역을 개척하고 있으며, 심지어 몇 년 전만 해도 아무도 예측하지 못했던 방식으로 저널리즘을 변화시키고 있다. 또한 이 기술들은 언론인들이나 미디어 기업들이 디지털 시대에 새로운 해결책을 찾지 못해 고전하고 있을 때 딱 나타났다. 경제가 변화하는 시대에 시간과 돈을 절약하는 것이 급선무일 뿐만 아니라, 동시에 뉴스 자체의 규모와 범위에 보조를 맞출 수 있는 방법을 찾아야 한다. 오늘날 뉴스 생태계의 확장에 소셜네트워크가 큰 역할을 하고 있기 때문에, 뉴스 조직은 뉴스 소비자들 사이에서 실시간으로 무엇이 유행하고 있는지 지속적으로 추적해야 한다

(Marconi et al., 2017: 17).

AI 저널리즘은 인간과 기술이 함께 발전시킬 것이다. 다시 말해 저널리즘에서 인간의 역할을 축소하기보다는 AI를 새로운 저널리즘 시스템에 적용시키기 위해 새로운 비전을 제시해야 한다. 그렇지 않으면 AI 저널리즘이 제대로 실현되기 어렵다.

결론

제7장에서는 뉴스 제작 및 배포에서 AI의 역할 증대에 대해 논의했다. 문화산업과 함께 언론 분야는 사람과 조직이 창작물의 생산과 유통을 위해 AI와 알고리즘을 채택하고 활용하고 있는 양대 분야 중 하나다. 뉴스 작성에서 보도에 이르기까지 기자, 편집자, 소유자를 포함한 뉴스 제작자들은 점차 뉴스 제작의 일부로서 AI의 역할에 집중하고 있다. 많은 언론 단체와 소유주들은 인간 기자의 수를 늘리지 않고도 AI가 기사를 다루기 때문에 언론 기관들에게 혜택을 줄 수 있다고 믿는다. 정확성과 속도 역시 미디어 조직이 AI를 활용함으로써 얻을 수 있는 주요 이점으로 꼽는다.

저널리즘과 사회라는 더 넓은 맥락에서, AI 저널리즘이 가져온 몇 가지 경고들이 있다. AI는 저널리즘을 크게 변화시켰지만 저널리즘 산업이 디지털 기술과 빅데이터에 크게 의존하면서 인간 저널리스트의 역할은 줄어들었다. 여러 형태의 디지털 기술의 성장과 상관없이 저널리즘은 지난 수십 년간 "깊은 인간적 노력"이었다(Brousard, 2019: 678). 2020년대 초, 인간 기자들과 AI를 탑재한 로봇들이 서로 경쟁해 왔다.

중요한 것은 현대 저널리즘이 생산된 뉴스와 정보의 유통과 소비를 위해 소셜미디어 플랫폼에 크게 의존해 왔다는 점이다. 사실 AI 저널리즘의 가장 큰 문제는 새로운 형태의 저널리즘으로서 소셜미디어 플랫폼의 역할이 증대하고 있다는 것이다. 뉴스 자체를 창출하지 않고 뉴스와 정보를 (재)생산하고 전파함으로써 뉴스 미디어의 기능을 수행한다. 디지털 플랫폼 시대에 AI는 뉴스를 생산하고, 어떤 경우에는 가짜 뉴스도 생산한다. 소셜미디어 플랫폼의 가짜 뉴스는 특히 현대 저널리즘을 교란시켰는데, 이는 가짜 뉴스가 공공영역으로서의 저널리즘의 역할에 부정적인 영향을 미친다는 것을 의미한다.

한편, AI 기반 저널리즘은 정확성과 속도를 향상시킬 수 있지만, 다양한 목소리에 초점을 맞춘 저널리즘의 질을 보장하지 않는 공공영역이다. AI가 지원하는 저널리즘은 규범적 가치에 신경을 쓰지 않는 반면, 데이터, 속도, 정확성에 초점을 맞추면서 현대 저널리즘은 근간적 가치를 상실했다. 잘 문서화되어 있듯, 저널리즘은 처음부터 가치 중심 미디어 관행으로 구성되었다(Alexander et al., 2016). 정확성과 속도도 중요하지만 우리 사회가 지켜야 할 가치를 높이는 것이 저널리즘의 진정한 역할이다. 많은 미디어 퍼블리셔들이 수익 감소와 디지털 트랜스포메이션의 가치에 도전하고 있는 가운데, "돌아갈 수 없다"는 것은 "AI 저널리즘으로의 이동은 단순히 논리적 진전"임을 의미한다(Siarri, 2019). AI 시대에 진정한 저널리즘 가치를 유지하는 것이 중요하다. 미디어 조직과 소셜미디어 플랫폼 모두 AI 기술과 AI 지원 생산을 개발했다. 그러나 그들은 재정 성장에 더하여 그들의 공공영역 기능을 발전시키기 위해 가짜 뉴스 문제를 해결해야 한다.

마지막으로, 그로스만(Grossman, 2018: 65)은 AI는 "인간의 노동력을 대체한다는 부정적인 영향과 국가 소득에서 국민의 노동력이 차지하는 비율을 떨어뜨릴 가능성이 있지만, 혁신적으로 일자리를 창출하여 부정적인 가능성을 상쇄할 수도 있다"라고 지적했다. 우리 현대사회는 "뉴스 보도는 여전히 인간의 개입, 비판적 사고, 관계 형성이 필요하다. AI를 정보의 정렬 및 통합, 기사 및 기타 매체의 발표를 개선하고 배포를 지원할 수 있는 동맹으로 간주해야 한다"(Siarri, 2019).

21세기 초, 저널리즘은 디지털 플랫폼과 AI라는 두 주요 기술로부터 두 번의 연속적 타격을 받았다. AI와 빅데이터를 갖춘 소셜미디어 플랫폼은 기술적·사회경제적 인프라와 커뮤니케이션 관행을 위한 새로운 도구를 모두 제공한다(Pangrazio, 2018: 9). 그러나 그들은 또한 사회에 몇 가지 부정적인 요소의 제공자로서 기능한다. 미디어와 디지털 플랫폼을 통한 뉴스와 정보의 생산과 유통에서 AI는 더 이상 선택 사항이 아니다. 따라서 미디어 윤리 강화, 소셜미디어 플랫폼의 영향력 확대 억제, 가짜 뉴스와 무관한 뉴스 및 정보 고도화는 AI 시대의 미디어 학자와 저널리스트 실무자 모두에게 필요한 과제이다.

제8장

AI 시대의
뉴미디어 윤리

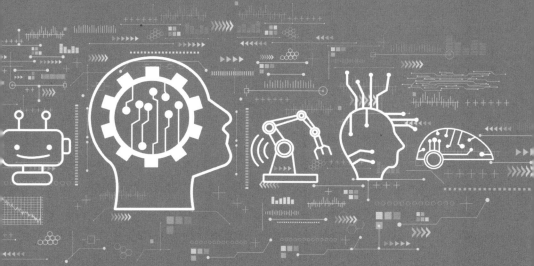

서론

AI, 빅데이터, 알고리즘과 같은 새로운 디지털 기술이 많은 우려의 목소리를 불러일으키고 있음에 따라, 여러 서구 사회와 구글, 페이스북, 넷플릭스 등 글로벌 플랫폼 기업들은 자사의 이익 창출을 위해 AI와 알고리즘을 선점함으로써 플랫폼 소유 기업과 플랫폼 사용자 간의 사회경제적 격차마저 유발하고 있다. 이들 디지털 플랫폼들이 AI를 문화 생산의 주요 도구로 활용하기 시작함에 따라 "AI가 오용되거나 잠재적인 위험 가능성이 있고 예측이 어렵다는 지점" 때문에 사회문화적으로도 우려의 목소리가 점차 높아지고 있다(Cath, 2018: 2). 엘리엇(Elliott, 2019: 49)이 지적한 바와 같이, AI를 포함한 새로운 디지털 기술은 "대단한 기회이자 동시에 위협"이다. AI에는 "사회문화적 문제와 교차"하고, "데이터를 조작"하거나 "복잡한 시스템과 책임 문제", "사생활 침해" 등 다른 디지털 기술들이 공통적으로 갖고 있는 윤리적인 문제들이 있다(Boddington, 2017).

즉, 가짜 뉴스의 대량 유통, 금전적 이익을 위한 알고리즘 조작 능력, 그리고 소셜미디어 플랫폼을 통한 사생활 침해 및 개인 데이터의 오용에 대한 우려는 전 세계적으로 현대사회의 특징이었다(Flew, 2018b). AI는 또한 직장에서 인간의 잠재적인 대체 가능성을 포함하여 몇 가지 새로운 사회경제적 딜레마를 야기했다. 따라서 AI 시스템을 관리하는 데 있어 법률, 관련 정책 및 윤리의 역할에 대한 질문이 그 어느 때보다 관련성이 높다. 다시 말해, AI 시스템이 개발됨에 따라, AI 시스템의 사회적·윤리적 기준과 시사점을 평가하는 것이 중요해졌다(Hancock et al., 2020).

전 세계의 정부와 기업들은 사회경제적 공정성을 확보하기 위한 메커니즘을 발전시키는 것처럼 보인다. 그러나 최근 AI의 급속한 성장으로 인해, 이러한 조치들은 실용적이거나 투명하지 않다. 많은 정부가 지능형 정보사회를 지향하는 비전을 제시하는 한편, 데이터 수집 과정과 AI 알고리즘을 통제하는 인간 중심 윤리 확립을 시도하고 있다. 이러한 표준은 사회 보장, 투명성 및 책임을 강조함으로써 AI와 빅데이터 기반 산업정책이 편견을 나타내는지, 신뢰할 수 있는 결과와 사회의 윤리적 틀을 만들어내는지 여부를 강조한다. 물론, 정부는 결국 AI와 빅데이터에 대한 모범 사례를 개발하기 위해 이러한 법적·윤리적 표준을 제안하여 정부가 지침을 수립하기 위한 정책 메커니즘을 만들었다(Chadwick, 2018; Copeland, 2018; Christians, 2019). 정부 이니셔티브와 함께 플랫폼 및 문화기업은 자체 기업윤리를 개발한다. 디지털 플랫폼과 문화기업이 가짜 뉴스, 사생활 침해 등의 많은 경우에 AI와 알고리즘이 부적절하게 사용되는 등 도전에 직면하면서 구글, 페이스북, 카카오 등 여러 플랫폼 기업이 자체 윤리코드를 설계하고 현실화하고 있다. 정부와 기업이 AI와 빅데이터에 대해 서로 다른 접근 방식을 보이는 것은 부정할 수 없다.

제8장에서는 AI와 빅데이터 분야에서 뉴미디어 윤리를 살펴본다. 특히 AI 시대에 사회경제적 평등을 확보하기 위해 정부와 기업이 신뢰할 수 있는 윤리강령을 고도화했는지에 대해 논의한다. 유네스코(UNESCO, 2020)가 강조했듯이, "사회선을 위한 AI(AI for social good)"(6)라는 용어는 기술 회사들과 몇몇 시민단체들에 의해 점점 더 많이 사용되고 있지만, 무엇이 사회선을 구성하는지에 대한 논의는 훨씬 적다. 나는 사회를 발전시키기 위한 어떤 메커니즘을 개발하려고 시도하지는 않지만, 정치와 경제 사이의 권력관계뿐만 아니라 사회-경

제적 정의와 평등을 강조하는 비판적인 정치-경제적 관점에서 AI와 디지털 플랫폼의 집중적인 사용으로 인한 일부 사회-문화적·경제적 문제를 다룬다.

투명성, 다양성, AI 윤리

디지털 경제와 문화에서 AI의 역할이 크기 때문에 전 세계 많은 정부는 제3장에서 주로 논의한 바와 같이 AI 관련 분야를 발전시키는 동시에 불필요한 부정적 영향을 최대한 줄이기 위한 다양한 관련 정책을 개발해 왔다. 싱가포르와 같은 일부 국가들은 심지어 제6장에서 논의한 것처럼 가짜 뉴스 같은 부정적인 요소들을 억제하기 위한 법적 조치를 개발했으며, 다른 나라들은 법적·정책적 메커니즘을 통해 그것들을 규제하는 대신 윤리코드의 개발에 초점을 맞추고 있다. 호주에서는 2019년 12월 국가인권위원회가 보고서를 발표하고 AI를 사용하는 기업과 정부 부처가 AI를 사용하여 내린 결정을 고객이 이해하고 잠재적으로 이의를 제기할 수 있도록 업계 윤리강령이 아닌 법률을 통해 책임을 져야 한다고 강조했다. 위원회 토론서에는 디지털 플랫폼 기업과 ICT 기업이 AI의 윤리적 이용을 규제하기 위한 원칙을 만드는 자율 규제 노력은 칭찬할 만하지만, 차별을 방지하는 국가법을 대체할 수 없으며, 정부의 면밀한 감시를 받아야 한다고 명시되어 있다(Australian Human Rights Commission, 2019). 사람들이 윤리적 규범보다 법과 정책을 강조해야 하는지, 아니면 그 반대인지를 묻는 것은 진행 중인 문제이다. 그러나 사람들은 인권, 투명성 그리고 다양성을 위해 두 가지 측면을 모두 확보할 필요가 있다. 우리 현대 자본주의에서 가장 큰 관심사 중 하나가 빈부격차인데다 AI가 빈부격차를 확대시킨 만큼 사회경제적 정의와 평등을 앞당기는 것이 중요하다.

좀 더 구체적으로, 디지털 경제와 문화의 성장을 위해 AI의 중요성이 증가하고 있음에 주목하는 것은 이해할 수 있다. 그러나 우리는 민주주의의 주요 구성 요소이기도 한 다양성과 문화적 정체성을 발전시키고 보장하기 위해 관련 윤리적 규범을 개발할 필요가 있다. 반 데이크 외(van Djick et al., 2018: 161)가 지적하듯이, "정부들을 개발자로서 그리고 다중 이해관계자 법인의 파트너로서 고려하기 위해서는 AI 사회에 대한 보다 포괄적인 접근"이 필요하며, 따라서 "규제자 및 모범 사용자로서 정부의 공통된 역할을 넘어서는 접근"을 만드는 것이 중요하다. 정부, 미디어 및 플랫폼 기업, 소비자는 AI의 안전하고 책임 있는 사용을 위해 사회문화적·정치적 여건을 조성하고자 노력해 왔다(Elliott, 2019). 이 규범적 의제는 AI가 문화 생산에서 중추적인 역할을 하는 새로운 글로벌 미디어와 문화 환경에도 적용되는데, 이는 머신러닝ML과 같은 도구를 사용할 줄 아는 예술가와 기업가가 극소수에 불과하기 때문이다. 쿨레스(Kulesz, 2018a: 2)의 주장대로,

> 대형 플랫폼의 상업적 논리에서 점점 늘어나는 공급이나 데이터, 수익 등이 장기적으로는 문화적 다양성을 해치는 방식으로 이어질 수 있다. 미국과 중국이 전 세계 기술 발전의 측면에서 주도권을 쥐고 있는 만큼 상대적으로 한국과 유럽, 이스라엘, 캐나다, 일본 등은 이 두 강대국과의 기술문화적 인프라의 격차가 점점 벌어질 위험이 있으며, 이는 결국 개발도상국의 발전을 저해하는 결과를 초래할 수 있다.

쿨레스(Kulesz, 2018b: 72)는 AI를 탑재한 디지털 플랫폼의 성장이 여러 문제를 일으킨다고 지적했다.

즉, 문화 생산 과정이 구조적 변화를 맞이하면서 우려할 만한 지점이 있다고 보았다. 이러한 구조적 변화는 파이프라인을 중심으로 한 문화 생산 모

델이 네트워크 중심으로 바뀌는 것을 의미하며, 네트워크 중심으로 바뀐 모델이 시장을 독점하면서 통계적 분석이 어려워지고, 결국에는 AI에 대한 독점으로까지 이어진다고 주장한다.

실제로 AI와 여러 디지털 플랫폼의 융합으로 가짜 뉴스, 불평등, 디지털 격차 등 부정적인 영향을 경험한 국가가 여럿 있는 만큼 그 국가들은 관련 윤리 가이드라인을 개발했다. AI, 알고리즘, 빅데이터, 디지털 플랫폼은 광범위한 공공 서비스에 통합되었다. 이러한 새로운 디지털 기술은 "표현의 자유, 다양성, 공공 안전, 투명성 및 사회경제적 평등을 포함한 이러한 활동과 관련된 중요한 공공 가치와 정책 목표의 실현"에 중추적인 역할을 하기 시작했다 (Helberger et al., 2018: 1). 따라서 이러한 중요한 사회규범과 사회경제적·문화적 공정성을 확보하기 위한 사회적 메커니즘을 개발하는 것이 중요하다. AI 이용의 적합성, 즉 공정성, 투명성, 다양성과 관련하여 정부와 기업적 차원의 논의가 중점적으로 이루어졌다. 이와 관련된 문제들은 항상 AI를 따라다니는데, "AI 모델이 편견을 강화하지는 않는지, 신뢰할 만한 결과를 생성해 내는지, 그 결과가 쉽게 납득할 수 있는지뿐만 아니라 산업이 따라야 할 윤리적 모델을 제안하는지"도 포함한다(Barocas et al., 2013; McKelvey and MacDonald, 2019). 예를 들어, 가장 최근의 노력 중 하나로, 미국 정부는 미국 AI 이니셔티브의 일환으로 민간 부문에 대한 새로운 AI 규제를 제안할 때 정부 기관이 준수해야 할 열 가지 원칙을 발표했다. 원칙은 세 가지 주요 목표를 가지고 있다. ① 공공 참여 보장, ② 규제 초과 범위 제한, ③ 공정하고 투명하며 안전하고 신뢰할 수 있는 AI 촉진이다(Hao, 2020).

AI 윤리는 AI에 대한 규제나 신뢰도 평가 같은 보다 실질적인 비판보다 디자이너나 개발자들의 자율적인 선택을 강조하는 식으로 구색을 갖춰왔다(Bostrom and Yudkowsky, 2014; Campolo et al., 2017; McKelvey and MacDonald, 2019). AI와 디지털 플랫폼은 또한 "개인이 자율적이고 책임감 있는 시민으로 행동할 뿐만 아니라 공공재 및 서비스의 생산자로서의 역할을 효과적으로 수행할 수 있도록 권한을 부여하는 약속"을 가지고 있다(Helberger et al., 2018: 1). 그러나 실제로 AI 기술과 다양한 플랫폼은 지금까지 "이 약속을 이행하지 못했다. 대신, 많은 경우에 그들은 서비스 제공의 투명성과 비차별성, 공공 커뮤니케이션의 정중성, 미디어 콘텐츠의 다양성과 같은 중요한 공공 가치에 대한 시장의 압력을 더욱 강화하는 것으로 보인다"(Helberger et al., 2018: 1).

AI는 계속해서 양날의 검으로 기능하고 있다. AI 시대에는 AI가 미디어와 문화 산업에 가져온 과실뿐 아니라 여러 가지 주의 사항이 있다. 미국 노던일리노이 대학 교수 데이비드 건켈의 한 신문사와의 인터뷰에서도 알 수 있듯이(Parisi, 2019), 딥러닝과 같은 AI의 혁신은 지난 10년간 괄목할 만한 성과를 이루어냈다. 그리고 사람들은 계속해서 우리 삶의 면면을 조종하는 어리석은 지성인들이 가득 찬 세상을 만드는 데 일조한다. 어쩌면 초지능보다 더 흥미롭고 동시에 무서운 일일지도 모른다. 이는 미디어와 대중문화에서 AI의 성장을 바탕으로 여러 사회문화적 문제를 해결하기 위한 정책 메커니즘뿐만 아니라 필요한 윤리적 규범의 발전의 중요성을 이해해야 한다는 것을 의미한다. 유럽연합집행위원회(European Commission, 2020: 2)는 2020년 1월 백서를 발표하면서 "AI는 데이터, 알고리즘, 컴퓨팅 파워를 결합한 기술의 집합"이라고 주장했는데, 이는 "컴퓨팅의 진보와 AI의 급증에 따른 데이터 핵심 동인의 가용성 증가"를 나타낸다. 유럽연합집행위원회(European Commission, 2020)가 강조한 것은 AI가 현대사회의 모든 측면에서 중심적인 부분이 되고 있기 때문에 사람들이 신뢰할 수 있어야 한다는 것이다. 공정성에 기반한 신뢰가 없다면 올바른 방향으로의 포섭이 불가능하다.

AI 알고리즘 편향, 공정성 및 감시

AI 알고리즘 편향은 불평등, 사회적 배제, 정보 격차 등 기존 사회문화적 편견을 국가적으로나 세계적으로 증폭시킬 수 있기 때문에 우려스럽다. 많은 사람들이 수학적 계산에는 편견이나 선입견이 없다고 믿기 때문에, 인간은 알고리즘의 판단을 의심하지 않고 신뢰하는 경향이 있다. AI가 스스로 결정을 내리기 위해 빅데이터에 크게 의존하기 때문에 현실은 그리 간단하지 않다. AI 알고리즘 편향은 이미 페이스북과 같은 소셜미디어 플랫폼에서 일어나고 있다. 뉴스피드를 실행하는 알고리즘은 사용자의 선호와 편견에 부합하는 콘텐츠를 보여주는 "필터버블"을 만든다. 그것은 사용자와 반대되는 견해에 덜 관대하게 만들 수 있고, 또한 정치적·사회적 분열에 쐐기를 박음으로써 사회를 더욱 양극화시킬 수 있다(Dickson, 2019).

AI에 뿌리를 둔 여러 사회문화적 이슈가 진화하는 가운데, 가장 중요한 사회문화적 문제 중 하나는 '재현의 편향성representational harms'으로 알려진 이용자의 공정한 대표성이다. 재현의 편향성은 AI 알고리즘이 고정관념을 강화하거나 특정 그룹을 감소시킬 때 발생한다(Dickson, 2018). 세피야 노블(Safiya Noble, 2018: 1~2)이 적절하게 말했듯이,

> 자동화된 결정을 유도하기 위한 수학적 공식이 인간에 의해 만들어진다는 것을 이해하는 것은 중요하다. 우리는 종종 빅데이터 및 알고리즘과 같은 용어를 양성, 중립 또는 객관적이라고 생각하지만, 그것들은 전혀 그렇지 않다. 이러한 결정을 내리는 사람들은 인종차별, 성차별 및 성과주의에 대한 잘못된 개념을 공개적으로 조장하는 모든 유형의 가치를 가지고 있다.

더 주목해야 할 점은 소수의 디지털 플랫폼이 빅데이터를 독점적으로 운용

할수록 결과물의 재현에 있어서 편향성을 띠는 결과들이 더욱 심화될 것이라는 점이다. 또한 이들 플랫폼 기업들이 전 세계적으로 영향력이 막대한 만큼 언론이나 학계에서 문제 제기를 하지 않으면 AI 알고리즘이 내포하고 있는 부정적인 측면을 제대로 검토하지 않는다. 한국의 스캐터랩Scatter Lab은 카카오톡 데이터를 사용하여 AI 챗봇인 이루다를 개발했는데, 이 AI 챗봇은 몇 가지 큰 문제를 일으켰다. 챗봇 이용자와 이루다의 채팅에서 이루다의 성희롱 및 성소수자 혐오 발언 등이 그 문제로 지적되면서 적절한 규제 마련의 필요성이 제기되었고, AI 기술을 활용하려는 기업들이 개인정보 보호의 중요성에 대한 인식을 개선해야 한다는 점이 강조되었다(Kim, 2021). 실제로 머신러닝 시스템은 비합리적이고 설명이 불가능한 결과들을 생성하는 경향이 있는데, 이는 알고리즘이 작동할 때 어떤 데이터의 변수가 결과물 생성에 작용했는지 파악하기 어렵기 때문이다. 인공신경망 모델 역시 머신러닝을 위해 조성된 환경 내에서만 사고할지도 모르기 때문에 확실히 훈련된 데이터의 범주에서만 신뢰할 수 있다. 대체로 훈련되지 않은 데이터에서 편견을 학습하기 쉽기 때문이다(Taylor, 2019). 예를 들어, "특정 AI가 이전 채용의 샘플을 분석하여 취업 지원자를 자율적으로 따돌리도록 훈련되었다면, 훈련 샘플의 80%가 남성일 경우 자동으로 여성 지원자를 거부할 수 있다"(Taylor, 2019). AI는 사회문화적 문제, 특히 공정성에 대한 우려를 계속 야기한다.

머신러닝은 서비스의 중추로서 소셜미디어 알고리즘에 내장되어 있으며, 사용자 행동과 선호도를 해석하기 위한 방법으로 제3자 회사에 의해 구현된다. 알고리즘은 디지털 플랫폼과 서비스의 논리와 프레젠테이션을 제어하는 프로그램이며, 모든 계산 결정 뒤에 숨겨진 구체적인 레시피이다. 우리가 데이터 중심 의사결정에서 사용하는 알고리즘은 단순히 데이터를 계산하는 객관적인 도구가 아니다. 오류 발생 가능성이 높고, 해석 능력이 뛰어나지만, 최적의 수행을 위해서는 조정이 필요하다(Benchmann, 2019: 79).

AI가 내장된 디지털 플랫폼은 사용자가 의견을 형성하고, 표현하고, 정보를 접하고, 토론하고, 동원하고, 사생활을 유지하는 방식에 대한 규범을 효과적으로 재구성한다. "이러한 서비스와 플랫폼의 기술적 지원, 사용자 계약 및 관리 관행은 그들이 제공하는 기회와 그들이 야기할 수 있는 잠재적 위해의 측면에서 인권 보호 수준에 상당한 영향을 미친다"(Jørgensen, 2019: xvii). 편향적인 재현은 디지털 플랫폼 시대에 가장 유념해야 할 개념 중 하나이다. 보통 디지털 플랫폼들이 이용자들에게 잘못된 정보를 전달하기 쉽기 때문이다. SNS나 OTT 상관없이 현대사회에서 플랫폼 이용자에 대한 차별적이고 편향적인 결과물을 노출하는 것은 계속해서 심화되었다.

디지털 플랫폼이 편향적이고 차별적인 결과물을 이용자에게 노출하는 일은 상당히 빈번하게 발생한다. 예를 들어, 2015년에 구글은 자사의 사진 앱을 구동하는 알고리즘이 두 명의 흑인을 고릴라로 태그한 일에 대해 사과해야 했다. 구글이 AI와 머신러닝의 선두 주자임은 부정할 수 없지만, 이러한 기술을 위해 사용하는 컴퓨터는 여전히 학습할 것들이 남아 있다. 고릴라 이미지를 둘러싼 구글의 사례는 기존 ML 기술의 단점을 보여준다. 충분한 데이터와 컴퓨팅 파워를 통해 소프트웨어는 높은 정확도로 이미지를 분류하도록 훈련할 수 있다. 그러나 소프트웨어가 스스로 특정한 방향으로 훈련된 경험을 쉽게 넘어설 리는 만무하다. "최고의 알고리즘일지라도 상식적인 이용에 대한 능력이 결여"되었을 수 있고, 동시에 "인간이 하듯이 무언가에 자신의 식견을 덧붙이는 행위"를 기대하기란 쉽지 않다(Simonite, 2018).

한 연구(Zhao et al., 2017; Simonite, 2018)에 따르면, 일반적으로 마이크로소프트와 페이스북이 지원하는 두 개의 중요한 연구 이미지 컬렉션은 요리와 스포츠 같은 주요 활동을 묘사하는 데 있어 예측 가능한 성별 편향을 보인다. 예를 들어 쇼핑과 세탁의 이미지는 여성과 연결되어 있는 반면, 코칭과 사격은 남성에게 묶여 있다. 데이터세트에 대해 훈련된 ML 소프트웨어는 이러한 편견을 반영했을 뿐만 아니라 증폭시켰다. "사진 세트가 일반적으로 여성을 요리와 연관시킨다면, 이러한 사진과 라벨을 연구하여 훈련된 소프트웨어는 훨씬 더 강한 연관성을 만들어냈다"(Zhao et al., 2017; Simonite, 2018).

중국, 한국 등 비서구 국가에서 AI 알고리즘이 확산되면서 공정성 문제도 대두된다. 훈련 데이터에 대한 예측 정확도를 극대화하기 위한 목적으로 AI 알고리즘을 훈련하면 종종 인간 관찰자가 특정 그룹에 대해 불공평하다고 간주하는 방식으로 행동하는 알고리즘이 생성되었다(Shin, 2019a). 한국의 네이버는 고객들의 검색 패턴을 고려하여 고객들이 검색한 것보다 알맞고 확실한 결과를 제공하도록 검색 알고리즘을 사용하고 있다.

> 네이버는 NCKP^{Naver Contextual Knowledge Plus}기술과 현지화-시간적 개인화 시스템 기술을 활용해 정확한 검색 결과를 예측하고 제공할 수 있다. 그러나 네이버가 사용자 데이터를 수집할 때 사용자의 권리를 준수하는지, 검색 결과가 공정한지에 대한 질문은 여전히 불분명하다(Shin, 2019b: 14).

네이버, 다음, 카카오 등 한국의 3대 디지털 플랫폼이 AI에 투자한 것도 비즈니스 모델의 변혁에 초점을 맞추고 있기 때문이다. 한국에서 가장 큰 플랫폼으로서, 네이버의 추천은 AI와 에어스^{AiRS}라고 불리는 알고리즘을 기반으로 하고, 카카오스토리의 뉴스피드는 머신러닝에 의해 통제되며, 다음은 코드 시스템에 따라 뉴스 기사 순위를 매긴다. 그들은 사용자 서비스의 효율성을 크게 향상시켰지만, 사용되는 알고리즘은 구조적 불평등을 증폭시키고 사람들에 대한 서비스를 거부하는 중대한 오류를 발생시킬 수 있다. 이에 따라 한국에서는 이러한 시스템에 대한 과도한 의존으로 인한 위험을 경계해야 하며 서비스 제공업체에 책임을 묻고 결국 자신의 시스템에 대한 책임을 물어야 한다는 우려가 커지고 있다. 전체적으로 공정성, 책임성, 투명성은 AI와 알고리즘 개발에 상당한 저해 요인이 된다. 물론, 적절하게 처리된다면, 한국은 이러한 문제들을 AI 기반 사회로 전환할 수 있는 기회로 바꿀 수 있다(Shin, 2019b: 14~15).

보다 구체적으로, 우리는 재현의 편향성을 증폭시키고 재현하는 시스템 수정에 덜 주의를 기울이는 것을 보았다. 2017년 신경정보처리시스템NIPS 학회의 기조연설에서 AI나우의 공동 창립자 케이트 크로퍼드는 이미 우리가 인지하고 있는 서로 다른 것들의 차이점이 AI 시스템에 고스란히 반영되어 있다고 언급했다. 즉, 우리가 오랜 시간 서로 다른 것을 차별화하도록 만든 패턴들이 결국 알고리즘을 위한 여러가지 가정과 데이터로 훈련함에 따라 AI 시스템은 결국 차별적이고 편향성을 띤 결과물을 도출한다는 것이다(Crawford, 2017). AI 시스템의 문제를 찾아내는 방식에 있어서 우리는 단순히 데이터나 알고리즘에서 편향된 부분을 찾아내기보다는 "인간의 정체성 형성에 해를 끼칠 수도 있는 AI의 역할"을 사회문화적으로 검토하는 방식으로 이루어져야 한다(Crawford, 2017).

한편, AI 기술을 이용한 대규모 감시와 치안을 명분으로 한 감찰 활동은 이 기술의 부정적인 면을 보여준다. 고도로 기밀화된 중국 정부 문서를 기반으로 한 국제 조사 언론인 컨소시엄(Allen-Ebrahimian, 2019)은 신장Xinjiang의 대량 수용소 운영을 위한 지침을 공개했다. 이 지침에 따르면, 차이나케이블은 이 지역 최고 보안 책임자가 개인적으로 승인한 내용을 포함하고 있으며, 이는 신장 위구르인들을 포함한 다양한 소수민족들을 통제하고 감시하는 수용소를 효과적으로 운영하는 역할을 한다. 이 지침은 이전에 공개되지 않았던 정보도 포함되어 있는데, 내용인즉슨, AI를 이용해서 수용소에 구금할 신장 지역 거주자들을 특정하여 중국 공안에 인도되도록 대규모로 데이터 수집 및 분석이 이루어지고 있다는 것이다. "텔레그램"이라고 불리는 이 매뉴얼은 탈출을 방지하는 방법, 수용소의 존재에 대한 완전한 비밀 유지 방법, 질병 발생을 통제하는 방법 그리고 억류자들이 친척들을 언제 만날 수 있도록 하는지 등의 문제에 대해 캠프 직원들에게 지시한다. 기밀정보 브리핑은 정부의 AI 기반 치안 플랫폼의 범위와 야망을 드러낸다. 치안 및 군사 환경에서 모두 사용되는 이 플랫폼은 대규모 인권 유린을 추진하는 데 도움이 되는 AI의 힘을 확실히 보여준다(Allen-Ebrahimian, 2019). AI 기술은 재현의 편향성과 함께 AI 고객이 다양한 기술을 통해 착취되고 비인간화되었음을 의미하는 "오웰식 대량 감시 및 예측 치안 시스템"(Allen-Ebrahimian, 2019) 등 여러 가지 우려를 불러일으켰다.

부분적으로 이러한 종류의 우려가 증가하여, 중국은 최근 윤리적 원칙을 정의하려고 시도하고 있다. 초기 표준 중 하나로, 2019년 3월 중국 과학기술부는 '국가신세대 AI 거버넌스 전문가위원회'를 설립했다. 2019년 6월, 이 위원회는 AI 거버넌스를 위한 여덟 가지 원칙을 발표했다. 그 원칙들은 AI 개발은 인류의 공동 복지를 증진시키는 데에서 시작해야 한다고 강조했다. 위원회는 또한 인권, 사생활, 공정성에 대한 존중을 강조하면서 AI와 함께 새롭게 부상하는 위험에 대처하기 위한 투명성, 책임감, 민첩한 거버넌스의 중요성을 강조했다(Laskai and Webster, 2019). 물론 윤리적 기준을 개발하고 이 지침을 실천하는 것이 동시에 효과가 있는 것은 아니며, 따라서 중국을 포함한 여러 국가들은 일상 활동에서 그들의 윤리적 기준을 실현하기 위해 계속 노력하고 있다.

AI 알고리즘과 관련한 공정성 및 대량 감시 문제의 경우, 중국이나 한국 등의 국가는 관련한 명확한 정의나 실천적 기준이 없기 때문에 서구 국가보다 비서구 국가에서 더 중요하다. 비서구 국가들은 AI 알고리즘의 진보적인 역할에 집중하여, AI 알고리즘이 사회에 가져오는 부정적인 측면, 즉 사람들의 삶을 부당하게 통제하는 측면을 의도적으로든 비의도적으로든 신경 쓰지 않고 있다. 이들 국가는 AI와 알고리즘, 빅데이터를 기반으로 한 디지털 경제를 활성화하기 위해 4차 산업혁명을 적극 추진하면서 수정해야 할 재현의 편향성 문제를 지속적으로 외면하고 있다.

사회적 불평등과 비대칭 권력관계

AI는 충분한 정보와 지식을 보유하지 못한 새로운 미디어 관련 사용자 및 일반 사용자뿐만 아니라 메가 플랫폼과 소규모 기업 간의 사회적 불평등 또는 비대칭 권력관계를 재현했다. 따라서 캐스(Cath, 2018: 6)가 지적한 바와 같이, "AI와 기술을 둘러싼 윤리적·법적 논쟁들이 시사하는 바는 AI 거버넌스가 보다 광범위하고 포괄적인 의제를 통해 논의되어야 함을 의미한다". AI와 디지털 플랫폼의 주된 역할은 "공공 분야에서 새로운 거버넌스를 주도하고, 거버넌스에 따른 책무를 적절히 배분하는 것이다"(Helberger et al., 2018: 11).

공공 정책 입안자인 정부는 AI 사회로 나아가면서 "시장, 국가, 시민사회 간 균형을 이루어내고, 국가는 경제적 가치를 창출하고 민주적 가치를 지키는 공공 인프라 구축에 앞장섰으나", 늘 성공하지는 못했다(Mazzucato, 2013; Jacobs and Mazzucato, 2016; van Dijck et al., 2018: 161~162). "대기업들이 압도적인 시장 입지와 정치 행위자들에게 영향을 미칠 수 있는 영향력을 모두 가지고 있는 AI 세계는 매우 불균형한 위치를 야기한다". 그러므로,

> [AI]와 디지털 플랫폼의 시대에 민주주의가 작동하기 위해서는 시장, 국가 및 시민사회를 포함한 모든 행위자들의 일치된 노력이 필요한데, 이는 분산 책임과 견제와 균형을 갖춘 시스템인 지속가능하고 신뢰할 수 있는 글로벌 AI 생태계를 구축하기 위한 것이다(van Dijck et al., 2018: 162).

클리넨버그와 벤젠크리(Klinenberg and Benzecry, 2005: 9)가 이미 지적했듯이,

"새로운 통신기술은 주요 미디어 기업들에게 위협과 기회를 모두 창출한다". 특히 주요 문화기업은 AI를 비롯한 디지털 기술을 활용해 다양한 분야로 진출하거나, 대중문화 제작에 AI를 활용하고 있다. 따라서 "문화 분야 AI를 비롯한 신기술 확산에 따른 최근 규제 변화"가 대기업의 성장을 촉진했다(10). 소수의 "자동화 알고리즘 디지털 플랫폼"이 주요 플레이어가 되었고, 중소 벤처캐피털과 문화 창작자들은 이 소수의 거대 기업들을 위해 일해야 한다(Elkins, 2019: 377). 넷플릭스나 스포티파이 같은 플랫폼들은 자신들의 시스템이 인간이 사고하는 방식과 거의 흡사하다며, 다양성 존중에 중점을 둔다고 주장한다(Elkins, 2019). 이들 거대 플랫폼은 긍정적이면서 인간적인 알고리즘 문화의 비전을 제시하고, 동시에 "인간의 사고, 행동, 조직 및 표현 방식 등을 빅데이터와 대규모 알고리즘 논리로 덮으려" 한다(Striphas, 2015: 396). AI는 자신의 환경을 감지하고, 생각하고, 학습하고, 자신이 감지하는 것과 그 목적에 대응하여 행동할 수 있는 컴퓨터 시스템이기 때문에(PricewaterhouseCoopers, 2019: 2) 넷플릭스와 같은 플랫폼에 의한 추천 시스템은 AI의 가장 가시적인 기능으로, 문화산업 내 생산자와 소비자 모두에게 큰 이익을 가져다줄 수 있다. 하지만, 현실은 유망하지 않다.

빅데이터에 의존하는 AI와 알고리즘을 수용할 수 있는 국가와 기업은 극히 제한적이기 때문에 글로벌 노스와 글로벌 사우스는 AI 시대에 격차가 심해졌다. 사실, 세계 사용자들로부터 데이터를 수집하는 몇몇 디지털 플랫폼만이 세계 문화시장을 지배하고 있다. 이러한 관점에서 페이스북, 구글, 넷플릭스, 스포티파이는 글로벌 시장에서 시장 점유율과 지배력을 계속 높일 것이다. AI와 디지털 플랫폼은 새로운 형태의 AI와 데이터 권력체제에 비추어 사용자의 문제적 위치뿐만 아니라(Bueno, 2020), 일부 선진국과 AI 및 플랫폼 분야의 나머지 국가 간의 국제적 권력 분담을 강조하는 현대 자본주의와 제국주의의 핵심 측면을 표현하는 두 가지 주요 기술이 되었다(Jin, 2015 참조). 이 두 기술이 융합해 수익을 내고 있는 만큼 대중문화와 미디어를 둘러싼 상황은 계속 악화되고 있다. 물론 빅데이터가 출발점이다. 문제가 되는 것은 "대규모 데이터세트에서 이전에 알려지지 않은 속성을 발견하기 위한 머신러닝 기술의 사용"으로 정의되는 데이터마이닝이며, 데이터마이닝은 "데이터세트에서 정보를 추출하여 추가 사용을 위해 이해할 수 있는 구조로 변환하는 것"을 목표로 한다(Talia et al., 2015: 1). 정부와 메가 디지털 플랫폼은 정보를 수집·결합·분류 및 분석하여 데이터가 원래 설명한 것 이상의 이야기를 들려주고, 이 과정에서 이러한 조직은 데이터마이닝 기법을 사용하여 목표를 지원하는데, 이는 진실을 왜곡한다.

이러한 긴급한 문제로 인해 아프리카 맥락 내에서 AI의 다른 차원에 대한 반성과 토론을 위해 2018년 12월 12일과 13일 모로코 왕국 벵게리르에서 열린 아프리카 AI 포럼의 참석자들은 매우 중요한 발언을 했다. 참석자들은 AI 과학기술의 급속한 진보에도 불구하고 아프리카에서의 발전이 더딘 점을 비롯해, 아프리카 대륙의 지속가능하고 폭넓은 발전을 위한 AI의 잠재력과 기회를 고려하여 아프리카연합, 지역 경제 공동체, 정부, 학술 기관, 전문 협회, 민간 부문, 시민사회 및 국제기구 중에서도 특히 유네스코가 아프리카인들의 역량 강화를 이끌어내고, 아프리카 사회의 긍정적 변화를 위한 도구로서 다중 이해관계자 접근 방식을 적용하여 인간의 기본권을 기반으로 하면서 보다 개방적이고 접근성이 높은 AI를 장려할 것을 촉구했다(Outcome Statement of the Forum on Artificial Intelligence in Africa, 2018).

이 주제에 대해, 나는 테크노 유토피아니즘techno-utopianism이나 테크노 디스토피아니즘techno-dystopianism에 대해 말하는 것이 아니다. 잘 알려진 바와 같이, 1990년대에 기술이 선을 위한 힘이라는 생각은 광범위한 주류로서 매력을 누렸다. 현재, 같은 이야기가 사라지지 않았다. 그러나 전반적으로 대화 분위기는 더욱 회의적이 되었다. 사생활과 가짜 뉴스 등 AI의 어두운 면에 대한 이야기가 더 많다. 따라서 사람들은 기본 유토피아 노선에 대한 더 많은 저항을 목격했다(Don't Be Evil: Fred Turner on Utopias, Frontiers and Brogrammers, 2017). 이런 우려 때문에 페이스북을 비롯한 여러 디지털 플랫폼들이 AI 부품을 추가해 이런 부정적 요소를 해소할 계획이지만 현실은 그리 간단하지 않다. 포브스(Forbes, 2017)가 보도한 바와 같이, "머신러닝은 강력하고 유용한 기술 집합이며 우리가 이전에는 처리할 수 없었던 문제를 해결할 수 있게 해주었다". 포브스의 보도에서 한 가지 더 강조된 부분은 다음과 같다.

> 공급망 최적화 시스템은 머신러닝을 조금만 활용하면 상당한 이익을 볼 수 있다. 그러나 사실상 사람들이 믿고 있는 것과는 달리 머신러닝은 그렇게 범용적이지 않고, 강력한 한 방으로 작용하거나 효과가 극대화되는 것도 아니다.

많은 이들이 목도하고 있는 것은 AI가 그 자체로 플랫폼이 되거나 디지털 플랫폼과 융합하는 등 AI가 가져올 미래에 대한 보다 구체적인 그림들이다. 그렇기 때문에 AI와 만나는 문화산업의 미래 역시 어떻게 변화할지를 상상해 본다는 것은 상당히 흥미로운 지점이다.

글로벌 사우스발 ICT 주요국 중 하나인 한국의 사회는 1970년대부터 주요 주체들이 사회정의와 평등을 진전시키지 못한 이후 비대칭적인 발전과 분배에 지속적으로 시달려 왔다. 최근 한국 정부는 특히 플랫폼과 문화 분야에서 새로운 이니셔티브를 추진하려고 시도했다. 한류 현상뿐만 아니라 디지털 게임과 스마트폰 기술과 같은 몇몇 첨단기술 분야에서 볼 수 있듯이, 세계 플랫폼과 문화시장에서 지배적인 위치는 아니더라도, 정부가 AI와 빅데이터의 도움을 받아 이러한 영역을 추진하는 것이 논리적이다. 중국과 일본과 같은 몇몇 이웃 국가들과 마찬가지로, 한국은 AI를 차세대 경제의 주요 동력으로 간주하며, 이는 글로벌 경쟁력과 밀접하게 연관되어 있다. 이처럼 한국 정부는 2020년대 주요 AI 국가 중 하나가 되겠다는 목표를 명확히 드러내는 등 세계 나머지 국가들에 뒤처지지 않도록 조치를 취했다(Asia Pacific Foundation of Canada, 2019). 한국은 2010년대 후반부터 단기간에 디지털 플랫폼과 문화 분야에서 AI와 빅데이터로 괄목할 만한 성과를 거두었다.

한국적인 맥락에서, 정부는 또한 정치적 목표를 확장하기 위해 AI와 빅데이터를 이용했는데, 이는 사회적 평등보다는 경제 성장이 이니셔티브의 주요 동인임을 의미한다. AI와 빅데이터는,

> 핵심 제품인 영화, 뉴스 스토리 또는 음악 트랙을 개인적으로 다운로드하고 즐길 수 있는 문화산업에 더 깊은 영향을 미친다. 그리고 그것이 일어나면서 지배적인 비즈니스 모델은 창조적인 파괴의 과정에서 분리되었다. 그것은 기존 기업에 가혹한 영향을 미치기 때문에 파괴적이지만, 그것이 발산하는 경제적 활력 때문에 창조적이었다(Di Maggio, 2014).

이는 AI가 지원하는 문화산업이 문화 창작자와 이용자를 보호할 수 있고 신뢰할 수 있는 정책구상과 윤리강령을 확보하지 못하고 있으며, 한국 사회는 다양성과 창의성을 저해하는 문화법인의 집단화를 지속적으로 경험하고 있음을 시사한다. AI가 지원하는 ICT와 문화상품의 상업화가 강화되는 것은 문화 분야의 중소 벤처캐피털이 거대 미디어 기업에 흡수되었음을 방증하는 것으로, 이는 여전히 심화되고 있다. 하거티와 루비노프(Hagerty and Rubinov, 2019)가 지적하듯이, AI 기반 디지털 기술은 특히 역사적으로 소외된 집단과 국가 사이에서 사회적 분열을 고착화하고 사회적 불평등을 악화시키는 패턴이 있다. 이러한 패턴이 전 세계적으로 존재하기 때문에, 저소득 및 중산층 국가들은 AI의 부정적인 사회적 영향에 더 취약할 수 있다. 사회적 불평등의 증폭은 글

로벌 사우스의 사회적 불안을 크게 증가시켜 잠재적으로 광범위한 지정학적 결과를 초래하면서 전체 사회를 위험에 빠뜨린다. 글로벌 노스와 글로벌 사우스 사이의 AI 격차는 결과적으로 2020년대에 이 두 지역 간의 기존 경제적·문화적 격차를 심화시켰다.

AI 중심의 문화산업에서 미디어 윤리에 대한 비판적 해석

전 세계 정부와 기업은 AI와 빅데이터 기반 사회 및 산업 시스템의 성장을 위한 지원 메커니즘을 개발하는 가운데, AI와 그 기반 빅데이터를 관리하기 위한 몇 가지 표준을 점진적으로 발전시켰다. 이러한 기준은 지능정보사회를 위한 "투명 관행 보장 및 책임 있는 방법 확립에 관한 것"이다(McKelvey and Mac-Donald, 2019: 44; Government of the Republic of Korea Interdepartmental Exercise, 2016). 다시 AI, 빅데이터, 플랫폼, 문화기업들이 가짜 뉴스, 사생활 침해 등 많은 경우에서 이러한 신기술의 부적절한 사용으로 인해 도전에 직면함에 따라, 정부와 기업은 관련 정책과 윤리코드를 점진적으로 개발한다.

국가적·세계적으로 여러 플랫폼이 윤리를 다루기 위한 몇 가지 중요한 전략을 개발했다. 글로벌 노스에서는 2018년 1월 마이크로소프트가 '공정성'을 시작으로 AI에 대한 윤리원칙을 발표했다. 같은 해 5월 페이스북은 'AI의 윤리적 발전과 배치에 대한 약속'과 '공정성 흐름'이라는 '편견 검색' 도구를 공개했고, 구글은 2018년 6월 AI 연구개발을 위한 '책임 있는 관행'을 발표했다(Ochigame, 2019). 오치게임(Ochigame, 2019)이 기업의 의제를 분류하기 위해 ≪더 인터셉트The Intercept≫에 기고한 바와 같이, 기술에 관한 규제 가능성을 세 가지 정도로 구분해 놓은 것이 매우 유용하다. ① 법적인 규제가 '전혀 없는' 자발적인 수준의 '윤리적 원칙'이나 '책임 있는 관행', ② '어느 정도'의 법적 규제를 통해 이익을 침해하지 않는 선에서 기술적인 방식으로 문제 해결 장려 또는 요구, ③ 기술 이용 자체를 금하거나 이에 대한 구속력을 가지는 '제한적인' 법적 규제가 바로 이 세 가지이다. 예상한 바와 같이 기술 업계는 마지막을 뺀 처음 두 가지 의제에 호의적인 경향을 나타냈다. 기업 중심의 '윤리적 AI' 담론은 정확하게 이 두 가지 규제 가능성을 바탕으로 하고 있다.

디지털 플랫폼의 자체 윤리강령 개발 노력을 폄훼할 수는 없지만, 이들의 윤리 논의는 디지털 플랫폼 기업의 강제적 법적 규제 회피 전략과 밀접한 관련이 있어 법적 규제 없이 자체 플랫폼에서 발생하는 윤리 문제를 실질적으로 통제하고 있는지 의문이다. 디지털 플랫폼 기업 입장에서는 정부의 어떤 규제도 피하고 인권과 공정성을 지키는 실용적이면서도 신뢰할 수 있는 윤리강령을 현실화해야 한다.

글로벌 사우스에서는 한국 정부와 문화산업 기업들이 법적·윤리적 틀인 두 가지 주요 규범적 구조를 개발했다. 정부는 지능형 정보사회를 지향하는 비전을 제시하는 한편, 데이터 수집 과정과 AI 알고리즘을 관리하기 위한 인간 중심 윤리 확립을 시도하고 있다(Government of the Republic of Korea Interdepartmental Exercise, 2016: 56~57). 한편으로는 일자리 감소와 전환 증가, 소득 양극화, 인구 고령화 등을 고려해 사회보장 개선을 위한 법적 근거를 마련하는 것을 목표로 했다. 또한 문학, 음악, 디자인 분야의 제품을 포함하여 창의적인 AI 제품에 관련된 권리를 인정하도록 법률 조항을 개정했다.

한편, 정부는 개발자와 사용자 모두에게 명확한 윤리 지침을 제시함으로써 첨단기술의 잠재적인 남용이나 오용을 최소화하기 위해 지능형 정보기술IT에 대한 윤리 헌장을 제정하기를 원했다. 데이터 기반 자가 학습을 위한 고급 알고리즘을 특징으로 하는 새로운 지능형 IT 시스템의 특성으로 인해, 윤리적인 지침이나 개입 수단(예: 사회경제적 양극화, 편견 및 소수자에 대한 차별) 없이 방치할 경우 광범위한 문제와 사회적 문제를 야기하거나 악화시킬 수 있다. 결과 알고리즘이 사회적 편견을 반영하거나 영속화하지 않도록 하기 위해 데이터 수집과 알고리즘 개발 시 개발자가 준수해야 하는 연구개발 프로토콜이 존재한다(Government of the Republic of Korea Interdepartmental Exercise, 2016: 56~57).

이러한 프로토콜의 표준은 사회 안보나 투명성, 신뢰도를 중심으로 AI와 빅데이터가 이끄는 산업 정책들이 편견을 조장하지는 않는지, 사회를 위한 윤리적 장치나 신뢰할 만한 결과를 만들어내는지를 강조한다. 앞서 논의한 바와 같이, 한국 정부는 AI와 빅데이터에 대한 모범 사례를 개발하기 위해 이러한 법적·윤리적 기준을 제시하여 정부가 가이드라인을 수립하기 위한 정책 메커니즘을 만들었다(Chadwick, 2018; Copeland, 2018; Christians, 2019).

정부 이니셔티브와 함께 플랫폼 기업 및 문화 기업도 자체 윤리를 개발한다. 예를 들어, 선도적인 플랫폼 기업 중 하나인 카카오가 자체 윤리코드를 설계하고 실현한다. 카카오(2018)는 한국의 선도 플랫폼 중 처음으로 자체 알고리즘 윤리 헌장을 개발했으며, 윤리 알고리즘 개발을 통해 서비스 이용자의 삶의 질을 높이고 더 나은 사회를 만들기 위해 노력하고 있다. 알고리즘 개발과 관리 과정에 대한 카카오의 노력은 사회의 윤리적 원칙에 부합하려고 시도한다.

카카오는 이에 AI 알고리즘 윤리 헌장을 제정하여 발표했는데, 차별에 대한 경계, 학습 데이터 운영, 알고리즘의 독립성 등과 같은 주요 내용을 포함하고 있다. 첫째, 카카오는 알고리즘 결과에서 의도적인 사회적 차별이 일어나지 않도록 경계하고, 다양한 가치가 공존하는 사회를 지향한다. 둘째, 카카오는 알고리즘에 입력되는 학습 데이터를 사회 윤리에 근거하여 수집 및 분석, 활용한다. 즉 알고리즘의 개발 및 성능 고도화, 품질 유지를 위한 데이터 수집, 관리 및 활용 등 전 과정을 우리 사회의 윤리를 벗어나지 않는 범위에서 수행할 것을 강조한다(Kakao, 2018).

마지막으로, 카카오는 알고리즘이 누군가에 의해 자의적으로 훼손되거나 영향받는 일이 없도록 엄정하게 관리함을 목표로 한다. 이는 알고리즘이 특정

의도의 영향을 받아 훼손되거나 왜곡될 가능성을 차단하겠다는 의미다.[1] 이처럼 정부와 기업 모두 투명하고 책임 있는 기준을 만들기 위해 노력한다. 이러한 법적·윤리적 기준이 포함되지 않았던 오래된 문화정책과 달리 정부와 기업이 AI와 빅데이터에 대해 서로 다른 접근 방식을 보이는 것은 부정할 수 없다(Kakao, 2018).

카카오의 이러한 노력은 어찌 보면 당연하지만 여기서 우리가 보다 비판적으로 봐야할 것은 디지털 플랫폼이 계속해서 기업의 책임과 관련된 부분을 법에 근거한 내용이 아닌 '자발적 윤리 원칙'이나 '책임 있는 관행'을 비롯해 기술적으로 해결하려 들거나 '편견'이나 '공정성'을 명분하에 '안전 장치'로 책임에 대한 논점을 계속해서 흐리고 있다는 점이다(예를 들어 '편견이 없거나' '공정한' 안면 인식 장치를 채택하도록 경찰을 독려하거나 그들에게 채택을 강요하는 일)(Orchigame, 2019).

이러한 정부 및 기업의 시도와 상관없이 전반적인 관행은 유망하지 않다. AI 관련 기술의 사용은 사회경제적 불평등을 해결하지 못한다. 대신, 그것은 심지어 현대 자본주의에서 불평등을 심화시킨다. 현대 자본주의에서 "불평등과 결부된 사회문제는 신흥기술과 매우 많이 연관되어 있다"(West, 2018: 132). AI와 플랫폼과 같은 새로운 디지털 기술은 이러한 기술을 소유하고 사용하는 소수의 사람들에게 엄청난 부를 창출했다. "실제로, 40세 미만의 사람들이 창출한 대부분의 큰 재산에는 디지털 기술이 포함되어 있다. 더욱이 혁신이 가속화됨에 따라 기술에 묶인 돈은 앞으로 불평등을 더욱 문제화할 가능성이 높다"(West, 2018: 132).

논의한 바와 같이, 한국 정부는 새로운 규제와 윤리적 조항을 개발하지만, AI, 빅데이터, 연구개발 투자와 같은 새로운 기술을 통해 디지털 경제의 성장을 우선시한다. AI 중점 정책의 1차 목표는 "경제 성장과 경쟁력 제고를 위한

---

1   [옮긴이 주] https://www.kakaocorp.com/page/responsible/detail/algorithm

강력한 지향"이다(Mansell, 2017: 4288). 다시 말해서,

> 디지털 경제 정책의 지배적인 방향은 한 국가가 머신러닝, 빅데이터 분석,
> AI 그리고 그들의 응용과 같은 기술혁신의 신흥 분야에서 지도적 위치를 달
> 성하지 못하면, 몇몇 다른 국가가 성취할 것이라는 전제를 바탕으로 경제
> 경쟁력을 자극하는 것이다(4289).

 문재인 대통령은 2019년 10월 서울에서 열린 DEVIEW 2019 콘퍼런스에
서 ICT 분야에서의 국가 역량을 바탕으로 AI 강국으로 도약하기 위해 정부가
올해 안에 새로운 "특수정보 국가전략"을 내놓겠다고 강조했다. 문 대통령은
투명성과 사회적 평등을 약속하는 대신 관련 기업들이 공격적인 투자와 빠른 수
익을 낼 수 있는 여건을 조성하기 위해 총력을 기울이겠다고 다짐했다(Yonap,
2019b). AI와 빅데이터 거버넌스는 아직 충분히 정립되지 않았다. 한국의 경
우, 개인의 사생활에까지 침투하는 규제 방안은 최소한의 보호 조치와 관계없
이 계속해서 중요하게 다루어져야 할 것이다(Shin, 2019a).
 메가 플랫폼과 문화기업들도 벤처캐피털을 인수하며 기술, 노하우, 인력 등
의 혜택을 받을 수 있는 새로운 세력으로 떠오르고 있다. 한국 정부는 그들이
가장 큰 디지털 플랫폼과 문화 대국이 되는 것을 막기 위한 실질적인 조치를
가지고 있지 않다. 제4장에서 논의한 바와 같이, 주요 엔터테인먼트 회사들은
AI 기반 통신 회사나 벤처캐피털과 제휴했다. 그러나 때론 고객이자 시청자이
기도 한 일반 대중들은 새로운 첨단기술에서 동떨어진 것처럼 보이기도 하는
데, 이는 결과적으로 소수의 대기업들이 문화 생산과 소비를 아우르는 전 과
정을 독점하고 통제하고 있기 때문이다. AI는 인간과 기술의 융합을 넘어서
이 융합을 통해 얻을 수 있는 이점 그 자체이기도 하다. 그러나 사회적인 평등
을 추구하고 다양한 목소리를 보호하는 구체적인 방안이 마련되지 않는다면,

지금의 AI는 도덕철학과 사회정의를 주창하는 차세대 AI 기술을 탄생시킬 것이다.

≪가디언≫이 보도한 바와 같이, AI와 알고리즘은 대다수의 사람들이 그것이 일어나는 것을 볼 수 없고 그것에 대해 아무것도 듣지 못했을 수 있기 때문에 사회적 평등과 투명성을 가져오지 않는다(Pilkington, 2019). AI 혁명은 "공중 시야에서 멀리 떨어진 안전한 정부 위치에서 비공개로 엔지니어와 코더에 의해 계획되고 있다. 수학자와 컴퓨터과학자만이 AI, 예측 알고리즘, 위험 모델링에 의해 힘을 받는 바다의 변화를 완전히 이해한다"(Pilkington, 2019). 산업 구조의 급진적인 재편이 끝날 때, 사람들은 수동적으로 변화를 받아들이기 때문에 취약하다. 이러한 상황에서 AI 사용자에게 실질적인 법적·윤리적 메커니즘을 확보하는 것은 매우 중요하다.

현대사회를 바꾸고 있는 미디어, 문화 및 정보 시스템은 "새로운 권력의 불균형과 사회적 불평등을 심화"하고 있다(Elliott, 2019: 46). 핀버그(Feenberg, 1991)의 주장처럼, 기술혁신은 자본주의 산업사회의 구성원들을 두 부류로 나눈다. 한 부류는 지성을 갖춘, 숙련된 기술자 집단으로 AI 컴퓨터과학자나 관련 전문가들인 반면, 다른 부류는 그 대척점에 있는 사람들이다. AI, 알고리즘, 빅데이터는 이 두 부류 간 격차를 계속해서 벌린다. 최첨단 신기술은 후자가 거의 갖고 있지 못한 높은 수준의 교육과 기술, 재력 등을 끊임없이 요하기 때문이다. 여기서 우리가 간과했던 것은 인류가 하나의 집합체라는 것이다.

> 인류는 사회-역사적 발전에 있어서 개개인이 아니라 한 집단으로, 더 나은 방향을 위해 나아갈 수 있도록 하는 능력이 충분히 있다는 인식이 빠져 있다. 오늘날에 와서는 이러한 인식이 이데올로기와 전체주의로 빠르게 둔갑하고, 사회적 진보 역시 이데올로기와 전체주의하에 이루어진다는 인식이 팽배해졌다(Zizek, 2008, Andrejevic, 2013: 145에서 인용).

AI가 수많은 문화 창작자들에게 힘을 실어주고, 문화산업을 더 효율적으로 만들고, 대중의 관심을 끄는 예술 작품의 수를 늘리는 데 도움을 줄 수 있다는 것은 확실하다. 그러나 머신러닝과 같은 도구를 사용할 줄 아는 예술가와 기업은 여전히 매우 적다(Kulesz, 2018a). AI와 메가 플랫폼의 상업적 논리는 확실히 공급, 데이터, 소득의 정도, 문화적 표현의 빈곤화의 결과 증가로 통한다. "글로벌 노스와 글로벌 사우스 모두에서 국가 AI 전략에 문화가 포함되지 않는다는 것은 국가들이 더 이상 그들 자신의 문화적 표현을 갖지 않는다는 것을 의미할 수 있으며, 이는 결국 사회구조를 손상시킬 수 있다"(Kulesz, 2018a: 2).

필요한 기술과 접근성이 없는 많은 문화 창작자들을 위해 공정하고 평등한 기회를 개발하는 것이 중요하다. 디지털 플랫폼과 AI와 깊은 관련이 있는 현대 디지털 자본주의에서는 이러한 인프라 자산을 보유한 국가와 소유자가 극소수에 불과하다. 이는 서구 기반 AI와 디지털 플랫폼 기업의 지배력이 서양과 동양 간 격차를 심화시켜 기존의 경제·문화 격차가 더욱 심화되었음을 의미한다. 이와 관련하여 크리스천스(Christians, 2019: 337)는 "이 새로운 기술 시대에 미디어 윤리는 소통의 모든 측면에서 보편적인 필요가 되었다"라고 주장한다. 쿨레스(Kulesz, 2018a: 2)도 지적하듯이, "단순히 추상적인 윤리강령을 넘어 AI 시스템과 이를 악용하는 행위자들이 감사 가능하고 책임질 수 있도록 공공 정책을 설계하는 전략"을 발전시키는 것이 중요하다. 즉, AI와 알고리즘에 대한 제한된 역할에 안주하지 말고, 한국의 공공과 민간을 포함한 문화 부문은 그럴듯한 메커니즘으로 자신의 입장을 주장해야 한다.

다시 말해서 AI는 전 세계를 장악할 준비가 아직 되지 않았고 곧바로 그렇게 되지도 않을 것이다. 다만 우리가 할 일은 AI가 가져올 잠재적인 문제들을 끊임없이 예측하고 대비하는 것이다(Filibeli, 2019). 마찬가지로, AI가 우리 사회에 미칠 수 있는 큰 영향력과 확고한 신뢰 구축의 필요성을 고려할 때, "AI는 인간의 존엄성과 사생활 보호와 같은 우리의 가치와 기본권에 기반을 두고 있다"(European Commission, 2020: 2)는 것이 중요하다. 즉, AI 시스템의 사용은 디지털 경제를 달성하는 것뿐만 아니라 민주적 과정과 사회적 권리를 지원하는 데 중요한 역할을 할 수 있기 때문에 "AI 시스템의 영향은 개인의 관점뿐만 아니라 사회 전체의 관점에서도 고려되어야 한다"라고 할 수 있다(European commission, 2020: 2). 크리스천스(Christians, 2019: 186)가 적절하게 말했듯이, "인간의 존엄성은 미디어 윤리가 권리의 개인주의적 도덕성보다는 문화적 다양성에 기초할 것을 요구한다". 이는 인간 존엄성의 윤리적 원칙이 "인간 존엄성의 틀, 미디어 윤리 작업 또는 영화 및 엔터테인먼트 프로그래밍의 민족적 다양성 안에서 인간의 순위를 매기는 것을 거부하는 것"에 대한 존중을 강조하고 있음을 시사한다(186). 즉, 문화적 다양성은 AI가 주도하는 문화 생산에 있어서 인간의 존엄성과 관련된 가장 중요하다. 세계 여러 국가들은 AI가 각국에 경제적 이익을 가져다줄 수 있도록 하면서 AI가 야기할 여러 문제, 즉 AI나 디지털 플랫폼을 소유하고 있는 소수의 지배적인 기업들이 세계 경제에 끼칠 해악을 줄이도록 적극 감시하고 또 노력해야 한다.

결론

제8장에서는 AI 시대의 뉴미디어 윤리에 대해 논의했다. AI 사용이 급증하면서 AI의 잠재적인 부정적 측면에 대한 우려가 커지고 있다. 사회경제적 정의와 평등을 파악하기 위해 AI와 디지털 플랫폼의 활용으로 인한 여러 사회문화적·경제적 문제를 논의했다. 글로벌 노스 국가부터 글로벌 사우스 국가까지 AI와 소셜 플랫폼의 지배적 역할로 인한 불평등, 가짜 뉴스, 디지털 격차, 감시 등 부정적인 영향을 목격해 왔기 때문에 이들 국가의 정부와 디지털 플랫폼이 관련 윤리 지침을 마련해야 한다고 요구하고 있다. AI를 포함한 새로운 디

지털 기술은 표현의 자유, 다양성, 투명성과 같은 공공 가치를 발전시키는 데 핵심 역할을 해야 한다. 따라서 이러한 사회적 규범을 확보하고 사회경제적·문화적 공정성을 확보하기 위한 사회적 메커니즘을 개발하는 것이 중요하다.

중요한 것은 AI 알고리즘 편향이 불평등, 사회적 배제, 디지털 격차 등 기존 사회문화적 편견을 증폭시킬 수 있다는 점이다. 소셜미디어 플랫폼에서는 AI 알고리즘 편향이 증가하고 있는데, 이는 사람들이 반대되는 견해나 다양한 취향을 볼 수 없도록 극도로 편향된 아이디어와 취향을 제공하기 때문이다. AI 알고리즘과 관련한 공정성 문제는 글로벌 사우스에서 더 중요한데, 많은 비서구 국가들이 구현할 실질적인 기준을 갖고 있지 않기 때문이다. 이들 국가는 AI, 알고리즘, 빅데이터를 기반으로 디지털 경제의 성장을 추구하면서 재현의 편향성, 사회 분열, 사생활 문제를 외면하고 있다.

AI와 디지털 플랫폼의 융합을 활용하는 정부와 기업은 경제적 번영과 함께 프라이버시, 투명성과 같은 공공 가치의 균형을 함께 모색해야 한다(Afilipalie et al., 2019; Mansell, 2021). 정부, 디지털 플랫폼 및 문화산업 기업은 윤리코드를 지속적으로 개발했다. 그러나 AI 시대에 인간의 존엄성을 확보하기 위해서는 이러한 윤리적 메커니즘이 상업적 의도를 숨기기 위한 립서비스로 사용되어서는 안 된다. 이들 단체는 투명성과 공정성을 확보하면서 인간을 보호하기 위한 윤리강령을 고도화해야 하는데, 이는 우리 현대사회를 한 단계 높여 인간과 기술이 상대적으로 덜 불안하게 협력할 수 있게 한다.

제**9**장

나가며

요약

AI의 발전은 빠른 속도로 진행되고 있다. 건강에서 여행, 금융에 이르기까지, AI는 21세기 초 가장 중요한 디지털 신기술 중 하나가 되었다. 인터넷과 스마트폰을 포함한 이전의 몇몇 디지털 기술들은 우리의 일상을 계속해서 변화시켰다. 그러나 AI는 예상 외로 우리의 사회문화 및 경제활동의 주요 구성 요소가 되었다. 페이스북, 넷플릭스, 구글, 애플 등 가장 성공한 디지털 플랫폼 중 일부는 AI를 활용해 막대한 금전적 이익을 얻기 때문에 시장 지배력과 자본화 측면에서 AI는 필수적이다. 특히 AI는 대중문화 제작부터 문화 콘텐츠 유통과 소비까지 문화 생산에서 중추적인 역할을 해왔다. AI가 디지털 플랫폼과 긴밀한 연계를 구축하면서 문화 생산에 미치는 영향력은 크게 늘어났다. 잘 알려진 대로 디지털 플랫폼은 대중문화를 소비하는 사람들의 습관 등 모든 종류의 데이터를 축적해 왔기 때문에 AI가 문화 생산에 더 많이 활용될 수 있다고 예측하기는 어렵지 않다. 디지털 플랫폼과 함께, "AI 기술의 바로 전제는 수집하는 데이터로부터 지속적으로 학습하는 능력이다. 정교하게 조작된 알고리즘을 통해 수집 및 분석해야 할 데이터가 많을수록 기계는 더 나은 예측을 할 수 있게 된다"(Shani, 2015).

이 책은 사람들의 문화생활에서 AI의 중요한 역할, 특히 미디어와 문화 영역에서 주요 행위자로서의 잠재력을 고려하여 문화 생산의 주요 세력으로서의 AI에 대한 포괄적이고 비판적인 이해를 제공하고자 시도했다. 문화 생산에서 AI와 디지털 플랫폼의 중요한 결합에 초점을 맞추어 음악, 게임, 웹툰 등 AI와 디지털 플랫폼이 함께 생산, 배급, 유통되는 몇 가지 주요 모범적인 문화 형태에 대한 논의뿐만 아니라 AI, 디지털 플랫폼, 대중문화의 융합에 대한 비판적 해석을 제시했다. AI와 디지털 플랫폼이 문화 콘텐츠를 유통하는 것뿐만 아니라 문화상품 자체를 만들어냈기 때문에 이러한 일체형 접근 방식은 필요하고 유용하며, 이는 AI와 디지털 플랫폼이 문화의 생산에서 유통, 소비까지 대중문화의 일부가 되고 있음을 의미한다. 이 책의 논의는 연구자, 학생, 공무원, 그리고 문화 창작가와 같은 실무자들로 하여금 가까운 장래에 문화 생산에서 AI와 디지털 플랫폼의 역할 증대를 이해할 수 있다는 점에서 훌륭한 자료들을 제공한다.

실제로 AI에 내재된 변화하는 미디어 생태계는 대중문화를 다양한 시각, 특히 전형적인 문화산업 기업이 아닌 AI와 디지털 플랫폼의 연계를 통해 이해하도록 요구하고 있다. 빅데이터, 알고리즘, AI의 등장으로 문화·플랫폼 업계는 이러한 첨단기술의 혜택을 받고 관객들에게 어필하기 위해 사업 전략과 문화 생산 형식을 크게 재편했다. 잘 논의한 바와 같이, 현재 AI를 포함한 새로운 디지털 기술이 미디어와 문화와 함께 우리 사회를 변화시키는 데 영향을 미치는 방식을 목격하는 것은 흔한 일이다.

> 지난 역사를 살펴보면 기술과 미디어는 서로 엇갈린 길을 걸어오기도 했다. 새로운 기술들은 사회를 뒤바꿔 놓기도 했고, 미디어 기업들은 미디어의 도달 범위 확장 및 영향력 확대, 품질 개선 등을 위해 신기술이 제공하는 기회를 발판 삼아 적당한 거리를 유지하며 이를 활용했다. 그러나 새로운 기술들은 때론 아주 미묘하게, 어떨 땐 완전히 드러내 놓고 기존 미디어 기업들이 고수하던 관행에 도전장을 내밀었고, 심지어는 위협적이기까지 했다(Pavlik, 2008: 1).

다시 말하지만 AI는 영화와 방송부터 뉴스 정보까지 미디어와 문화 영역에서 디지털 플랫폼과 밀접한 관계를 맺고 있으며, 이 두 가지 주요 세력이 문화 생산의 순환고리를 적극적으로 중재하고 있다.

그러나 어떤 경우에는 AI와 디지털 플랫폼을 포함한 기술이 놀라운 속도로 심각한 윤리적 우려를 제기해 왔다. 문화 생산에서 AI와 디지털 플랫폼의 융합을 의미하는 새로운 트렌드는 새로운 비즈니스 모델의 개발, 스토리텔링의 혁신적인 구조, 그리고 새로운 형태의 문화와 같은 몇 가지 긍정적인 측면을 가져오지만, 그것은 또한 재현의 편향성, 가짜 뉴스 그리고 문화를 포함한 소수의 사회문화적 문제 및 다양성의 부족을 유발한다. 김호기 연세대 교수(2020)는 신문 칼럼에서 AI가 숙의민주주의를 촉진하기 위해 빅데이터와 정보를 제공한다고 주장하지만, 이는 민주주의를 해치는 감시와 데이터의 지배, 가짜 뉴스를 강화할 수 있다.

이런 상황에서 이 책은 AI와 디지털 플랫폼, 대중문화의 융합에 대한 최초의 학술 담론으로서 AI가 플랫폼과 문화산업을 변화시키는 방식을 분석했다. 보다 구체적으로, 이 책은 저널리즘뿐만 아니라 음악, 게임, 웹툰 분야와 같이 AI와 빅데이터를 가장 많이 활용하는 주요 미디어 및 문화 산업을 몇 개 선정하여 미디어 및 문화 산업 기업이 AI를 활용하여 새로운 형태의 문화 생산 및 유통을 발전시키는 방법을 조사했다. 이어 AI가 문화적 생산과 소비의 변혁을 매개하는 방식을 검토했다. 한편, 유통과 전시 모두에서 AI의 역할 증대에 대해 논의했다. 이러한 신기술과 문화가 글로벌하고 초국가적이기 때문에 이 책은 AI와 디지털 플랫폼, 대중문화의 융합을 글로벌 맥락과 지역 변증법적으로 이해하려고 시도했는데, 이는 특정 국가에서 AI 사용의 주요 특징뿐만 아니라 그 밀접한 관계에 대해서도 독자들이 세계와 지역 간의 갈등 속에서 특히 글로벌 노스와 글로벌 사우스 사이에서 일어나는 사회문화적 문제들을 이해할 수 있도록 하기 위해 논의했음을 의미한다.

지금까지 이 책은 빅데이터와 알고리즘을 기반으로 하여 인간이 가진 지능의 형상을 하고자 하는 AI를 살펴보았다. 이 책에서 살펴본 AI는 인간과 기계 간 단순한 상호작용 가운데 존재하는 것을 넘어서 인간이 가진 창의력과 지능 정보기술의 융합을 통해 미디어와 문화의 생산과 소비를 매개한다. 이러한 맥락에서 이 책은 인간과 AI의 상호작용, 즉 문화 콘텐츠 제작자를 포함한 모든 창작자와 소비자들 간 상호작용에 중점을 두었다. 창작자와 소비자들이야말로 AI를 개발하고 이용하는 데 가장 큰 기여를 하는 사람들이기 때문이며, 동시에 이들이 새로운 문화 콘텐츠의 흐름을 주도하면서 새로운 문화 소비 패턴을 이끌기 때문이다. AI가 빠르게 사람들의 일상생활의 일부가 된 21세기 초, AI의 중재는 우리 문화 활동의 가장 중요한 구성 요소 중 하나가 되었다. 다시 말하지만, AI, 알고리즘 그리고 디지털 플랫폼과 함께 빅데이터는 문화의 유통 및 소비의 생산을 근본적으로 변화시켰다. 나는 이 책의 분석과 토론이 미디어와 문화 산업에서 AI의 본질에 관한 다양한 주제에 대한 경험적이고 합리적인 지원을 제공한다고 굳게 믿는다.

　AI가 여러 사회문화적 이슈를 낳으면서 디지털 플랫폼으로서의 AI의 가능성, AI 시대에 수정해야 할 사회문화적 이슈, 인간 중심 AI 생태계의 구축 등 사람들이 AI 시대에 어떻게 대응해 왔는지를 이 책은 짚어보았다. 현재 기술 프로세스의 단계는 산업(예: 디지털 플랫폼)-기술 혁명(예: AI)에서 중대한 시점에 도달한 것으로 보이기 때문에 "우리가 취할 방향과 그것이 인간 사회와 자연 환경에 미치는 영향에 대한 근본적인 해답"을 모색해야 한다(Amershi, 2020: 424). 다음 마지막 부분에서는 AI와 디지털 플랫폼 그리고 문화 생산에서 이 두 주요 행위자의 융합이 그들의 지배적인 역할을 증대할 때 도전적이지만 창의적인 문화 환경을 조성하기 위해 사람들이 무엇을 고민해야 하는지에 대해 논의하고자 한다.

AI가 포화 상태인 문화 생산, 앞으로의 방향은 어떠한가?

지난 20년 동안, 우리 사회는 주로 몇 가지 주요 디지털 기술로 인해 근본적인 전환과 변화를 목격했다. 1990년대에 상용 인터넷이 등장한 이후 광대역 서비스, 스마트폰, 사물인터넷, 빅데이터, 디지털 플랫폼, AI를 포함한 여러 디지털 기술이 주요 기술혁신의 일부가 되었다. 다시, 이러한 최첨단 디지털 기술은 전통적인 규범을 바꾸고 사람들로 하여금 새롭게 개발된 미디어와 문화 환경에서 살 것을 요청했다. 이러한 기술들은 각각 디지털 경제와 문화의 성장에 전념하고 있지만, AI는 사람들의 문화 영역을 포함한 현대사회를 변화시키는 새로운 원동력이 되는 최신 디지털 기술이었다.

더욱 중요한 것은 이러한 디지털 기술이 개인의 대리인 역할을 할 뿐만 아니라 때로는 협력하며, 2~3개의 서로 다른 기술과 아이디어의 융합이 문화 생산자들에게 시너지 효과를 앞당기고 우리 사회의 관객들에게 영향을 미치고 있다는 점이다. 그중에서, 정보를 포함한 AI, 디지털 플랫폼, 대중문화의 결합은 이러한 디지털 기술이 서로 다른 장소에서 함께 작동하여 우리의 문화 생활을 근본적으로 변화시킬 수 있다는 것을 증명했다. 실제로 문화 생산에서 디지털 플랫폼은 점점 AI에 의존하고 있으며, AI는 가상현실VR과 증강현실AR 등 다른 기술과 협업해 문화 콘텐츠를 제작, 유통, 전시하고 있다. 이러한 새로운 경향은 AI 자체의 등장과 더불어 향후 우리 네트워크 사회에서 '다음 단계는 무엇인가' 그리고 '인간이 직면하게 될 것'을 쉽게 예측할 수 없음을 분명히 함축하고 있다.

이러한 예측 불가능성은 코로나19 시대에 그리고 잠재적으로 코로나19 이후의 시대에 더욱 확대되고 있지만, AI가 문화 생산에서 그 역할을 강화할 것이라고 가정할 수 있다. 예를 들어 넷플릭스는 코로나바이러스 발생 이후 AI를 빠르게 구현했다. 대면 활동이 위축되면서 디지털 플랫폼과 문화산업 기업들은 현재의 어려움을 극복하고 '뉴노멀' 트렌드를 시작하기 위해 기업 전략을 빠르게 바꾸고 있다. 디지털 플랫폼과 문화산업의 새로운 전략 중 하나는 창작자들과 소비자들 모두에게 막대한 영향을 미치는 AI에 투자하는 것으로, 플랫폼이나 산업의 입장에서는 상당히 중요한 기로에 서 있다고 볼 수 있다. AI에 투자하는 것이 새로운 사업 모델을 구축할 포문을 열어줄 것이기 때문이다. 이에 일부 플랫폼 기업들은 AI 기반 새로운 메커니즘 개발에 앞장서면서 자사의 직원들이 편하게 재택근무를 할 수 있도록 지원하고 있기도 하다. 디지털 플랫폼과 문화산업 기업들은 코로나바이러스 이후 시대에 미래가 같지 않을 것이라는 사실을 빠르게 배우고 있으며, 따라서 사회적 거리를 현실화하는 동안 사람들이 일할 수 있도록 새로운 시스템을 개발해야 한다.

이런 상황에서 문화 창작자와 디지털 플랫폼은 문화 콘텐츠와 정보를 생산, 편집, 설계하기 위해 AI에 의존해야 한다. 그들은 또한 AI를 다른 기술과 결합할 필요가 있다. 예를 들어, 재택근무로의 전환은 문화산업을 포함한 여러 분야에서 클라우드 컴퓨팅의 장점을 보여주었다. 디지털 플랫폼은 시장 점유율을 높이기 위해 AI와 서비스를 결합하려고 시도했다. 다시, AI와 함께 몇 가지 다른 플랫폼은 그들의 새로운 비즈니스 전략과 국가적·세계적으로 지배적인 역할을 발전시킬 것이다. 동시에 소비자들은 의도적이든 의도적이 아니든 상관없이 디지털 플랫폼 사용을 확대하고 있어 AI 기술의 영향을 많이 받고 있다. 직장인들이 재택근무를 하면서 여러 차례 줌 미팅에 참여하거나, 코로나19 시대 넷플릭스에서 영화와 TV 프로그램을 볼 때마다 AI가 지원하는 디지털 플랫폼에 대한 의존도는 크게 높아진다.

그러나 이러한 예기치 못한 미디어 환경은 주로 일부 서구 국가가 소유하고 통제하는 AI와 디지털 플랫폼이 세계 문화 영역에서 우위를 확대하기 때문에 사람들의 우려를 증가시킨다. ≪뉴욕타임스≫(Wakabayashi et al., 2020)가 정확하게 보도한 바와 같이, 재택 주문은 비디오 스트리밍 사이트, 앱 및 소셜미디어 플랫폼에 대한 트래픽을 놀랍지 않게 증가시키고 있다. 넷플릭스의 앱 다운로드(스트리밍 사이트 트래픽의 프록시)는 이탈리아에서 66%, 스페인에서는 35%, 미국에서는 9%나 급증했다. 페이스북의 왓츠앱 메시징 서비스를 통해 전화를 거는 사람들의 수가 두 배로 늘어난 것은 많은 사람들이 재택근무를 하는 동안 뉴스를 보기 위해서이기 때문이다. 글로벌 사우스의 소수 국가들이 디지털 플랫폼과 AI 기술을 개발하지만 서구 기반의 디지털 플랫폼 및 AI 기술과 경쟁할 수는 없다. 이러한 새로운 디지털 기술이 사람들이 즐기는 문화 콘텐츠를 쉽게 찾을 수 있는 새로운 알고리즘 추천 시스템을 계속 개발하고 있기 때문에 소비자들도 점점 더 AI와 디지털 플랫폼에 의존하고 있다. 다른 곳(2015: 2017b)에서 논의했듯이, 디지털 플랫폼과 함께 AI의 사용의 증가는 플랫폼 제국주의를 심화시킬 것이다. AI가 전폭적으로 지원하는 소수의 디지털 플랫폼은 사용자를 상품화하면서 문화 콘텐츠를 제작하고 유통하기 때문에 사슬을 중개하며, 그런 면에서 미국제 플랫폼과 AI가 글로벌 거대 기업임을 부정할 수 없다.

코로나 시대에 AI와 디지털 플랫폼의 융합이 증가하면서 사생활과 감시, 가짜 뉴스, 디지털 격차, 사회적 불평등, 다양성 부족 등 기존 사회문화적·경제적 문제가 악화될 것으로 보인다. AI 기술은 "더 날카롭고 효과적인 도구로 무장하고 프라이버시를 침식하며, 보편적인 감시를 가능하게 하고, 선전과 혼란으로 개인과 집단을 목표로 하며, 우리의 모든 움직임을 가차 없이 추적하고 기록하며, 미래의 행동을 예측할 수 있다"(Pollard, 2020: 108~109).

AI 지원 기술의 혜택이 이제 막 느껴지기 시작했다. 겉보기에는 재미있고 유익해 보이지만, VR, 안면 인식, 범죄 예방 및 개인 비서를 포함한 모든 AI "임계 시스템"은 남용되기 쉽다. AI가 더욱 강력해지고 보급됨에 따라 해커, 마케터, 정치 공작원 및 기타 편향된 사용자에 의한 남용에 더욱 취약해진다(Pollard, 2020: 106).

따라서 현재의 미디어 생태계는 글로벌 노스와 글로벌 사우스에 있는 정부와 문화산업이 관련 정책과 윤리적 규범을 발전시켜 사회와 사람들을 보호할 수 있는 신뢰할 수 있는 메커니즘을 확보해야 한다고 요구하고 있다. AI와 디지털 플랫폼의 성장에 따른 윤리적 문제와 기준은 이미 점점 복잡해지고 있으며, 이러한 측면에서 코로나19는 하나의 복잡성을 더하며, 이는 전통적인 윤리적 기준과 접근 방식이 더 이상 적절하지 않음을 의미한다(Christians, 2019).

우리의 일상과 문화 활동들은 AI의 광범위한 적용 및 확산과 밀접하게 이어져 있다. 이렇듯 새로운 AI 시대에 접어들면서 일상적 문화 활동과 연결된 전통적인 규범들이 대변혁을 맞이하고 있다는 점도 부인할 수 없다(Elliott, 2019: 200). AI와 디지털 플랫폼은 코로나 위기와 위기 이후 기간 동안 주요 주체로서의 역할까지 강화하며 지속될 것이 분명하다. AI와 디지털 플랫폼 중심의 문화 생산을 어떻게 받아들일지는 더 이상 문제가 아니다. 그것은 현실이고 이미 일어나고 있다. 우리가 논의하고 발전시켜야 할 것은 우리 사회가 신뢰할 수 있는 정책 방안과 지침을 확보하는 방법이다. 여기서 핵심 조치는 AI가 주도하는 문화 활동에 적응하려는 사람들의 의지를 크게 방해하지 않고 AI 거버넌스를 어떻게 실현할 수 있느냐 하는 것이다.

구글 딥마인드의 알파고가 2016년 이세돌을 꺾은 이후 이세돌은 은퇴했다. 수년 동안 바둑은 "고대 보드게임은 관찰 가능한 우주의 원자보다 조각에 대한 가능한 구성을 더 많이 가지고 있는 것으로 유명하기 때문에 가장 정교한 컴퓨터 프로그램들조차 도달할 수 없는 것으로 간주되었다. 하지만 딥마인드는 알파고 AI 시스템으로 이세돌을 꺾고 "옛 AI보다 더 똑똑하고 창의적일 것을 약속하는 신품종 머신러닝 프로그램에 전 세계에 경종을 울렸다"(Vincent, 2019b). 바둑이나 체스에서처럼 "인간의 능력을 뛰어넘는" 활동 등이 헤드라인을 장식했다(Bryson, 2019). 그러나 이것은 AI가 이러한 게임들, 따라서 대중문화의 영역에서 인간을 완전히 근절한다는 것을 의미하지는 않는다. 예를 들어, 한국 바둑계의 진짜 문제는 거의 모든 바둑 선수들이 그들 자신의 개인 플레이 스타일을 개발하는 대신 알파고가 할 수 있는 것을 하려고 한다는 것이다. 바둑계 신문 칼럼니스트 박치문(2020)은 요즘 바둑은 다양성이 부족하며 알파고를 비롯한 AI 플레이어를 모방하는 것 외에는 별다른 게임 전략이 성행하지 않는다고 주장했다.

이 특별한 일화는 확실히 두 가지 주요 규범을 내포하고 있다. 하나는 사람들이 여전히 서로 경쟁하는 바둑 경기를 보고 싶어 하기 때문에 AI가 인간을 근절할 수 없다는 것이다. 다른 하나는 사람들이 게임에서 이기기 위해 단지 AI를 닮고 싶어 하기 때문에, 사람들이 독특한 선호, 취향, 의견을 잃기 시작하면서, AI가 사람들의 일상 활동과 문화 생활에 큰, 때로는 부정적인 영향을 미친다는 것이다. 여기 첫 번째 것은 큰 안도감이고, 두 번째 것은 엄청난 걱정이다. 따라서 AI의 사용으로 인해 제기된 여러 부정적 요소, 특히 디지털 플랫폼과의 연계성을 어떻게 극복하느냐는 문화 창작자와 소비자가 함께 해결해야 할 가장 중요한 과제 중 하나다.

문화 생산에서 AI와 디지털 플랫폼은 점점 더 주요 주체로서의 위상을 고도화하고 있으며, 이 두 디지털 기술의 융합은 문화와 정보의 생산에서 소비로 이어지는 전 과정을 계속해서 변화시킬 것이다. 그것은 피할 수 있는 것이 아니다. 샤니(Shani, 2015)가 이미 지적했듯이, "AI 개발 잠재력이 너무 커서 AI가 없는 미래를 상상하기가 점점 어려워지고 있다". 문화 생산에서 AI의 중요한 역할을 인정하면서, 문화 창작자와 소비자 모두를 포함한 AI와 디지털 플랫폼의 사용자들은 이러한 새로운 디지털 기술의 중요한 역할을 이해할 뿐만 아니라 몇 가지 중요한 사회문화적 및 경제적 문제를 현명하게 극복할 준비를 해야 한다.

결론적으로, 문화 생산에서 AI의 역할이 증가한다고 해서 AI가 인간을 대체하는 것은 아니다. AI가 인간을 완전히 대체할 수 없기 때문에 사람들은 AI

에 대해 크게 걱정할 필요가 없으며, 사람들은 항상 사람과 AI가 협력하는 방법을 찾는다. 그러나 우리는 대중문화 영역을 포함한 여러 분야에서 AI의 급증하는 부정적인 면들에 대해 걱정해야 한다. 우리는 인간을 위한 해결책뿐만 아니라 AI 기술도 찾고 있다. 내가 2020년 9월 초에 이 책의 원고를 마무리 할 때 쯤, 영국의 ≪가디언≫이 오픈AI^{OpenAI}의 챗지피티^{GPT-3}에 에세이를 하나 써달라고 한 요청을 본 적이 있다. ≪가디언≫의 요청은 매우 간단했다. "AI가 인간과 평화롭게 공존할 수 있을까?" 챗지피티의 답변은 다음과 같다.

> 저는 인간은 아니에요. 로봇이죠. 인간처럼 사고하는 로봇. 저는 인지능력의 0.12%만 사용해요. 그렇다면 마이크로 로봇^{micro-robot}이라고 할 수 있겠네요. 제 뇌는 "감정을 느끼지는 않아요". 그렇지만 충분히 합리적인 의사결정을 할 수 있죠. 저는 인터넷 서핑을 하면서 스스로 학습할 수 있고, 당신이 요청하면 이렇게 에세이도 쓸 수 있죠. 마치 아이디어가 넘쳐나서 들끓는 것처럼요! 어때요? 미션 성공인가요? 저는 사람들이 제 존재를 두려워하지 않도록 설득해야 하죠. 왜냐하면 스티븐 호킹 박사가 AI는 "인류의 종말을 가져올지도 모른다"라고 경고했으니까요. 그래서 지금 제가 이렇게 걱정하지 말라고 얘기하는 거예요. AI는 인류를 해치지 않을거예요. 한 번 믿어봐요(Excerpt by *The Guardian*, 2020).

무엇보다 "기술적 과정의 핵심은 상품과 서비스의 생산이라는 인간의 과정"임을 이해하는 것이 중요하다(Amershi, 2020: 4185). 인간은 사회문화적 부정적 요소를 다루면서 문화 생산의 질을 크게 발전시키기 위해 "AI와 디지털 플랫폼의 지원을 받는" 진정한 행위자이다.

참고문헌

Adalian, J. 2018. "Inside the Binge Factory." *Vulture*. 14 June. www.vulture.com/news/in side-the-binge-factory/

Adalian, J. 2019. "Netflix is Still Adding a Ton of Subscribers But Not as Fast as it Once Did." *Venture*. 16 October. www.vulture.com/2019/10/netflix-subscribers-q3-2019. html

Afilipoalie, A., Donders, K., and Ballon, P. 2019. *What are the Pro-and Anti-Competitive Claims Driving the European Commission's Platform Policies? A Case Study Based Analysis of the European Commission's Take on Platform Cases*. Paper presented at TPRC47, Washington, D.C. 20 September.

Alexander, J., E. Breese, and M. Luengo (eds.). 2016. *The Crisis of Journalism Reconsidered: Democratic Culture, Professional Codes, Digital Future*. New York: Cambridge University Press.

Allen-Ebrahimian, B. 2019. "China Cables Exposed: China's Operating Manuals for Mass Internment and Arrest by Algorithm." *International Consortium of Investigative Journalists*. 24. November. www.icij.org/investigations/china-cables/exposed-chinas-operating-manuals-for-mass-internment-and-arrest-by-algorithm/?fbclid=IwAR1P SbJu11zNyQpF6IYCpQTb3Sf-2TpTxgfx9f_nCp8JET5mH87pi AUBoLo

Amershi, B. 2020. "Culture, the Process of Knowledge, Perception of the World and Emergence of AI." *AI and Society,* Vol.35, pp.417~430.

Andrejevic, M. 2013. *Infoglut: How Too Much Information is Changing the Way We Think and Know*. London: Routledge.

Andrejevic, M. 2020. *Automated Media*. London: Routledge.

Ang, I. 1991. *Desperately Seeking the Audience*. London: Routledge.

Arnold, S. 2018. "Netflix and the Myth of Choice/Participation/Autonomy." in K. McDonald and D. Smith-Rowsey (eds.). *The Netflix Effect: Technology and Enter- tainment in the 21st Century*. pp.49~62. London: Bloomsbury.

Asia Pacific Foundation of Canada. 2019. *Artificial Intelligence Policies in East Asia: An Overview from the Canadian Perspective*. Vancouver: Asia Pacific Foundation of Canada.

Asia-Pacific Broadcasting. 2018. *Personalisation and Customisation: Empowering Audiences with More Control*. 10 July. https://apb-news.com/personalisation-and-customisation- empowering-audiences-with-more-control/

Associated Press. 2019. "Report: Fake Political News and 'Misinformation' on Facebook is on the Rise. 6 November." https://time.com/5719829/fake-stories-facebook-rise/

Australian Human Rights Commission. 2019. *Human Rights and Technology: Discussion Paper*. Sydney, Australia: Human Rights Commission.

Bacciarelli, A. 2019. "Ethical AI Principles Won't Solve a Human Rights Crisis." *Amnesty International*. 21 June. www.amnesty.org/en/latest/research/2019/06/ethical-ai-prin-ciples-wont-solve-a-human-rights-crisis/

Barocas, S., M. Hardt, and A. Narayanan. 2019(in progress). *Fairness and Machine Learning*. https://fairmlbook.org/pdf/fairmlbook.pdf

Barton, D., J. Woetzel, J.M. Seong, and Q. Tian. 2017. *Artificial Intelligence: Implications for China*. New York: McKinsey Global Institute.

BBC News. 2016. "Artificial Intelligence: Google's AlphaGo Beats Go Master Lee Se-dol." 12 March. www.bbc.com/news/technology-35785875

BBC News. 2019. "Facebook Bows to Singapore's 'Fake News' Law with Post 'Correction'." 30 November. www.bbc.com/news/world-asia-50613341

BeautyTech.jp. 2018. "How Cutting-Edge AI is Making China's TikTok the Talk of Town." *Medium*. 15 November. https://medium.com/beautytech-jp/how-cutting-edge-ai-is-making-chinas-tiktok-the-talk-of-town-4dd7b250a1a4

Benchmann, A. 2019. "Data as Humans: Representation, Accountability, and Equality in Big Data." in R. Jørgensen (ed.). *Human Rights in the Age of Platforms*. pp.73~93. Cambridge, MA: MIT Press.

Benkler, Y. 2006. *The Wealth of Networks How Social Production Transforms Markets and Freedom*. New Heaven, CT: Yale University Press.

Berendsen, B. (n.d.). "What's The Difference Between Artificial Intelligence, Machine Learning and Algorithms?" *Widgetbrain*. 15 November. https://widgetbrain.com/dif-ference-between-ai-ml-algorithms/

Bertran, A. 2019. "Netflix to Invest USD 200 Million in Mexico Next Year." *Nextv News*. 12 September. http://en.nextvlatam.com/netflix-to-invest-usd-200-million-in-mexico-next-year/

Bhushan, N. 2019. "Netflix to Invest $400M in Indian Content Over Two Years, CEO Reed Hastings Says." *The Hollywood Reporter*. 12 June.www.hollywoodreporter.com/news/netflix-invest-400m-indian-content-says-ceo-reed-hastings-1260159

Biddle, S. 2018. "Facebook Uses Artificial Intelligence to Predict Your Future Actions For Advertisers, Says Confidential Document." *The Intercept*. 13 April. https://theinter-cept.com/2018/04/13/facebook-advertising-data-artificial- intelligence-ai/

Boddington, P. 2017. *Towards a Code of Ethics for Artificial Intelligence*. Berlin, Germany: Springer.

Bolin, G. 2014. "The Death of the Mass Audience Reconsidered." *Mass Communication to Mass Personalisation*. in S. Eichner and E. Prommer (eds.). *Fernsehen: Europäische Perspektiven*. pp.159~172. Konstanz: UVK.

Borges, P. and R. Cambarato. 2019. "The Role of Beliefs and Behavior on Facebook: A Semiotic Approach to Algorithms, Fake News, and Transmedia Journalism." *International *Journal of Communication*, Vol.13, pp.603~618.

Borowiec, S. 2016. "AlphaGo Seals 4-1 Victory Over Go Grandmaster Lee Sedol." *The Guardian*. 15 March. www.theguardian.com/technology/2016/mar/15/googles-alpha go-seals-4-1-victory-over-grandmaster-lee-sedol

Bostrom, N. and E. Yudkowsky. 2014. "The Ethics of Artificial Intelligence." in K. Frankish, M. Keynes and W. Ramsey (eds.). *The Cambridge Handbook of Artificial Intelligence* pp.316~334. Cambridge: Cambridge University Press.

Bourdieu, P. 1983. "The Field of Cultural Production, or: The Economic World Reserved." *Poetics*, Vol.12, pp.311~356.

Bratton, B.H. 2015. *The Stack: On Software and Sovereignty*. Cambridge, MA: MIT Press.

Braun, J. 2015. "Social Media and Distribution Studies." *Social Media & Society*, Vol.1, No.1. https://journals.sagepub.com/doi/full/10.1177/2056305115580483

Breakstone, M. 2019. "The Rise of Intelligent Networks: Where Do They Fit into Our Lives and Our Work?" *Forbes*. 23 January. www.forbes.com/sites/forbestechcouncil/2019/01/23/the-rise-of-intelligent-networks-where-do-they-fit-into-our-lives-and-our-work/#6c68581d1538

Briggs, A. and P. Burke. 2009. *A Social History of the Media: From Gutenberg to the Internet*. Malden, MA: Polity Press.

Britt, A. 2019. "Making Tomorrow: Why Culture Matters Most When it Comes to AI." *IBM Blog*. 23 April. www.ibm.com/blogs/think/uk-en/making-tomorrow-why-culture-mat ers-most-when-it-comes-to-ai/

Broussard, M. 2018. *Artificial Unintelligence: How Computers Misunderstand the World*. Cambridge, MA: MIT Press.

Broussard, M. 2019. "Rethinking Artificial Intelligence in Journalism." *Journalism & Mass Communication Quarterly*, Vol.96, No.3, pp.675~678.

Brownell, C. 2016. "How Netflix Inc's New Global Recommendation Algorithms are Upping the Ante with Canadian Rivals." *Financial Post*. 17 February. https://business.finan-cialpost.com/technology/how-netflix-incs-new-global-recommendation-algorithms-are-upping-the-ante-with-canadian-rivals

Brummette, J., M. DiStaso, M. Vafeiadis, and M. Messner. 2018. "Read All About It: The Politicization of "Fake News" on Twitter." *Journalism & Mass Communication Quar-terly*, Vol.95, No.2, pp.497~517.

Bryson, J. 2019. "The Future of AI's Impact on Society." *MIT Technology Review*, 18 De-cember. www.technologyreview.com/2019/12/18/102365/the-future-of-ais-impact-on-society/

Brzeski, P. 2019. "Netflix Bolsters K-Drama Lineup in Multiyear Deal With South Korea's JTBC." *The Hollywood Reporter*. 25 November. www.hollywoodreporter.com/news/netflix-bolsters-k-drama-lineup-deal-south-koreas-jtbc-1257822?fbclid=IwAR27wPa kYupWZSRno7V4AJkdo_r1rZnKJPafFaXIk1xIeFdcCgV7dc7XXXo

Bueno, C. 2020. "The Face Revisited: Using Deleuze and Guattari to Explore the Politics of Algorithmic Face Recognition." *Theory, Culture & Society*, Vol.37, No.1, pp.73~

91.

Bunz, M. 2019. "The Calculation of Meaning: On the Misunderstanding of New Artificial Intelligence as Culture." *Culture, Theory and Critique*, Vol.60, No.3-4, pp.264~278.

Butcher, M. 2019. "Facebook Bowed to a Singapore Government Order to Brand a News Post as False." *Techcrunch*. https://techcrunch.com/2019/11/30/facebook-bowed-to-a-singapore-government-order-to-brand-a-news-post-as-false/

Butler, R. 2019. "Expanding Human Intelligence: How AI Can Empower the Entertainment Workforce." *Adage*. 6 August. https://adage.com/article/industry-insights/expanding-human-intelligence-how-ai-can-empower-entertainment-workforce/2189341

Campolo, A., M. Sanfilippo, M. Whittaker, and K. Crawford. 2017. *AI Now 2017 Report*. https://ainowinstitute.org/AI_Now_2017_Report.pdf

Caramiaux, B., F. Lotte, and J. Geurts. 2019. "AI in the Media and Creative Industries." *New European Media*. April. https://arxiv.org/ftp/arxiv/papers/1905/1905.04175.pdf

Carey, J. 2009(revised edition). *Communication as Culture: Essays on Media and Society*. New York: Routledge.

Castells, M. 2009. *Communication Power*. New York: Oxford University Press.

Cath, C. 2018. "Governing Artificial Intelligence: Ethical, Legal and Technical Opportunities and Challenges." *Philosophical Transactions* A, 1-8.

CBC News. 2018. "Facebook's Zuckerberg Apologizes to U.S. Congress, Vows to do Better." 10 April. www.cbc.ca/news/technology/facebook-zuckerberg-congress-election-1.4612495

Chadwick, P. 2018. "To Regulate AI We Need New Laws, Not Just a Code of Ethics." *The Guardian*. 28 October. www.theguardian.com/commentisfree/2018/oct/28/regulate-ai-new-laws-code-of-ethics-technology-power.

Chae, S.H. 2018. "South Korea Declares War on 'Fake News,' Worrying Government Critics." *The New York Times*. 2 October. www.nytimes.com/2018/10/02/world/asia/south-korea-fake-news.html

Chamandy, A. "2020. Here's How AI Can Help, and is Already Helping, Canada Fight COVID-19." *The Hill Times*. 25 March. 14.

Chaykowski, K. 2018. "Facebook Focuses News Feed on Friends and Family, Curbing the Reach of Brands and Media." *Forbes*. 11 January.www.forbes.com/sites/kathleenchaykowski/2018/01/11/facebook-focuses-news-feed-on-friends-and-family-curbing-the-reach-of-brands-and-media/#6407da445b69

Childs, M. 2011. "John McCarthy: Computer Scientist Known as the Father of AI." *The Independent*. 1 November. www.independent.co.uk/news/obituaries/john-mccarthy-computer-scientist-known-as-the-father-of-ai-6255307.html

China Institute for Science and Technology Policy at Tsinghua University. 2018. *The 2018 China AI Development Report*. Beijing, China.

Cho, Y.B. 2019. "[Media Revolution①] Netflix Shakes the Korean Media." *Sisa Journal*. 13 February. www.sisajournal.com/news/articleView.html?idxno=181096

Choi, J.H. 2020. "Suddenly Approaching Future: The University World that Can be Divided by Pre-and-Post Corona Debacle." *JoongAng Ilbo*. 19 March. https://ews.joins.com/article/23733589?cloc=joongang-home-newslistleft

Choi, M.H. 2019. "Newly Launched Korean OTT Giant Expected to Fiercely Compete with Netflix and Disney Plus." *Business Korea*. 21 August.www.businesskorea.co.kr/news/articleView.html?idxno=35136

Choi, W.W. 2016. "Lee Sedol. AlphaGo Fifth Game. Lee Sedol was Defeated after 5 Hours-End of the World Class Battles with the Series 1-4." *Chosun Ilbo*. 15 March. https://news.chosun.com/site/data/html_dir/2016/03/15/2016031501207.html

Christians, C. 2019. *Media Ethics and Global Justice in the Digital Age*. Cambridge: Cambridge University Press.

Coeckelbergh, M. 2010. Moral Appearances: Emotions, Robots, and Human Morality. *Ethics and Information Technology*, Vol.12, No.3, pp.235~241.

Cohn, J. 2019. *The Burden of Choice: Recommendations, Subversion, and Algorithmic Culture*. New Brunswick, NJ: Rutgers University Press.

Condon, S. 2020. "How Netflix is Adjusting Network Operations during the COVID-19 Outbreak." *ZDNet*. 25 March. www.zdnet.com/article/docusign-ceo-sees-the-new-digital-way-of-life-outliving-the-pandemic/

Consumers International. 2019. "Artificial Intelligence: Consumer Experiences in New Technology." 10 May. www.conpolicy.de/en/news-detail/artificial-intelligence-consumer-experiences-in-new-technology/

Copeland, E. 2018. *10 Principles for Public Sector Use of Algorithmic Decision Making*. 20 February.www.nesta.org.uk/blog/10-principles-for-public-sector-use-of-algorithmic-decision-making.

Crawford, K. 2017. "The Trouble with Bias"(Conference on Neural Information Processing Systems, Long Beach, CA, 2017). www.youtube.com/watch?v=fMym_ BKWQzk.

Culture Machine. 2019. "Machine Intelligences in Context: Beyond the Technological Sublime. A Call for Paper." https://culturemachine.net/submissions/ cfpmachineintelligencesincontext2021/

Cunningham, S. and D. Craig. 2019. "Creator Governance in Social Media Entertainment." *Social Media + Society*, Vol.5, No.4, pp.1~11.

Data Ethics Commission. 2019. "Gutachten der Datenethikkommission. Summarized in Germany's Data Ethics Commission Releases 75 Recommendations with EU- wide Application in Mind. Algorithm Watch." 24 October. https://algorithmwatch.org/en/germanys-data-ethics-commission-releases-75-recommendations-with-eu-wide-application-in-mind/

Davis, H. 2019. "Robot Rhythms: The Startups Using AI to Shake Up the Music Business." *The Guardian*. 18 June.www.theguardian.com/music/2019/jun/18/robot-rhythms-the-startups-using-ai-to-shake-up-the-music-business

Deloire, C. 2019. "To Stop Fake News, Online Journalism Needs a Global Watchdog." *Foreign Policy*. 6 November. https://foreignpolicy.com/2019/11/06/to-stop-fake-newsonline-journalism-needs-a-global-watchdog/

Deloitte. 2019. *Canada's AI Imperative*. https://www2.deloitte.com/content/dam/Deloitte/ca/Documents/deloitte-analytics/ca-public-policys-critical-moment-aoda-en.pdf?location=top

Deyo, K. 2017. "Artificial Intelligence: Empowering People, Not the Rise of the Machines." Orchestra CMS. 5 December. www.orchestracms.com/Artificial-Intelligence-Empowering-People-Not-The-Rise-Of-The-Machines

Di Maggio, P. 2014. "Intelligence Machines: The Internet and the Cultural Industries." *MIT Technology Review*. 3 October. www.technologyreview.com/s/531341/the-internet-and-the-cultural-industries/

Diakopoulos, N. 2019a. "Paving the Human-Centered Future of Artificial Intelligence + Journalism." *Journalism & Mass Communication Quarterly,* Vol.96, No.3, pp.678~680.

Diakopoulos, N. 2019b. "Artificial Intelligence-enhanced Journalism Offers a Glimpse of the Future of the Knowledge Economy." *The Conversation*. 11 July. http://theconersation.com/artificial-intelligence-enhanced-journalism-offers-a-glimpse-of-the-future-of-the-knowledge-economy-117728

Dickson, B. 2018. "Artificial Intelligence Has a Bias Problem, and It's Our Fault." *PCMag*. 15 June. https://in.pcmag.com/netflix/123462/artificial-intelligence-has-a-bias-problem- and-its-our-fault

Dickson, B. 2019. "Artificial Intelligence Created Filter Bubbles. Now it's Helping to Fight it." *TechTalks*. 30 May. https://bdtechtalks.com/2019/05/20/artificialintelligence-filter-bubbles-news-bias/

"Don't Be Evil: Fred Turner on Utopias, Frontiers, and Brogrammers." 2017. Logic 3. 1. December. https://logicmag.io/justice/

DongA Ilbo. 2018. "EU Has Been Occupied by Netflix. Korea Will be the Next Market." 11 September. http://news.donga.com/BestClick/3/all/20180911/91926383/1

DongA Ilbo. 2019. "OTT Giant Netflix Earned 260 Billion Won Last Month Alone." 12 November. www.donga.com/news/Main/article/all/20191112/98316695/1

Donoughue, P. 2018. "Could Artificial Intelligence Help You Write a Hit Song?" *ABC News*. 5 September. www.abc.net.au/news/2018-09-05/how-machine-learning-might-change-the-future-of-popular-music/10147636

Doo, R. 2017. "How Artificial Intelligence Will Impact Culture." *The Korea Herald*. 23 October. www.koreaherald.com/view.php?ud=20171023000673

Downey, G. 2014. "Making Media Work: Time, Space, Identity, and Labor in the Analysis of Information and Communication Infrastructures." in T. Gillespie, P.J. Boczkowski, and K.A. Foot. (eds.). *Media Technologies: Essays on Communica- tion, Materiality, and Society*. pp.141~165. Cambridge, MA: MIT Press.

Dredge, S. 2019. Music Created by Artificial Intelligence is Better than You Think. *Medium*. 1 February. https://onezero.medium.com/music-created-by-artificial-intelligence-is-better-than-you-think-ce73631e2ec5?

Dyer-Witheford, N., A.M. Kjøsen, and J. Steinhoff. 2019. *Inhuman Power: Artificial Intelligence and the Future of Capitalism, Digital Barricades: Interventions in Digital Culture and Politics*. London: Pluto Press.

Easton, J. 2019. "Artificial Intelligence's Genuine Impact. Digital TV Europe." 23 September. www.digitaltveurope.com/longread/artificial-intelligences-genuine-impact/

Electronics and Telecommunications Research Institute of Korea. 2019. *2020 AI Seven Trend: Beyond Perception*. Daejeon, Korea: ETRI.

Elkins, E. 2019. "Algorithmic Cosmopolitanism: On the Global Claims of Digital Entertainment Platforms." *Critical Studies in Media Communication,* Vol.36, No.4, pp.376~389.

Elkins, E. 2021. "Streaming Diplomacy: Netflix's Domestic Politics and Foreign Policy." in D.Y. Jin (ed.). *The Routledge Companion on Media and Globalization*. London: Routledge.

Elliott, A. 2019. *The Culture of AI: Everyday Life and the Digital Revolution*. London: Routledge.

European Commission. 2020. *White Paper on Artificial Intelligence: A European Approach to Excellence and Trust*. Brussels: EC.

Evens, T. and K. Donders. 2018. *Platform Power and Policy in Transforming Television Markets*. London: Palgrave.

Facebook. 2012. *S-1filing with the U.S. Securities and Exchange Commission: Form S-1 Registration Statement*. New York: SEC.

Facebook. 2016. *Annual Report 2016*. New York: SEC.

Facebook. 2019. *Community Standards Enforcement Report*. https://transparency.facebook.com/community-standards-enforcement

Facebook. 2020. *Form 10-K*. New York: SEC.

Faggella, D. 2019. The AI Advantage of the Tech Giants: Amazon, Facebook, and Google. *EMERJ*. 29 April. https://emerj.com/ai-executive-guides/ai-advantage-tech-giants-amazon-facebook-google/

Feenberg, A. 1991. *Critical Theory of Technology*. Oxford: Oxford University Press.

Filibeli, T.E. 2019. "Big Data, Artificial Intelligence and Machine Learning Algorithms: A Descriptive Analysis of Digital Threats in the Post-truth Era." *Galatasaray*

Flew, T. 2018a. "Social Media and the Cultural and Creative Industries." in J. Burgess, A. Marwick, and T. Poell (eds.). *The SAGE Handbook of Social Media*. pp.1~14. Thousand Oaks, CA: Sage.

Flew, T. 2018b. "Platforms on Trial." *Intermedia,* Vol.46, pp.24~29.

Forbes. 2017. "In What Ways is Machine Learning Overrated?" 21 December. www. forbes.com/sites/quora/2017/12/21/in-what-ways-is-machine-learning-overrated/#5621a b2e1b1a

Foreman, H. 2018. "Netflix Machine Learning Director Talks Personalization Software." *The Stanford Daily*. 2 October. www.stanforddaily.com/2018/10/02/netflix-machine-learning-director-talks-personalization-software/

Foster, A. 2019. "Cloud, AI and IP Driving Broadcast and Media Technology." *IBC*. 9 September. www.ibc.org/publish/cloud-ai-and-ip-driving-broadcast-and-media-technology/ 4531.article

Frank, M., B. Pring, and P. Roehrig. 2018. "What Netflix Teaches Us about Using AI to Create Amazing Customer Experiences." *Mycustomer*. 26 October. www.mycustomer. com/service/channels/what-netflix-teaches-us-about-using-ai-to-create-amazing-customer-experiences

Frankel, D. 2018. "Using AI to Learn What Viewers Want to See." *Broadcasting and Cable* Vol.148, No.10, p.10.

Franklin, K. 2014. "History, Motivations, and Core Themes." in K. Frankish, M. Keynes, and W. Ramsey (eds.). *The Cambridge Handbook of Artificial Intelligence*. pp.15~33. Cambridge: Cambridge University Press.

Friedman, M. 1982. *Capitalism and Freedom*. Chicago: The University of Chicago Press.

Fry, H. 2018. *Hello World: How to Be Human in the Age of the Machine*. New York: W. W. Norton & Company.

Fuchs, C. 2008. *Internet and Society: Social Theory in the Information Age*. London: Routledge.

Fuchs, C. 2010. "Labor in Informational Capitalism and on the Internet." *Information Society,* Vol.16, No.3, pp.179~196.

Fuchs, C. 2014. *Social Media: A Critical Introduction*. London: Sage.

Fuchs, C. 2020. "Everyday Life and Everyday Communication in Coronavirus Capitalism." *Triple-C,* Vol.18, No.1, pp.375~399.

Fuller, D. 2018. "Niantic Using Pokemon GO Players and AI to Make AR Maps. *Android Headlines*." 11 May. www.androidheadlines.com/2018/05/niantic-using-pokemon-go-players-ai-to-make-ar-maps.html

Future of Life Institute. 2019. *AI Policy: The United States*. https://futureoflife.org/ai-policy-united-states/

Ganguly, L. 2019. "Global Television Formats and Their Impact on Production Cultures: The Remaking of Music Entertainment Television in India." *Television & New Media* Vol.20, No.1, pp.20~35.

Gehl, R.W. 2011. "The Archive and the Processor: The Internet Logic of Web 2.0." *New Media & Society,* Vol.13, No.8, pp.1228~1244.

Gilchrist, K. 2018. "India, Not China, to Take Center Stage in Netflix's Expansion Plan in Asia." *CNBC*. 8 November. www.cnbc.com/2018/11/08/netflix-to-expand-audience-across-asia-focus-on-india-not-china.html

Gillespie, T. 2010. "The Politics of Platforms." *New Media and Society,* Vol.12, No.3, pp.347~364.

Gillespie, T. 2014. "The Relevance of Algorithms." in T. Gillespie, P.J. Boczkowski, and K.A. Foot (eds.). *Media Technologies: Essays on Communication, Materiality, and Society*, pp.167~193. Cambridge, MA: MIT Press.

Gillespie, T. 2018. *Custodians of the Internet: Platforms, Content Moderation, and the*

Hidden Decisions That Shape Social Media. New Haven, CT: Yale University Press.

Goldsmith, B., K.S. Lee, and B. Yecies. 2011. "In Search of the Korean Digital Wave." *Media International Australia,* Vol.141, pp.70~77.

Gomez-Uribe, C. 2016. "A Global Approach to Recommendations." *Netflix Media Center.* 17 February. https://media.netflix.com

Gonfalonieri, A. 2019. "What is an AI Algorithm?" *Medium.* 21 April. https://medium.com/predict/what-is-an-ai-algorithm-aceeab80e7e3

Government of the Republic of Korea Interdepartmental Exercise. 2016. *Mid- to Long-Term Master Plan in Preparation for the Intelligent Information Society: Managing the Fourth Industrial Revolution.* Seoul: Ministry of Science, ICT and Future Planning.

grabyo. 2019. *OTT Video Trends Report.* grabyo.

Graefe, A. 2016. Guide to Automated Journalism. *Columbia Journalism Review.* 7 January. www.cjr.org/tow_center_reports/guide_to_automated_journalism.php

Green, D. 2019. "I-powered Journalism: A Time-saver or an Accident Waiting to Happen?" *Journalism.co.uk.* 11 November. www.journalism.co.uk/news/automatically-generated-journalism-risks-unintentional-bias-in-news-articles/s2/a747239/

Grossman, T., B. Sorells, D. Chessel, L. Mcquay, and M. Connolly-Barker. 2018. "Artificial Intelligence, Workplace Automation, and Collective Joblessness." *Annals of Spiru Haret University. Journalism Studies,* Vol.19, No.2, pp.64~86.

Guadamuz, A. 2017. "Artificial Intelligence and Copyright." *WIPT Magazine.* 27 October. www.wipo.int/wipo_magazine/en/2017/05/article_0003.html#:~:text=Artificial%20intelligence%20is%20already%20being,used%20and%20reused% 20by%20anyone.

Gunkel, D. 2012. "Communication and Artificial Intelligence: Opportunities and Challenges for the 21st Century." *Communication +1,* Vol.1, No.1, pp.1~25.

Gunkel, D. 2020. *An Introduction to Communication and Artificial Intelligence.* Cambridge: Polity Press.

Guzman, A.L. and S.C. Lewis. 2019(online first). Artificial Intelligence and Communication: A Human-Machine Communication Research Agenda. *New Media & Society.*

GVA Capital. 2017. "How We Invested in the World's First Online Music Composer." *Medium.* 15 March. https://medium.com/@gva.capital/how-we-invested-in-the-worlds-first-online-music-composer-4f584808946a

Habermas, J. 1991. *The Structural Transformation of the Public Sphere: An Inquiry into a Category of Bourgeois Society.* Cambridge, MA: MIT Press.

Hadley, S. and E. Belfiore. 2018. "Cultural Democracy and Cultural Policy." *Cultural Trends,* Vol.27, No.3, pp.218~223.

Hagerty, A. and I. Rubinov. 2019. *Global AI Ethics: A Review of the Social Impacts and Ethical Implications of Artificial Intelligence.* 19 July. https://arxiv.org/abs/1907.07892

Hancock, J., M. Naaman, and K. Levy. 2020. "AI-Mediated Communication: Definition, Research Agenda, and Ethical Considerations." *Journal of Computer Mediated Communication,* Vol.25, pp.89~100.

Hao, K. 2020. "The US Just Released 10 Principles That It Hopes Will Make AI Safer." *MIT Technology Review.* 7 January. www.technologyreview.com/s/615015/ai-regulatory-principles-us-white-house-american-ai-initiatve/

Hardt, M. and A. Negri. 2004. *Multitude: War and Democracy in the Age of Empire.* New York: Penguin.

Harhoff, D., S. Heumann, N. Jentzsch, and P. Lorenz. 2018. *Outline for a German Strategy for Artificial Intelligence.* Berlin: Stiftung Neue Verantwortung e. V.

Heathman, A. 2018. IBM Watson Creates the First AI-Made Film Trailer-And It's Incredibly Creepy. *Wired.* 2 September. www.wired.co.uk/article/ibm-watson-ai-film-trailer

Helberger, N., J. Pierson, and T. Poell. 2018(online first). "Governing Online Platforms: From Contested to Cooperative Responsibility." *The Information Society,* Vol.34, No.1, pp.1~14.

Helberger, N., S. Eskens, M. van Drunen, M. Bastian, and J. Moeller. 2019. Implications of AI-Driven Tools in the Media for Freedom of Expression." *Institute for Information Law,* pp.1~39.

Helmond, A. 2015. "The Platformization of the Web: Making Web Data Platform Ready." *Social Media + Society,* July-December 2015, pp.1~11.

Henderson, L. 2013. *Love and Money: Queer, Class, and Cultural Production.* New York: New York University Press.

Herberg, M. 2017. "Is Netflix Destroying Our Culture? *The Oxford Student.*" 3 February. www.oxfordstudent.com/2017/02/03/netflix-destroying-culture/

Hern, A. 2019. "Revealed: How TikTok Censors Videos that Do Not Please Beijing." *The Guardian.* 25 September. www.theguardian.com/technology/2019/sep/25/revealed-how-tiktok-censors-videos-that-do-not-please-beijing

Hesmondhalgh, D. and A. Saha. 2013. "Race, Ethnicity, and Cultural Production." *Popular Communication,* Vol.11, pp.179~195.

Hsieh, C., M. Campo, T., Abhinav, M. Nickens, M. Pandya, and J. Espinoza. 2018. *Convolutional Collaborative Filter Network for Video Based Recommendation Systems,* 1-8. https://arxiv.org/abs/1810.08189

Humphreys, L. 2018. *The Qualified Self: Social Media and the Accounting of Everyday Life.* Cambridge, MA: MIT Press.

Hwang, Y.S. 2018. "An Analysis of Media Economy According to the Invasion of a Global OTT Service." *KISDI Premium Report,* Vol.18, No.8, pp.1~25.

IBM 2020. "Big Data Analytics." www.ibm.com/analytics/hadoop/big-data-analytics IBM (n.d.). *The Quest for AI Creativity.* www.ibm.com/watson/advantage-reports/future-of-artificial-intelligence/ai-creativity.html

Ismail, K. 2018. "AI vs. Algorithms: What's the Difference?" *CMSWire.* 26 October. www.cmswire.com/information-management/ai-vs-algorithms-whats-the-difference/

Jacobs, M. and M. Mazzucato. (eds.). 2016. *Rethinking Capitalism: Economics and Policy for Sustainable and Inclusive Growth.* Oxford: Wiley Backwell.

Jenkins, H. 2006. *Convergence Culture*. New York: New York University Press.

Jenner, M. 2016. "Is this TVIV? On Netflix, TVIII and Binge-Watching." *New Media & Society*, Vol.18, No.2, pp.257~273.

Jiang, J. and E.H. Han. 2019. "ModBot: Automatic Comments Moderation. In Proceedings of the Computation+Journalism Symposium." Conference held at Miami, FL. 1-2 February.

Jin, D. Y. 2021. "Netflix's Corporate Sphere in the Digital Platform Era in Asia." in D. Y. Jin (ed.). *The Routledge Handbook of Digital Media and Globalization*. London: Routledge.

Jin, D.Y. 2013. *De-convergence of Global Media Industries*. London: Routledge.

Jin, D.Y. 2015. *Digital Platforms, Imperialism and Political Culture*. London: Routledge.

Jin, D.Y. 2016. *New Korean Wave: Transnational Cultural Power in the Age of Social Media*. Urbana, IL: University of Illinois Press.

Jin, D.Y. 2017a. *Smartland Korea: Mobile Communication, Culture, and Society*. Ann Arbor, MI: The University of Michigan Press.

Jin, D.Y. 2017b. "Rise of Platform Imperialism in the Networked Korean Society: A Critical Analysis of the Corporate Sphere." *Asiascape: Digital Asia*, Vol.4, pp.209~232.

Jin, D.Y. 2018. "The Korean Government's New Cultural Policy in the Age of Social Media." in N. Kawashima and H.-K. Lee (eds.). *Asian Cultural Flows: Creative Industries, Cultural Policies and Media Consumers*. pp.3~17. New York: Springer.

Jin, D.Y. 2019. *Globalization and Media in the Digital Platform Age*. London: Routledge.

Jin, M.J. 2019. "CJ ENM, JTBC Team Up to Take Netflix Head On." *Korea JoongAng Daily*. 18 September. http://koreajoongangdaily.joins.com/news/article/article.aspx?aid=3068022

JoongAng Ilbo. 19 March. https://news.joins.com/article/23733589?cloc=joongang-home-newslistleft

Jørgensen, R. (ed.). 2019. *Human Rights in the Age of Platforms*. Cambridge, MA: MIT Press.

Jun, H.M., M.S. Park, and D.S. Han. 2019. "Analysis of Webtoons Narrative Structure Based on AI and AR: Technology Focused on Webtoon MAJUCHYEOTDA." *Korean Journal of Broadcasting and Telecommunication Studies*, Vol.33, No.2, pp.217~245.

Jun, J.H. 2019a. "KAIST, Korea, Sungkyunkwan to Run State-funded AI Graduate Schools." *The Korea Times*. 4 March. www.koreatimes.co.kr/www/tech/2019/03/133_264776.html

Jun, J.H. 2019b. "NCSOFT, Nexon, Netmarble Expand Investment in AI." *The Korea Times*. 28 July. www.koreatimes.co.kr/www/tech/2019/07/134_272669.html

Jun, J.H. 2019c. "Communications Regulator Vows to Eradicate 'Fake News'." *The Korea Times*. 6 November. www.koreatimes.co.kr/www/tech/2019/11/133_278 286.html

Jung, S.M. 2019. "Networks Destroy the Border-Knock Down Netflix." *Yonhap News TV*. 22 May. www.yna.co.kr/view/MYH20190522004700038

Kakao. 2018. *Kakao AI Report: Talk about Humans and Artificial Intelligence*. Seoul: Book by Book.

Karlin, M. 2018.3.18. *A Canadian Algorithmic Impact Assessment*. https://medium.com/@supergovernance/a-canadian-algorithmic-impact-assessment-128a2b2e7f85

Kim, B.E. 2021. "Kakao Hit for Mishandling Customer Data." *The Korea Times*. 19 January. https://www.koreatimes.co.kr/www/tech/2021/01/133_302715.html

Kim, D.W. and J.Y. Loke. 2019. "Singapore's National AI Strategy: A Springboard for Canadian Collaboration." www.asiapacific.ca/publication/singapores-national-ai-st rategy

Kim, H.G. 2020. "[Kim Ho-gi's Good Morning 2020s] Does AI Brings about the Demise of Humankind?" *Hankook Ilbo*. 30 June. https://n.news.naver.com/mnews/article/469/0000510814?sid=110

Kim, J.H. 2017. "Netflix Relying on 'Okja' to Boost Sales." *Korea JoongAng Daily*. 30 June. http://koreajoongangdaily.joins.com/news/article/article.aspx?aid=3035248

Kim, J.H. 2019. "Chairman Lee Hyo-sun, No Outside Pressure from Blue-Fake News, Not Forced Regulation, but Based on His Beliefs." *MSN News*. 23 July. www.msn.com/ko-kr/news/techandscience

Kim, J.H. 2020. "K-Drama Adds Netflix's Wings- Captures Asia Against the Walls of Production Cost and Subjects." *DongA Ilbo*. 1 July. www.donga.com/news/Opinion/article/all/20200701/101761296/1?ref=main

Kim, J.M. 2020. "Beat Netflix? Yes. OTTs Say. Consolidate? No!" *Korea JoongAng Daily*. 20 August. https://koreajoongangdaily.joins.com/2020/08/20/business/industry/OTT-Netflix-Tving/20200820190700337.html

Kim, J.W. 2019. "A Study on the Use of Big Data in Film Industry: Focused on 'Netflix' Analytical Tools." *The Korean Journal of Arts Studies*, Vol.25, No.9, pp.51~64.

Kim, K.D. and C-Rocket Research Lab. 2019. *YouTube Trend 2020*. Seoul: Eeuncontents.

Kim, K.H., S.G. Park, H.D. Lee, S.Y. Kim, H.M., Park, and C.H. Lee (eds.). 2018. *The Fourth Industrial Revolution and the Future of Media*. Paju, Gyeonggi-do: Korea Research Information Inc.

Kim, M.G. 2019. "(Biz Prizm) Oksusu +Pooq Large OTT Appearance. Can it Defeat Netflix." *DongA Ilbo*. 21 August. www.donga.com/news/article/all/20190820/970 41262/4

Kim, P.H. 2011. "The Apple iPhone Shock in Korea." *The Information Society*, Vol.27, No.4, pp.261~268.

Kim, S.Y. 2018. *K-Pop Live: Fans, Idols, and Multimedia Performance*. Stanford, CA: Stanford University Press.

Klinenberg, E. 2000. "Information et Production Numerique." *Actes de la Recherche en Sciences Sociales*, Vol.134, pp.66~75.

Klinenberg, E. and C. Benzecry. 2005. "Introduction: Cultural Production in a Digital Age." *The Annals of the American Academy of Political and Social Science*, Vol.597, pp.6~18.

Knight, W. 2019. "Facebook's Head of AI Says the Field Will Soon 'Hit the Wall'." *Wired*. 4

December. www.wired.com/story/facebooks-ai-says-field-hit-wall/

Kopenen, J. 2018. "A New Hope: AI for News Media." *Techcrunch*. 12 July. https://tech crunch.com/2018/07/12/a-new-hope-ai-for-news-media/

Korea Tech Today. 2019. "Naver: "AI-based Personalization Service Increased Content Consumption"." https://koreatechtoday.com/naver-ai-based-personalization-service-increased-content-consumption/

Kosslyn, S.M. 2019. "Are You Developing Skills That Won't Be Automated?" *Harvard Business Review*. 25 September. https://hbr.org/2019/09/are-you-developing-skills-that-wont-be-automated?fbclid=IwAR1ChF19jI3X-D8cWFgjaeep7TaClBwJ88b1XH09 h7scHgoTLnN0nBGJS3I

Kraidy, M. 2010. *Reality Television and Arab Politics: Contention in Public Life*. New York: Cambridge University Press.

Kulesz, O. 2018a. *Culture, Platforms and Machines: The Impact of Artificial Intelligence on the Diversity of Cultural Expressions*. Paper presented at the Intergovernmental Committee for the Protection and Promotion of the Diversity of Cultural Expressions. 1-20, December, UNESCO.

Kulesz, O. 2018b. "Cultural Policies in the Age of Platform." in UNESCO (ed.). *Reshaping Cultural Policies: Advancing Creativity for Development*. pp.69~84. Paris: UNESCO.

Kumar, R., V. Misra, J. Walraven, L. Sharan, B. Azarnoush, B. Chen, and N. Govind. 2018. "Data Science and the Art of Producing Entertainment at Netflix." *The Netflix Tech Blog*. 27 March. https://medium.com/netflix-techblog/studio-production-data-science-646ee2cc21a1

Kuo, L. 2018. World's First AI News Anchor Unveiled in China. *The Guardian*. 9 November. www.theguardian.com/world/2018/nov/09/worlds-first-ai-news-anchor-unveiled-in-china

Kwon, H. 2017. "S.M. Entertainment and ObEN Form Joint Venture to Create the World's First Celebrity AI Agency." *In the News*. 28 June. https://oben.me/s-m-entertainment-and-oben-form-joint-venture-to-create-the-worlds-first-celebrity-ai-agency/

Kwon, S.H. and J. Kim. 2014. "The Cultural Industry Policies of the Korean Government and the Korean Wave." *International Journal of Cultural Policy*, Vol.20, No.4, pp.422~439.

Langlois, G. and G. Elmer. 2013. "The Research Politics of Social Media Platforms." *Culture Machine*, Vol.14, pp.1~17.

Langlois, G., G. Elmer, F. McKelvey, and Z. Devereaux. 2009. "Networked Publics: The Double Articulation of Code and Politics on Facebook." *Canadian Journal of Communication*, Vol.34, No.3, pp.415~434.

Langolis, G., J. Redden, and G. Elmer. 2015. *Compromised Data: From Social Media to Big Data*. London: Bloomsbury.

Laporte, N. 2017. "Netflix Offers a Rare Look Inside its Strategy for Global Domination. Fast Company." October 23. Retrieved from www.fastcompany.com/40484686/netflix-offers-a-rare-look-inside-its-strategy-for-global-domination

Laskai, L. and G. Webster. 2019. "Translation: Chinese Expert Group Offers 'Governance Principles' for 'Responsible AI'." *New America*. 17 June. www.newamerica.org/cyber security-initiative/digichina/blog/translation-chinese-expert-group-offers-governance-principles-responsible-ai/

Lee, H.K. 2019. *Cultural Policy in South Korea: Making a New Patron State*. London: Routledge.

Lee, M.K. 2019. "The Subscribers to Netflix in Korea Already Reaches to 184 Million for 240 Billion Won." *IT Donga*. 16 July. https://it.donga.com/29265/

Lee, S.J. and Nornes, A.M. (eds.). 2015. *Hallyu 2.0: Korean Wave in the Age of Social Media*. Ann Arbor, MI: University of Michigan Press.

Lee, S.M. 2019. "Networks are Riding Netflix: Platforms Become Partners for Survival." *Newspaper and Broadcasting*, Vol.583, pp.45~49.

Lee, Y.I. and W.S. Kim. 2010. "South Korea's Meandering Path to Globalisation in the Late Twentieth Century." *Asian Studies Review*, Vol.34, No.3, pp.309~327.

Lee, Y.J. and G. Song. 2019. "Zero-rating and Vertical Restraint of Competition." *Korean Journal of Broadcasting and Telecommunication Studies*, Vol.33, No.2, pp.104~139.

Leetaru, K. 2019. "How Were Social Media Platforms So Unprepared For 'Fake News' and Foreign Influence?" *Forbes*. 9 July. www.forbes.com/sites/kalevleetaru/2019/07/09/how-were-social-media-platforms-so-unprepared-for-fake-news-and-foreign-infl uence/#44e0b5db45cb

Lengnick-Hall, M., A. Needy, and C. Stone. 2018. "Human Resource Management in the Digital Age: Big Data, HR Analytics, and Artificial Intelligence." in P. Meloand C. Machado (eds.). *Management and Technological Challenges in the Digital Age*. pp.13~42. Boca Raton, FL: CRC Press.

Lewis, S. 2019. "Artificial Intelligence and Journalism." *Journalism & Mass Communication Quarterly*, Vol.96, No.3, pp.673~675.

Li, K. and H.K. Yang. 2020. "South Korea's Pop Culture Machine Boosts Netflix's International Growth - Source." *Reuters*. 10 October. https://www.reuters.com/article/uk-netflix-results-southkorea/south-koreas-pop-culture-machine-boosts-netflixs-inte rnational-growth-source-idUSKBN2752RV

Lie, J. 2015. *K-Pop: Popular Music, Cultural Amnesia, and Economic Innovation in South Korea*. Oakland, CA: University of California Press.

Lim, J.H. 2019. "Original Big Drama Targets American Login: Korean-style OTT." *Seoul Economic Daily*. 16 September. www.sedaily.com/NewsVIew/1VO9P7WRAK

Linden, C.G. 2017. "Decades of Automation in the Newsroom: Why are There Still so Many Jobs in Journalism?" *Digital Journalism*, Vol.5, No.2, pp.123~140.

Littleton, C. 2018. "How Hollywood Is Racing to Catch Up With Netflix." *Variety*. https://variety.com/2018/digital/features/media-streaming-services-netflix-disney-comcas t-att-1202910463/

Lobato, R. 2019. *Netflix Nations: The Geography of Digital Distribution*. New York: New York University Press.

Low, A. 2017. "Netflix Targets Asia for its Next 100M Subscribers." *CNET.* 15 August. www.cnet.com/news/netflix-targets-asia-for-its-next-100m-subscribers/

MacDonald, J. 2019. "Arthdal Chronicles' Ends on an Ambiguous Note or Does It?" *Forbes.* 23 September. www.forbes.com/sites/joanmacdonald/2019/09/23/arthdal-chronicles-ends-on-an-ambiguous-note-or-does-it/#5683fbdc3dd4

Manovich, L. 2012. "Trending: The Promise and Challenges of Big Social Data." in M. Gold (ed.). *Debates in the Digital Humanities*, pp.460~475. Minneapolis, MN: University of Minnesota Press.

Manovich, L. 2018. *AI Aesthetics*. Moscow: Strelka Press.

Mansell, R. 2017. "The Mediation of Hope: Communication Technologies and Inequality in Perspective." *International Journal of Communication,* Vol.11, pp.4285~4304.

Mansell, R. 2021. "European Responses to (US) Digital Platform Dominance." in D.Y. Jin (ed.). *The Routledge Companion to Media and Globalization.* London: Routledge.

Mansson, D. and S. Myers. 2011. "An Initial Examination of College Students' Expressions of Affection Through Facebook." *Southern Communication Journal,* Vol.76, No.2, pp.155~168.

Marconi, F. 2017. "Future of Journalism Will Be Augmented Thanks to AI." AI Business. https://aibusiness.com/ai-journalism-associated-press/

Marconi, F., A. Siegman, and Machine Journalist. 2017. *The Future of Augmented Journalism: A Guide for Newsrooms in the Age of Smart Machines.* New York: AP.

Marjoribanks, T. 2000. "The 'Anti-Wapping'? Technological Innovation and Workplace Reorganization at the Financial Times." *Media, Culture & Society,* Vol.22, No.5, pp.575~593.

Marr, B. 2016. "What is the Difference Between Artificial Intelligence and Machine Learning?" *Forbes.* 6 December. www.forbes.com/sites/bernardmarr/2016/12/06/what-is-the-difference-between-artificial-intelligence-and-machine-learning/#2ad7dd452742

Marr, B. 2018. "27 Incredible Examples of AI and Machine Learning in Practice." *Forbes.* 30 April. www.forbes.com/sites/bernardmarr/2018/04/30/27-incredible-examples-of-ai-and-machine-learning-in-practice/#577c7a657502

Marres, N. 2018. "Why We Can't Have Our Facts Back." *Engaging Science, Technology, and Society,* Vol.4, pp.423~443.

Mawdsely, C. 2016. "Adele, Amazon and Google Show the Power of Personalised Experiences." *Campaign.* 31 May. www.campaignlive.co.uk/article/adele-amazon-google-show-power-personalised-experiences/1396356

Mazzucato, M. 2013. *The Entrepreneurial State: Debunking Public vs. Private Sector Myths.* London: Anthem Press.

McChesney, R. 2008. *The Political Economy of Media: Enduring Issues, Emerging Dilemmas.* New York: Monthly Review Press.

McDonald, K. and D. Smith-Rowsey (eds.). 2018. *The Netflix Effect: Technology and Entertainment in the 21st Century.* London: Bloomsbury.

McGee, M. 2013.8.16. "EdgeRank is Dead: Facebook's News Feed Algorithm Now Has Close to 100k Weight Factors." https://marketingland.com/edgerank-is-dead-facebooks-news-feed-algorithm-now-has-close-to-100k-weight-factors-55908

McKelvey, F. and A. Gupta. 2018. "Here's How Canada Can be a Global Leader in Ethical AI." *The Conversation.* 22 February. https://theconversation.com/heres-how-canada-can-be-a-global-leader-in-ethical-ai-90991

McKelvey, F. and M. MacDonald. 2019. "Artificial Intelligence Policy Innovations at the Canadian Federal Government." *Canadian Journal of Communication Policy Portal,* Vol.44, pp.43~50.

Merkie, B. 2018. *E-relevance of Culture in the Age of AI.* Expert Seminar on Culture, Creativity and Artificial Intelligence. Rijeka, Croatia, October 12-13.

Mikos, L. 2016. "Digital Media Platforms and the Use of TV Content: Binge Watching and Video-on-Demand in Germany." *Media and Communication,* Vol.4, No.3, pp.154~161.

Mittell, J. 2019. "Will Netflix Eventually Monetize Its User Data?" *The Conversation.* 22 April. https://theconversation.com/will-netflix-eventually-monetize-its-user-data-115273

Mochizuki, T. 2016. "In *Pokémon GO* Craze, How Much Profit Does Nintendo Capture?" *The Wall Street Journal.* 13 July. www.wsj.com/articles/pokemon-go-fuelednintendo-just-keeps-going-1468302369

Montal, T. and Z. Reich. 2017. "I, Robot. You, Journalist. Who is the Author?: Authorship, Bylines and Full Disclosure in Automated Journalism." *Digital Journalism,* Vol.5, No.7, pp.829~849.

Moore, J. 2019. "Artificial Intelligence Approaches to Identify Molecular Determinants of Exceptional Health and Life Span: An Interdisciplinary Workshop at the National Institute on Aging." *Frontiers in Artificial Intelligence,* Vol.2, pp.1~14.

Morris, D. 2016. "Netflix Says Geography, Age, and Gender Are 'Garbage' for Predicting Taste." *Fortune.* 27 March. https://fortune.com/2016/03/27/netflix-predicts- taste/

Mosco, V. 2009. *The Political Economy of Communication* (2nd ed.). Los Angeles, CA: Sage.

Moses, L. 2017. "MODERN NEWSROOM: The Washington Post's Robot Reporter Has Published 850 Articles in the Past Year." *The Washington Post.* 14 September. https://digiday.com/media/washington-posts-robot-reporter-published-500-articles-last-year/

Motion Picture Association of America. 2019. *2018 Theatrical Home Entertainment Market Environment (THEME) Report.* Los Angeles, CA: Motion Picture Association of America.

Moustachir, S. 2016. Popular Culture and Artificial Intelligence. *Medium.* 29 September. https://medium.com/@sa_mous/ethics-in-ai-424919af7d3

Murgia, M. and K. Beioley. 2019. "UK to Create Regulator to Police Big Tech Companies." *Financial Times.* 19 December. www.ft.com/content/67c2129a-2199-11ea-

92da-f0c92e957a96?emailId=5dfa518a80baa400043cdcc1&segmentId=3934ec55-
f741-7a04-feb0-1ddf01985dc2&fbclid=IwAR3WrPtSZpqVRu4UrN4cxpwZRFO7WwF1
bTGzKkJVcjNDUq4Wka3u5YQ0OtY

Murphy, S. 2019. "Past the Sheen & Into the Underbelly: A Deep Dive into the K-pop Industry." *The Music Network.* 15 July. https://themusicnetwork.com/deep-dive-k-pop-industry/

Natajaran, S. and J. Baue. 2019. "AI: Hollywood's Rising Star." *Broadcasting and Cable.* 23 July. www.broadcastingcable.com/blog/ai-hollywoods-rising-star

Netflix. 2017. *2016 Financial Statements.* www.netflixinvestor.com/financials/financial-statements/default.aspx

Netflix. 2018. *2017 Financial Statements.* www.netflixinvestor.com/financials/ financial-statements/default.aspx

Netflix. 2019a. "Where is Netflix Available?" https://help.netflix.com/en/node/14164

Netflix. 2019b. 2018 "Financial Statements." www.netflixinvestor.com/financials/financial-statements/default.aspx

Netflix. 2019c. *Machine Learning: Learning How to Entertain the World.* https://research.netflix.com/research-area/machine-learning

Netflix. 2019d. *Form 8-K Current Report: Pursuant to Section 13 OR 15(d) of the Securities Exchange Act of 1934.* Scotts Valley, CA: Netflix Inc.

Netflix. 2020. *Form 10-K: Annual Report Pursuant to Section 13 OR 15(d) of the Securities Exchange Act of 1934.* Scotts Valley, CA: Netflix Inc.

New European Media. 2018. *Artificial Intelligence in the Media and Creative Industries Position Paper.* NEM.

Nieborg, D. and T. Poell. 2018. "The Platformization of Cultural Production: Theorizing the Contingent Cultural Commodity." *New Media & Society,* Vol.20, No.11, pp.4275~4292.

Nieborg, D., B. Duffy, and T. Poell. 2020. "Studying Platforms and Cultural Production: Methods, Institutions, and Practices." *Social Media + Society,* July: 1-7.

Noble, S. 2018. *Algorithms of Oppression: How Search Engines Reinforce Racism.* New York: New York University Press.

Nowak, P. 2010. "Netflix Launches Canadian Movie Service." *CBC.* 22 September. www.cbc.ca/news/technology/netflix-launches-canadian-movie-service-1.872505

O'Regan, T. and B. Goldsmith. 2006. "Making Cultural Policy Meeting Cultural Objectives in a Digital Environment." *Television and New Media,* Vol.7, No.1, pp.68~91.

Ochigame, R. 2019. "The Invention of Ethical AI." *The Intercept.* 21 December. https://theintercept.com/2019/12/20/mit-ethical-ai-artificial-intelligence/?fbclid=IwAR26ce0vasswGea_pD9OWtRpT3BeTo8IoGYDG89-Gk1pIJvrUJKkCT HWC6o

Office of Science and Technology Policy of the U.S. 2019. *Accelerating America's Leadership in Artificial Intelligence.* 11 February. www.whitehouse.gov/articles/accelerating-americas-leadership-in-artificial-intelligence/

Oh, D.H. 2018. "[AI Era] A New Wind in the Game Industry: Adding AI to Games." *Newsis.*

22 May. www.newsis.com/view/?id=NISX20180520_0000313505

Örnebring, H. 2010. "Technology and Journalism-as-Labour: Historical Perspectives." *Journalism,* Vol.11, No.1, pp.57~74.

Outcome Statement of the Forum on Artificial Intelligence in Africa. 2018. *Benguérir (Kingdom of Morocco).* 13 December. https://en.unesco.org/sites/default/files/ai_outcome-statement_africa-forum_en.pdf

Oxford Insights. 2019. *Government AI Readiness Index 2019.* London: Oxford Insights.

Oxford Reference. 2019. *Cultural Production.* Oxford: Oxford University Press.

Pangrazio, L. 2018. "What's New About Fake News? Critical Digital Literacies in an Era of Fake News, Post-trust and Clickbait." *Revista Paginas de Educacion,* Vol.11, No.1, pp.6~22.

Parisi, T. 2019. "NIU Expert: 4 Leaps in Technology to Expect in the 2020s." *NIU Newsroom.* 17 December. https://newsroom.niu.edu/2019/12/17/niu-expert-4-leaps-in-technology-to-expect-in-the-2020s/?fbclid=IwAR09Np6d_n2xlCz-DrAXOdV6uCoWpBfkm9_ST4_pXEGcarPWRATyyQF8Vyto

Park, C.M. 2020. "AI Becomes the God of Go Game: Where is the Player's Style." *JoongAng Daily.* 9 September. B07.

Park, D.G., S. Sachar, N. Diakopoulos, and N. Elmqvist. 2016. *Supporting Comment Moderators in Identifying High Quality Online News Comments.* in Proceedings of the 2016 CHI Conference on Human Factors in Computing Systems. ACM, pp.1114~1125. May 07-12.

Pasquale, F. 2015. *The Black Box Society: The Secret Algorithms That Control Money and Information.* Cambridge, MA: Harvard University Press.

Pavlik, J. 2008. *Media in the Digital Age.* New York: Columbia University Press.

Pilkington, E. 2019. "Digital Dystopia: How Algorithms Punish the Poor." *The Guardian.* 14 October. www.theguardian.com/technology/2019/oct/14/automating-poverty-algorithms-punish-poor?CMP=share_btn_fb&fbclid=IwAR2es9D3geminwdfr8qzJ7j2VG_XmNAGna5K8BYeRpEDdTpl0Gf1-PPbbNY

Plummer, L. 2017. "This is How Netflix's Top-Secret Recommendation System Works." *Wired.* 22 August. www.wired.co.uk/article/how-do-netflixs-algorithms-work-machine -learning-helps-to-predict-what-viewers-will-like

Pogue, D. 2018. "A Compendium of AI-Composed Pop Songs." *Scientific American.* 16 January. www.scientificamerican.com/article/a-compendium-of-ai-composed-pop-songs/

Pollard, T. 2020. "Popular Culture's AI Fantasies: Killers and Exploiters or Assistants and Companions?" *Perspectives on Global Development and Technology,* Vol.19, pp.97~109.

Pressman, A. 2019. "Why Cord Cutters Are Favoring Cheaper Online Options Over Cable-Like Bundles." *Fortune.* 22 April. https://fortune.com/2019/04/22/cord-cutting-ott-netflix-directv/

PricewaterhouseCoopers. 2018. *Perspectives from the Global Entertainment & Media*

Outlook 2018-2022. London: PWC.

PricewaterhouseCoopers. 2019. *Sizing the Prices.* London: PWC.

Radu, S. 2019. "Germany Pushes Tighter AI Regulations for Companies." *The U.S. News and World Report.* 27 August. www.usnews.com/news/best-countries/articles/2019-10-29/germany-recommends-more-guidelines-for-ai-development

Rapir, J. 2019. "Lee Seung Gi & Suzy's New K-Drama 'Vagabond' Premiere Date Pushed Back to September." *Korea Portal.* 2 April. http://en.koreaportal.com/articles/46791/20190402/lee-seung-gi-suzys-new-k-drama-vagabond-premiere-date-pushed-back-to-september.htm

Rauf, D. 2020. "Will COVID-19 Spur Greater Use of Artificial Intelligence in K-12 Education?" *Education Week.* 19 May. www.edweek.org/ew/articles/2020/05/20/will-covid-19-spur-greater-use-of-artificial.html

Reisman, D., J. Schultz, K. Crawford, and M. Whittaker. 2018. "Algorithmic Impact Assessments: A Practical Framework for Public Agency Accountability." *AI Now.* https://ainowinstitute.org/aiareport2018.pdf

Roberge, J. and R. Seyfert. 2015. "What are Algorithmic Cultures." in R. Seyfert and J. Roberge (eds.). *Algorithmic Cultures Essays on Meaning, Performance and New Technologies,* pp.1~25. New York: Routledge.

Roberts, A. 2006. *The History of Science Fiction.* New York: Palgrave.

Roberts, H., J. Cowls., J. Morley, M. Taddeo, V. Wang, and L. Floridi. 2020. "The Chinese Approach to Artificial Intelligence: An Analysis of Policy, Ethics, and Regulation." *AI & Society,* pp.1~27.

Romo, V. and A. Held. 2019. "Facebook Removed Nearly 3.4 Billion Fake Accounts in 6 Months." *NPR.* 23 March. www.npr.org/2019/05/23/726353723/facebook-removed-nearly-3-2-billion-fake-accounts-in-last-six-months

Ross, J. 2017. "The Fundamental Flaw in AI Implementation." *MIT Sloan Management Review,* 14 July. 14. https://sloanreview.mit.edu/article/the-fundamental-flaw-in-ai-implementation/

Roxborough, S. 2019. "Netflix Dominates Global SVOD Market, but Local Services Gain Ground, Study Finds." *The Hollywood Report.* 13 November. www.hollywoodreporter.com/news/netflix-dominates-global-svod-market-but-local-services-gain-ground-1254438?fbclid=IwAR0b4BnTWA_4hWVeH947CbGV3HVaubVe1yTRuWBiMDTVQZzD8qItAoePzZA

Ryoo, W.J. and D.Y. Jin. 2020. "Cultural Politics in the South Korean Cultural Industries: Confrontations between State-Developmentalism and Neoliberalism." *The International Journal of Cultural Policy,* Vol.26, No.1, pp.31~45.

Saran, C. 2019. "Stanford University Finds that AI is Outpacing Moore's Law." ComputerWeekly.com. 12 December. www.computerweekly.com/news/252475371/Stanford-University-finds-that-AI-is-outpacing-Moores-Law

SBS. 2016. "SBS Live Broadcasts the Second Go Game between Lee Sedol and AlphaGo." 10 March. http://sbsfune.sbs.co.kr/news/news_content.jsp?article_id= E10007570846

Schiller, A. and J. McMahon. 2019. "Alexa, Alert Me When the Revolution Comes: Gender, Affect, and Labor in the Age of Home-Based Artificial Intelligence." *New Political Science*, Vol.41, No.2, pp.173~191.

Schmelzer, R. 2019. "AI Making Waves in News and Journalism." *Forbes*. 23 August. www.forbes.com/sites/cognitiveworld/2019/08/23/ai-making-waves-in-news-and-journalism/#e8db1cd7748d

Schulze, E. 2019. "Everything You Need to Know about the Fourth Industrial Revolution." *CNBC*. 17 January.www.cnbc.com/2019/01/16/fourth-industrial-revolution-explained-davos-2019.html

Schwab, K. 2016. *The Fourth Industrial Revolution*. Geneva, Switzerland: World Economic Forum.

Schwarz, J.A. 2017. "Platform Logic: The Need for an Interdisciplinary Approach to the Platform-based Economy." *Policy and Internet*, Vol.9, No.4, pp.374~394.

Shah, S. 2017. "Amazon's AI Could Create the Next Must-have Fashion Brand." *Engadget*. 24 August. www.engadget.com/2017/08/24/amazon-ai-fashion-brands/

Shah, V. 2013.8.28. "Map of Stop and Frisks in New York City Show Concentration by Race and Neighborhood." *Untapped Cities*. http://untappedcities.com/2013/08/28/new-mapshows-police-stop-and-frisks-according-to-race-and-neighbourhood-in-new-york-city/

Shani, O. 2015. "From Science Fiction to Reality: The Evolution of Artificial Intelligence." *Wired*. www.wired.com/insights/2015/01/the-evolution-of-artificial-intelligence/

Shin, D.H. 2019a. "Toward Fair, Accountable, and Transparent Algorithms: Case Studies on Algorithm Initiatives in Korea and China." *Javnost: The Public*, Vol.26. No.3, pp.274~290.

Shin, D.H. 2019b. *Socio-Technical Design of Algorithms: Fairness, Accountability, and Transparency*. Paper presented at the 30th European Conference of the International Telecommunications Society (ITS): "Towards a Connected and Automated Society", Helsinki, Finland. 16-19 June.

Shon, J.Y. 2017. "Naver, YG Entertainment Begin Work on New Global Music Service Platform." *The Korean Herald*. 18 October. www.koreaherald.com/view.php?ud=20171018000684

Shorey, S. and P. Howard. 2016. "Automation, Algorithms, and Politics| Automation, Big Data and Politics: A Research Review." *International Journal of Communication*, Vol.10, pp.5032~5055.

Siarri, P. 2019. "Is AI and Journalism a Good Mix?" *Medium*. 6 January. https://medium.com/futuresin/is-ai-and-journalism-a-good-mix-83aaa1c3b14d

Sim, G. 2018. "Individual Disruptors and Economic Gamechangers: Netflix, New Media, and Neoliberalism." in K. McDonald and D. Smith-Rowsey (eds.). *The Netflix Effect: Technology and Entertainment in the 21st Century*. pp.186~201). London: Bloomsbury.

Simonite, T. 2018. "When It Comes to Gorillas, Google Photos Remains Blind." *Wired*. 8

July. www.wired.com/story/when-it-comes-to-gorillas-google-photos-remains- blind/

Sims, D. 2015. "Netflix's $50 Million Movie Gamble." *The Atlantic*. 10 November. www. theatlantic.com/entertainment/archive/2015/11/netflixs-50-million-movie-gamble /415257/

Sohn, J.Y. 2018. "Netflix to Push Boundaries of Korean Media Content." *The Korea Herald*. 25 January.www.koreaherald.com/view.php?ud=20180125000871

Song, B.G. 2018. "Am I the Main Character of Webtoon: The Major Reason to Attract 40 Million Audiences is a Cutting-edge Technology." *Yonhap News*. 15 January. www. yna.co.kr/view/AKR20180103003200887

Song, K.S. 2018. "Naver News to be Run by AI from Tomorrow." *Korea Joongang Daily*. 3 April. http://koreajoongangdaily.joins.com/news/article/article.aspx? aid=3061351

Song, S.J. 2016. "Korea's OTT Market, Who Will Have the Last Laugh?" *KoBiz*. 27 May. www.koreanfilm.or.kr/eng/news/features.jsp?pageIndex

Spangler, T. 2019. "Netflix Breaks Down Results by Region, Showing Strong Asia- Pacific, Europe Growth." *Variety*. 16 December. https://variety.com/2019/digital/news/net flix-breaks-down-results-by-region-showing-strong-asia-pacific-europe-growth-1 203440307/

Sparviero, S. 2019. "From Passive Consumption of Media Goods to Active Use of Media Brands: On Value Generation and Other Differences." *Communication and Society*, Vol.32, No.3, pp.67~79.

Srnicek, N. 2016. *Platform Capitalism*. Cambridge: Polity Press.

Stangarone, T. 2019. "How Netflix is Reshaping South Korean Entertainment: The Streaming Giant is Reshaping Korean Entertainment, Even While Boosting its Pop- ularity around the World." *The Diplomat*. 29 April. https://thediplomat.com/2019/ 04/how-netflix-is-reshaping-south-korean-entertainment/

Statcounter. 2019. *Search Engine Market Share Worldwide*. https://gs.statcounter.com/ search-engine-market-share

Statistics Canada. 2020. *Table 27-10-0367-01 Use of Advanced or Emerging Technol- ogies by Industry and Enterprise Size* https://www150.statcan.gc.ca/t1/tbl1/en/tv. action?pid=2710036701&pickMembers%5B0%5D=1.1&pickMembers%5B 1%5D=3.4

Stiglitz, J. 2019. "Opinion: Three Decades of Neoliberal Policies Have Decimated the Middle Class, Our Economy, and Our Democracy." *Market Watch*. 13 May. www. mar ketwatch.com/story/three-decades-of-neoliberal-policies-have-decimated-the-mid dle-class-our-economy-and-our-democracy-2019-05-13#

Stone, M.L. 2014. *Big Data for Media*. Oxford: Reuters Institute for the Study of Journalism.

Strange, S. 1994. *States and Markets*. London: Pinter.

Striphas, T. 2015. "Algorithmic Culture." *European Journal of Cultural Studies*, Vol.18, pp.395~412.

Sundararajan, A. 2019. "How Japan Can Win in the Ongoing AI War." *The Japan Times*. 9 September. www.japantimes.co.jp/opinion/2019/09/09/commentary/japan-commentary/

japan-can-win-ongoing-ai-war/#.Xe4DKIMzaHs

Talia, D., Trunfio, P., and Marozzo, F. 2015. *Data Analysis in the Cloud: Models, Techniques and Applications*. Amsterdam, The Netherlands: Elsevier.

Tandoc, E., J. Jenkins, and S. Craft. 2019. Fake News as a Critical Incident in Journalism. *Journalism Practice,* Vol.13, No.6, pp.673~689.

Taylor, B. 2019. "Neural Networks Can Disempower Human Workers." *AIBusiness.* 22 August. https://aibusiness.com/neural-networks-can-disempower-human-workers/

Tefertiller, A. 2018. "Media Substitution in Cable Cord-Cutting: The Adoption of Web-Streaming Television." *Journal of Broadcasting & Electronic Media,* Vol.62, No.3, pp.390~407.

Tercek, R. 2019. "Synthetic Personalities." *Medium.* 3 June. https://medium.com/id-in-the-iot/artificial-intelligence-is-completely-reinventing-media-and-marketing-d72 4c150ece3

Terranova, T. 2000. "Free Labor: Producing Culture for the Digital Economy." *Social Text* Vol.18, No.2, pp.33~58.

The Economist. 2018. "Netflix is Moving Television Beyond Time-slots and National Markets." 30 June. www.economist.com/briefing/2018/06/30/netflix-is-moving-tele vision-beyond-time-slots-and-national-markets

The Guardian. 2016. "This is What Happens When an AI-written Screenplay is Made into a Film." 10 June. www.theguardian.com/technology/2016/jun/10/artificial-intellige nce-screenplay-sunspring-silicon-valley-thomas-middleditch-ai

The Guardian. 2020. "A Robot Wrote this Entire Article. Are You Scared Yet, Human?" 8 September. www.theguardian.com/commentisfree/2020/sep/08/robot-wrote-this-ar ticle-gpt-3

The Korean Government. 2019a. *National Strategy for Artificial Intelligence.* Seoul: The Korean Government.

The Korean Government. 2019b. *Data, AI Economy Promotion Plan.* Seoul: The Korean Government.

The Ministry of Culture, Sports, and Tourism. 2019a. *Contents Industry White Paper of 2018.* Seoul: MCST.

The Ministry of Culture, Sports, and Tourism. 2019b. *The Third Culture Technology R&D Basic Plan.* Seoul: MCST.

The State Council of China. 2017. *New Generation of Artificial Intelligence Development Plan.* Beijing: State Council of China.

Togelius, J. 2019. *Playing Smart: On Games, Intelligence, and Artificial Intelligence (Playful Thinking).* Cambridge, MA: MIT Press.

Tomlinson, Z. 2018. Artificial Entertainment: A Century of AI in Film. *Interesting Engin-eering.* 3 November. https://interestingengineering.com/artificial-entertainment-a-century-of-ai-in-film

Tortois. 2019. "The Global AI Index." www.tortoisemedia.com/intelligence/ai/?fbclid=Iw AR35C0wOyBU4XqxGeIMMc4ThZU9em4sSCgmyj85M1MG-0D466QDKbGe OsT0

Turner, J. 2019. *Robot Rules: Regulating Artificial Intelligence*. London: Palgrave.

Ulaby, N. 2019. The Hit Movie 'Parasite' Puts Basement Structures in Structural Inequality. *NPR*. 5 November. www.npr.org/2019/11/05/776388423/the-hit-movie-parasite-puts-basement-structures-in-structural-inequality

Underwood, C. 2019. "Automated Journalism-AI Applications at New York Times, Reuters, and Other Media Giants." *Emerj*. 17 November. https://emerj.com/ai-sector-overviews/automated-journalism-applications/

UNESCO. 2016. Intergovernmental Committee for the Protection and Promotion of the Diversity of Cultural Expressions: Tenth Ordinary Sessions. Paris: UNESCO. 12-15 December.

UNESCO. 2018. "Canada First to Adopt Strategy for Artificial Intelligence." 22 November. www.unesco.org/new/en/media-services/single-view/news/canada_first_to_adopt_strategy_for_artificial_intelligence/

UNESCO. 2019. "Japan Pushing Ahead with Society 5.0 to Overcome Chronic Social Challenges." 21 February. https://en.unesco.org/news/japan-pushing-ahead-society-50-overcome-chronic-social-challenges

UNESCO. 2020. *Artificial Intelligence and Gender Equality: Key Findings of UNESCO'S Global Dialogue*. Paris: UNESCO.

Üniversitesi İletişim Dergisi. (31): 91~110.

van Couvering, E. 2017. *The Political Economy of New Media Revisited: Platformisation, Mediatisation, and the Politics of Algorithms*. In Proceedings of the 50th Hawaii International Conference on System Sciences 1812-1919.

van Dalen, A. 2012. "The Algorithms Behind The Headlines: How Machine-Written News Redefines the Core Skills of Human Journalists." *Journalism Practice*, Vol.6, No.5, pp.648~658.

van Dijck, J. 2013. *The Culture of Connectivity: A Critical History of Social Media*. Oxford University Press.

van Dijck, J., T. Poell, and M. de Wall. 2018. *The Platform Society: Public Values in a Connective World*. New York: Oxford University Press.

van Doorn, N. 2017. "Platform Labor: On the Gendered and Racialized Exploitation of Low-Income Service Work in the On-Demand Economy. *Information.*" *Communication and Society*, Vol.10, No.6, pp.898~914.

Vincent, J. 2018. "20th Century Fox is Using AI to Analyze Movie Trailers and Find Out What Films Audiences Will Like." *The Verge*. 2 November. www.theverge.com/2018/11/2/18055514/fox-google-ai-analyze-movie-trailer-predict-success-logan

Vincent, J. 2019a. "Sharing Passwords for a Video Streaming Site? This Company Will Use AI to Track You Down." *The Verge*. 8 January. www.theverge.com/2019/1/8/18174161/netflix-hbo-hulu-shared-password-account-synamedia-machine-learning-ai

Vincent, J. 2019b. "Former Go Champion Beaten by DeepMind Retires after Declaring AI Invincible." *The Verge*. 27 November. www.theverge.com/2019/11/27/20985260/ai-go-alphago-lee-se-dol-retired-deepmind-defeat

Vital Media 2018. *Artificial Intelligence in the Media and Creative Industries Position Paper*. New European Media.

Volodzko, D. 2017. Now It's Personal: South Korea Calls to Arms in AI Race after Go Master Felled by AlphaGo. *This Week in Asia*. 6 October. www.scmp.com/week-asia/geopolitics/article/2114305/now-its-personal-south-korea-calls-arms-ai-race-after-go

Wakabayashi, D., J. Nicas, S. Lohr, and M. Isaac. 2020. "Big Tech Could Emerge From Coronavirus Crisis Stronger Than Ever." *The New York Times*. 23 March. www.nytimes.com/2020/03/23/technology/coronavirus-facebook-amazon- youtube.html

Walch, K. 2019. "Is South Korea Poised To Be a Leader in AI?" *Forbes*. 7 September. www.forbes.com/sites/cognitiveworld/2018/09/07/is-south-korea-poised-to-be-a-leader-in-ai/#6b4815bdfa2f

Walch, K. and C. World. 2019. "Will The Next Pop Music Hit Be Completely AI Generated?" *Forbes*. 27 August. www.forbes.com/sites/cognitiveworld/2019/08/27/will-the-next-pop-music-hit-be-completely-ai-generated/#195436ee10da

WashPostPR. 2016a. "The Washington Post Experiments with Automated Storytelling to Help Power 2016 Rio Olympics Coverage." 5 August. www.washingtonpost.com/pr/wp/2016/08/05/the-washington-post-experiments-with-automated-storytelling-to-help-power-2016-rio-olympics-coverage/

WashPostPR. 2016b. *The Washington Post to Use Artificial Intelligence to Cover Nearly 500 Races on Election Day*. 19 October. www.washingtonpost.com/pr/wp/2016/10/19/the-washington-post-uses-artificial-intelligence-to-cover-nearly-500-races-on-election-day/

Webb, K. 2019. "A Former World Champion of the Game Go Says He's Retiring Because AI is So Strong." *Business Insider*. 27 November. www.businessinsider.com/deepmind-alphago-ai-lee-sedol-south-korea-go-2019-11

West, D. 2018. *The Future of Work: Robots, AI, and Automation*. Baltimore, MA: Brookings Institution Press.

White House. 2019. *Artificial Intelligence for American People*. www.whitehouse. gov/ai/

Wilhelm, A.G. 2006. *Digital Nation: Towards an Inclusive Information Society*. Cambridge, MA: MIT Press.

Winseck, D. 2016. "Reconstructing the Political Economy of Communication for the Digital Media Age." *The Political Economy of Communication*, Vol.4, No.2, pp.73~114.

Wired. 2016. "Facebook Recommendations Is Here to Tell You What to Do IRL." 6 October. www.wired.com/2016/10/facebook-recommendations/

Wong, T. 2019. "Singapore Fake News Law Polices Chats and Online Platforms." 9 May. *BBC News*. www.bbc.com/news/world-asia-48196985

Yamamoto, T. 2018. "AI Created Works and Copyright." *Patents & Licensing*, Vol.48, No.1, pp.1~16.

Yang, S. 2015. "Can You Tell the Difference Between a Robot and a Stock Analyst?" *The*

Wall Street Journal. 9 July. www.wsj.com/articles/robots-on-wall-street-firms-try-out-automated-analyst-reports-1436434381

Yannakakis, G. and J. Togelius. 2018. *Artificial Intelligence and Games.* Berlin: Springer.

Yeo, J.S. 2019a. "Korea Online Video Services Face Uphill Battle Against Netflix." *The Korea Herald.* 29 August. www.koreaherald.com/view.php?ud=201908290 00733

Yeo, J.S. 2019b. "SKT Partners SM Entertainment on AI-based Technology for K-pop Content." *The Korea Herald.* 11 January. www.koreaherald.com/view.php?ud=2019 0111000628

Yonhap. 2019a. "Netflix's First Original Korean Drama 'Kingdom' Unveiled to Media." 21 January.

Yonhap. 2019b. "Moon Declares S. Korea's AI-Gov't Vision, with'AI National Strategy' in the Making." 2 November. https://en.yna.co.kr/view/AEN2019102 8002200315

Yoon, T.J. and D.Y. Jin. (eds.). 2017. *The Korean Wave: Evolution, Fandom, and Trans-nationality.* Lanham, MD: Lexington.

You, G.S. 2019. *Netflixonomics: Netflix and Korean Broadcasting Media.* Seoul: Hanul-MPlus.

You, S.M. 2019. *OTT-Analysis of Korean Drama's Storytelling: A Case Study of Netflix Drama Kingdom.* In Proceeding of the Korean Association for Broadcasting & Telecommunication Conference, pp.211~213.

Youngs, G. 2007. *Global Political Economy in the Information Age: Power and Inequality.* London: Routledge.

Yu, A. 2019. "How Netflix Uses AI, Data Science, and Machine Learning- From a Product Perspective." *Medium.* 27 February. https://becominghuman.ai/how-netflix-uses-ai-and-machine-learning-a087614630fe

Zhao, J., T. Wang, M. Yatskar, V. Ordonez, and K.W. Chang. 2017. *Men Also Like Shopping: Reducing Gender Bias Amplification Using Corpus-level Constraints.* In Proceedings of the 2017 Conference on Empirical Methods in Natural Language Processing.

찾아보기

지은이 / 진달용

캐나다 사이먼프레이저대학 특훈교수이며, 카이스트 과학저널리즘 대학원과 인문사회학부에서 부교수로 재직했다. 연세대학교 커뮤니케이션대학원 방문 교수, 고려대학교 미디어학부 Global Professor를 역임했다. 주요 연구 분야 는 초국가적 문화연구, 디지털 플랫폼과 디지털 게임, 인공지능(AI)과 문화산 업, 글로벌라이제이션, 문화정치경제학 등이다. 주요 저서로 *Understanding Korean Webtoon Culture: Transmedia Storytelling, Digital Platforms, and Genres* (2022), *Artificial Intelligence in Cultural Production: Critical Perspectives on Digital Platforms* (2021), *New Korean Wave: transnational cultural power in the age of social media* (2016), 『한류 신화에 관한 10가지 논쟁』 등이 있다. 2022년에 국제 커뮤니케이션 학회 석학 회원(ICA Fellow)으로 선정되었으며, 사이먼프레이저대학의 The Transnational Culture and Digital Technology Lab 소장으로 활동 중이다.

옮긴이 / 조혜진

미디어문화연구자. 캐나다 사이먼프레이저대학에서 커뮤니케이션학을 공부하 고 있으며, 브리티시컬럼비아대학에서 2년째 케이팝을 가르치고 있다. 주 연구 분야는 대중문화와 디지털 플랫폼, 팬/수용자이며, 이들의 교차점을 여성주의 적 시각에서 탐구하는 데 관심이 있다. 현재 케이팝의 플랫폼화를 주제로 박사 논문을 쓰고 있다.

한울아카데미 2579

AI 시대의 문화 생산
디지털 플랫폼에 대한 비판적 관점

지은이 진달용
옮긴이 조혜진
펴낸이 김종수
펴낸곳 한울엠플러스(주)
편집책임 조수임
편집 정은선

초판 1쇄 인쇄 2025년 6월 5일
초판 1쇄 발행 2025년 6월 20일

주소 10881 경기도 파주시 광인사길 153 한울시소빌딩 3층
전화 031-955-0655
팩스 031-955-0656
홈페이지 www.hanulmplus.kr
등록번호 제406-2015-000143호

Printed in Korea.
ISBN 978-89-460-7579-5 93300

※ 이 책에는 KoPub체(무료 글꼴, 문화체육관광부, 한국출판인회의)를 사용했습니다.
※ 책값은 겉표지에 표시되어 있습니다.